이장의
二障義

동국대학교 불교기록문화유산아카이브사업단(ABC)
본서는 문화체육관광부 지원으로 동국대학교 불교학술원에서 간행하였습니다.

한글본 한국불교전서 신라 21
이장의

2019년 7월 1일 초판 1쇄 발행
2023년 11월 3일 초판 2쇄 발행

지은이 원효
옮긴이 안성두
발행인 박기련
발행처 동국대학교출판부

출판등록 제1973-000004호
주소 04626 서울시 중구 퇴계로36길2 신관1층 105호
전화 02-2264-4714
팩스 02-2268-7851
Homepage http://dgpress.dongguk.edu
E-mail abook@jeongjincorp.com

편집디자인 나라연
인쇄 네오프린텍(주)

ISBN 978-89-7801-954-5 93220

값 17,000원

한글본 한국불교전서 신라 21

이장의
二障義

원효元曉
안성두 옮김

동국대학교출판부

이장의二障義 해제

안 성 두
서울대학교 철학과 교수

1. 『이장의二障義』에서 이장二障의 두 가지 설명 방식과 사본의 발견

『이장의』는 신라 시대 최고의 학승인 원효元曉(617~686)가 불교의 번뇌설에 대해 종합해서 논의한 저술이다. 이장二障이란 번뇌장煩惱障과 소지장所知障으로서, 각기 번뇌라는 장애와 인식대상에 대한 올바른 인식을 장애한다는 의미이다. 번뇌에 대한 교설은 이미 초기불교 이래 다양하게 설해져 왔지만, 소지장 개념은 초기 유식 문헌인 「보살지」에서 비로소 확정적인 형태로 제시되고 있다. 원효의 독창성은 유식학파의 '이장'의 개념을 확장시켜서 현료문顯了門에 의해 유식학파의 이장설을 정리하고, 은밀문隱密門에 의해 『대승기신론大乘起信論』의 이애二礙 개념을 제시하면서 이장설을 후자의 일부, 즉 번뇌애煩惱礙에 포섭시키는 방식으로 불교의 번뇌설을 해석하고 체계화했다는 데 있다.

『이장의』는 오랫동안 산실되었다가 1940년 오초 에니치(横超慧日)에 의해 일본 교토의 오타니 대학(大谷大學) 박물관 소장본 중에서 발견되어 학계에 알려지게 되었다. 이 사본은 에도 시대에 필사된 1권의 저술로서,

1979년 오초 에니치와 마츠무라 호분(松村法文)에 의해 교감본과 해설 및 인용문의 전거를 포함한 2권의 책으로 출판되었다. 이 책에 의거해 『한국불교전서』 제1권에 『이장의』가 전재되었지만, 그대로 인용하기에는 어려울 정도로 많은 오탈자를 포함하고 있다. 최근 우쓰노미야 케이고(宇都宮啓吾, 2014)는 교토의 치사쿠인(智積院)에 소장된 문헌 중에 오타니 대학 소장본보다 필사 시기가 앞선 것으로 생각되는 새로운 에도 시대 『이장의』의 필사본이 확인되었다고 발표했다.[이에 대해 최연식(2016) 참조] 그의 보고에 따르면, 오타니본이 치사쿠인 소장본을 교정본으로 사용했을 가능성이 높으며, 나아가 치사쿠인본은 본문의 형식과 내용 면에서는 오타니본과 일치하지만 후자에서는 보이지 않는 제3의 별본과 대조한 주기注記 등이 있으며, 필체와 필사 형태 등으로 볼 때에 두 사본의 원형은 11~14세기 사이에 한반도에서 전래된 목판본으로 소급될 가능성이 높다고 한다.

2. 불교사상사에서 번뇌설

원효는 『이장의』에서 대승불교에서 설해진 번뇌설에 대한 그의 독자적이고도 체계적인 이해를 유감없이 보여 주고 있다. 앞에서 언급했듯이 원효는 번뇌를 '이장'의 주제로 묶으면서, 이를 각기 현료문의 방식과 은밀문의 방식에 따라 번뇌장과 소지장, 그리고 번뇌애와 지애智礙로 명명하고 있다. 그의 독자적인 이해를 적절히 평가하기 위해서는 적어도 두 가지 점을 먼저 고려해야 할 것이다. 먼저 불교사상사에서 번뇌설의 전개에 대한 선행적인 이해이다. 원효에 이르기까지 인도나 동아시아 불교에서 번뇌가 어떤 방식으로 다루어졌는지를 아는 것은 원효의 주제 의식을 파악하는 데 매우 필요하다고 생각된다. 둘째로, 원효가 번뇌설을 조직하면서 보여 주었던 일종의 해석학적 작업의 의미를 적절히 파악하는 것이다.

이하에서는 첫 번째 관점에 따라 번뇌설을 개관한 후에 『이장의』의 내용에 따라 원효가 제시한 해석의 의미를 개략해서 서술해 보고자 한다.

번뇌는 초기불교 이래 마음을 산란시키고 염오시키는 요소로서 간주된 것으로, 이미 초기불교부터 집제集諦로서, 즉 고통의 가장 중요한 원인으로 간주되어 왔다. 열반의 획득은 바로 이러한 번뇌의 소멸에 있기 때문에, 이것이 수행도의 핵심을 이룬다는 것은 말할 나위도 없을 것이다. 심心을 염오시키는 다양한 측면의 번뇌가 불교에서 집중적으로 고찰의 대상이 되어 왔던 것은 당연할 것이며, 그 해석 역시 다양하게 발전되어 왔던 것도 놀라운 일은 아닐 것이다.

이에 따라 아비달마 불교에서 번뇌에 대한 본격적인 해설과 체계적 설명이 시도되어 왔다. 아비달마의 여러 학파에서 이들 번뇌들의 성격과 작용, 다른 요소와의 관계 등에 대해 상세한 분류가 시도되었는데, 이러한 고찰 방식의 특징은 번뇌를 실재하는 요소(實有)로서 법(dharma)으로 간주한 데 있다. 특히 심과 관련하여 번뇌에 대한 분류와 그 의미를 깊이 있게 고찰하면서, 번뇌는 여러 수번뇌隨煩惱와 함께 염오된 심작용을 나타내는 중요한 심소心所로서 분류되었다. 그런데 아비달마에 따르면 법이란 다른 것으로 환원될 수 없는 최종적인 존재자로서 자신만의 고유한 특징인 자상自相을 갖고 있어야만 한다. 자상을 갖기 때문에 법은 비로소 우리에게 인식대상으로서 포착될 수 있는 것이다. 다시 말해 법은 우리의 의식작용에 의해 파악될 수 있는 명확한 특징을 가진 것이어야만 하지, 그 특징을 파악하기 어려운 어떤 잠재적인 요소여서는 안 된다. 이것이 대승의 주요 대립자로서 설일체유부의 '법' 이론의 특징이며, 여기서 그들의 번뇌설의 특징도 나타난다. 유부에 따르면 번뇌에는 수면隨眠과 전纏의 두 양태가 있지만, 그것은 번뇌의 잠재성과 현실적 작용에 따라 구별된 것이 아니라 미세성의 정도에 따라 구분된 것이다.

이에 비해 대승유식학에서는 『반야경般若經』의 정신을 이어받아 법에 대해 전혀 새로운 관점을 제시하고 있다. 그것은 법이 '불가언설不可言說' 이라는 표현에서 가장 잘 드러나 있다. 법이 이제 자신만의 고유한 자상을 가진 것으로서 파악되는 것이 아니라 파악될 수 없는 것으로서 규정된다면, 과연 그 의미는 무엇일까? 초기 유식 문헌인 「보살지」는 대승에서 말하는 궁극적인 '진실眞實'과 관련하여 설명하면서 불가언설의 의미는 '유有'와 '비유非有'의 두 파악 방식을 넘어선 것이라고 말한다. 여기서 「보살지」는 '궁극적인 진실'이란 바로 "소지장이 청정해진 지智의 영역"이라고 말함으로써, 이를 번뇌장의 청정을 목표로 하는 이승二乘의 해탈론과 구별시키고 있다. 번뇌장의 청정은 전통적으로 인무아人無我의 통찰에 의해 획득될 수 있다고 간주된 것으로, 그 방식은 번뇌의 명확한 특성을 법상의 맥락에서 완전히 이해함으로써 가능한 것이다. 예를 들어 욕망의 대상에 대한 탐욕은 그것의 심리적 특성을 명확히 이해할 때 비로소 제거될 수 있는 것이다. 하지만 이런 '투명한' 접근법 대신에 유식은 욕망이든 그 대상이든 이들 법은 언어와 개념에 의해 포착될 수 없는 것이라고 봄으로써 모든 언어화되고 개념적으로 파악된 '법'을 사물의 실상이 아니라 단지 언어적 존재, 즉 가유假有라고 보는 것이다. 이와 같이 법을 언어화되고 개념화된 것이라고 봄으로써 유식은 '법무아法無我'의 통찰이란 언설습기言說習氣의 힘으로부터 벗어나 있는 그대로의 세계를 보는 것임을 보다 분명하게 보여 줄 수 있었으며, 이를 소지장의 제거 후에 획득되는 것으로 보살행과 관련시켜 설명하고 있다.

이와 같이 법을 잠재력과 현실적 힘으로 나누는 사고 방식은 번뇌설의 맥락에서 수면과 전의 두 양태를 설명하는 데에서도 나타난다. 이제 번뇌의 수면과 전은 번뇌의 잠재적 힘과 현실적 분출로서 정의되고 있다. 즉, 수면은 현실적 번뇌의 분출 아래에 놓여 있는, 번뇌의 잠재적 힘으로서, 바로 이 힘이 경량부의 용어에 따라 '종자種子'로 정의되고 있는 것이다. 유식의 심의 구조에서 이 종자가 가진 역할과 의미는 알라야식이 바로 '일체종자식'으로 명명되고 있는 데서 알 수 있듯이 결정적일 것이다.

위에서 보았듯이 궁극적인 실재가 무엇인가에 대한 아비달마와 유식의 접근 방식은 그 차이에도 불구하고 기본적으로 개념적 구성물인 가유假有와 더 이상 환원되지 않는 일차적 존재자인 실유實有 사이의 구분에서 출발하고 있으며, 그런 점에서 존재론적 논점이며, 또 인식론적 접근일 것이다. 하지만 인도 불교에서 이와는 전혀 다른 방식으로 심의 본성이 무엇인가를 묻는 전통이 3세기 중반 이후부터 찬술되기 시작했다고 보이는 여래장계 경전에서 나타난다. 그 질문은 특히 자신의 정신적 잠재력을 실현하고, 이를 충고하고 격려하는 등의 종교적인 문제들과 관련되어 "일체중생은 여래를 본질로 가진다.(一切衆生有如來藏)"라고 선언하는 여래장 사상에서 제기되었다.

인도에서 여래장 사상의 영향은 수행론적 맥락과 별도로 학파 차원에서 크게 문제 되지는 않았다고 보이지만, 이들 경전이 본격적으로 수입되었던 동아시아에서의 상황은 조금 달랐다. 5세기 이후 본격적으로 번역된 『대승열반경大乘涅槃經』을 위시한 여래장계 문헌들은 대승불교의 보다 심오한 가르침을 담고 있는 경전으로서, 6세기 초부터 보리류지菩提流支와 진제眞諦 등에 의해 번역되기 시작했던 유식 문헌의 심리적 분석 체계보다 상위의 체계라고 하는 평가를 받았다. 하지만 현장玄奘의 귀국 후에 유식 문헌의 새로운 번역에 의해 발전된 신유식은 이런 중국적 해석에 의문을 제기하면서 당시 사상계에 커다란 파문을 일으켰다.

원효가 살았던 시기는 바로 신유식에 의해 인도 대승불교가 정확히 소개되면서 동아시아 불교계가 직면했던 사상적 전환기였다. 따라서 기존의 연구자들은 원효가 『이장의』에서 제시한 현료문과 은밀문의 구별을 각기 신유식과 구유식의 체계를 반영하는 것으로서 해석하고 있다. 『이장의』 현료문의 경우, 인용하는 문헌이 대부분 『유가론瑜伽論』을 위시한 현장의 번역서라는 점에서 이런 해석에 의문을 제기할 여지는 적지만, 은밀문의 이애二礙의 교설에 대해서는 여러 다른 견해가 제기되어 왔다. 오초 에니치가 이애의 교설이 구유식의 여래장 사상에 의거하고 있다고 주장한 이래, 이를 발전시켜 정영사淨影寺 혜원慧遠의 『대승의장大乘義章』「이장의」의 영향을 받았을 것이라고 보거나 또는 『대승기신론』에 대한 독자적 이해에서 나왔을 것이라는 견해가 그것이다. 최근 최연식(2016)은 원효의 『이장의』와 혜원의 『대승의장』「이장의」 사이의 구성상의 차이를 명확하게 보여 주면서, 『이장의』에서 이애의 내용과 조직이 사상계에서 당시까지는 크게 주목되지 않았던 『대승기신론』의 설명을 토대로 하여 해석되고 있다고 지적한 점은 주목할 만한 것이다. 이는 『이장의』에서 시도된, 『대승기신론』을 중심으로 불교 사상을 이해하는 방식이 후기 원효의 성숙한 불교 이해의 토대가 되었음을 보여 주는 것이라 생각된다.

3. 『이장의』의 과단科段

제1편 명칭의 해석

제2편 이장 자체의 제시
- 제1장 현료문에 따른 이장 자체의 제시
- 제2장 은밀문에 따른 이장 자체의 제시

제3편 이장의 공능
- 제1장 현료문에 따른 이장의 공능
- 제2장 은밀문에 따른 이애二礙의 발업과 결생 작용

제4편 법문들의 상호 포섭 관계

제1장 128종 번뇌설

제2장 104종 번뇌설

제3장 98종 수면설

제4장 8종 분별

제5장 3종 번뇌

제6장 2종 번뇌

제5편 이장의 대치와 끊음

제1장 현료문에 따른 이장의 대치와 끊음

제2장 은밀문에 따른 이애의 끊음

제3장 여래에게 있어 끊음의 의미

제6편 총괄적인 결택

제1장 문답 1 : 욕계의 혹의 영단과 불환과의 증득의 여부

제2장 문답 2 : 상계의 번뇌로부터 이욕한 자의 구별

제3장 문답 3 : 삼계 밖에 중생의 존재 여부

제4장 문답 4 : 아라한과 대승의 계위의 구별

제5장 문답 5 : 증성도리에 의한 마나스의 증명

제6장 문답 6 : 무명주지와 관련된 문제

제7장 5종의 논란 : 이무아二無我와 관련된 논란과 그 회통

4. 과단에 따른 『이장의』의 내용

『이장의』는 위의 과단에서 보듯이 총 6편으로 구성되어 있다. 전체적으로 말해 텍스트의 구성상의 특징은 이장을 각기 현료문과 은밀문의 경우

로 나누고, 현료문의 이장을 은밀문의 번뇌애에 포함시키는 방식으로 구성되어 있다는 점이다. 따라서 도입부의 제1편과 문답 방식의 제6편을 제외한 나머지 편에서 이장을 설명할 때에도 이러한 중복 구조에 의해 이장을 설명하고 있다. 이제 각 편에서의 이장의 분류와 그 의미를 개괄해 보자.

제1편에서는 이장의 명칭을 현료문과 은밀문으로 나누어 각기 번뇌장과 소지장 그리고 번뇌애와 지애로 한다고 제시하면서, 각각의 문에서 이 개념들의 의미를 정의하고 있다.

제2편에서는 이장 자체를 현료문과 은밀문의 두 방식으로 제시하고 있다. 현료문은 다섯 주제로 나누어 기술되고 있다.

첫째, 이장을 자성의 측면에서 기술하는 것으로 번뇌장의 자성은 인집人執 등의 근본번뇌와 수번뇌이며, 소지장의 자성은 법집法執 등의 망상분별과 법애法愛 등이다.

둘째, 이장을 팔식八識과 삼성三性에 따라 구별하는 것이다. 여기서 번뇌와 수번뇌가 식識들과 상응하는지의 여부를 다루고 있다. 제8 알라야식은 번뇌와 전혀 상응하지 않지만, 다른 여러 전식轉識들의 경우 어떤 번뇌들과 상응하는지를 기술하고 있다. 그리고 삼계의 어떤 번뇌들과 수번뇌들이 삼성에 따라, 즉 선善·불선不善·무기無記의 도덕적 성질에 따라 구별되는지를 설명하고 있다. 이어 소지장의 경우도 팔식과 삼성에 따라 구별된다는 점을 논하면서, 이를 개별적인 방식(別門)과 공통적 방식(通門)의 관점에서 기술하는 경론의 설명을 인용하면서, 이들 대립되는 것처럼 보이는 양자의 해석이 설명의 의도를 고려할 때 회통될 수 있다고 제안한다.

셋째, 이장을 전纏과 수면隨眠의 관점에서 구별하고 있다. 전은 현재 작동하고 있는 번뇌인 반면에, 수면은 번뇌의 잠재적 힘인데, 이것은 다시 종자種子와 추중麤重으로 구분되고 있다. 원효는 이 구분을 초기 유식 문헌인 『유가론』에 의거하여 종자와 습기로서 이해하고 있다. 소지장의 설명에서 원효는 소지장의 자성이 바로 "연성緣性에 대한 분별"이라고 지적하면서, 번뇌장의 전과 수면에 대응하는 개념이 소지장의 경우, "일상적 지각을 따라 생겨난 것과 반복적인 습기에 따라 생겨난 수면"이 인식대상에 대한 장애가 되는 것이라고 말한다.

넷째, 이장을 장애 자체와 그것의 습기의 관점에서 구별하고 있다. 장애 자체는 이장 모두에 있지만, 습기의 경우 번뇌장의 습기를 '개별적인 습기(別習氣)'와 '공통적인 습기(通習氣)'로 나눈다. 별습기는 이승二乘의 수행도를 장애하지 않는 것으로 따라서 번뇌장에 포함되지 않는다. 반면 통습기는 종자가 제거된 후에도 잔존하는 기운으로서 '루를 수반한 추중(有漏麤重)'으로 규정되고 있다. 소지장의 습기는 번뇌장의 습기에 준해 이해될 수 있다.

다섯째, 오법五法에 따른 구분이다. 오법이란 오위五位라고 하는 것으로 법을 색色, 심心, 심소心所, 심불상응心不相應, 무위無爲의 5종으로 구분한 것이다. 이장이 현행할 경우와 종자의 상태에 있을 경우, 또 습기의 상태에서 각기 어떤 법과 상응하는지를 말하고 있다.

이장 자체를 은밀문의 관점에서 기술하면서, 번뇌애는 6종 염심染心이며, 지애는 근본무명이라고 규정하고 있다. 이들 용어는 『기신론』에 따른 것으로 원효는 은밀문의 전체적 틀을 이 텍스트에 의존해서 구성하고 있다.

제3편의 주제는 이장의 공능이다. 여기서도 현료문과 은밀문으로 나누어 이장의 공능을 설명하고 있지만, 분량상 현료문의 이장의 설명이 대부분을 차지한다. 현료문에 따른 설명에서 먼저 번뇌장의 공능은 업을 일으키는 발업發業의 능력과 재생과 결부시키는 결생結生의 능력으로 나뉜다. 주로 『유가론』에 의거해 발업을 인업과 생업으로 다시 구분하면서 설명하고 있는데, 이는 비록 원효가 명시해서 부르지는 않지만 유식학파의 특징적 해석인 2세 1중 연기설에 따른 것이다. 결생의 능력을 설명할 때, 이를 통상通相과 별상別相의 관점에서의 해석의 경우로 나누면서, 이 양자의 설

명이 서로 모순되지 않는다는 점을 강조하고 있다. 소지장의 경우 사성제의 인공人空의 이치에 미혹해 있는 것이 아니기 때문에 발업과 결생의 공능은 없지만, 십팔계를 훈습하여 성립시키는 언설훈습의 작용과 증상연의 작용은 갖는다.

은밀문에 따른 설명에서도 역시 발업과 결생의 공능이 있다. 발업의 공능이란 삼세 밖의 변역생사를 받는 것이다. 하지만 여기서 원효는 변역생사를 받아 3종의 의생신意生身이 생겨난다고 할 때, 방편도 중의 도를 일으킬 수 있는 무루의 의생신과 집제에 속한 유루의 의생신을 구별하고 있다. 후자의 설명은 『보성론寶性論』과 『승만경勝鬘經』에 따른 것이지만, 전자의 설명이 어디에 의거하는가는 명시적으로 언급되고 있지는 않다. 하지만 응연凝然의 『승만경소상현기勝鬘經疏詳玄記』에서 원효가 이를 『능가경楞伽經』의 설명으로 해설하는 문장이 인용되고 있다. 양자의 차이는 『승만경』이 "무명의 힘에 의거하여 이숙식이 일어나는 것"을 의생신이라고 보는 반면에 『능가경』의 의생신은 "삼매 등에 의거하여 자유자재한 것으로 도제道諦에 포함된 것"[김홍미(2017: 39)]으로 구별하기 때문에, 『이장의』의 설명과 통할 것이다.

제4편에서는 기존의 번뇌설을 6종으로 정리하고 있다.

첫째, 128종의 번뇌설로서 『유가론』 「본지분」의 설명을 압축해서 정리하고 있다.

둘째, 104종의 번뇌설로서 『유가론』 「섭결택분」에서 제시된 설명이다.

셋째, 98종의 수면설로서 『구사론俱舍論』 등의 유부계 논서의 설명이다. 이들 설명의 공통적 특징은 번뇌 분류에서 10종 번뇌를 각기 삼계와 사성제에 따라 분류하는 점이다. 사성제는 다시 번뇌의 성질에 따라 견소단과 수소단의 번뇌로 구분되는데, 원효는 이들 세 교설이 현료문 내의 번뇌장을 포함한 것으로 간주하고 있다.

넷째, 8종 분별로서, 원효는 『현양성교론顯揚聖教論』을 길게 인용하고 있지만, 원래는 「보살지」 제4품인 〈진실의품〉에서 제시된 것이다. 여기서 8종 분별이란 자성에 대한 분별, 차이에 대한 분별, 총집분별, 자아라는 분별, 아소라는 분별, 좋아하는 것에 대한 분별, 싫어하는 것에 대한 분별, 그리고 양자와 상위相違한 분별이다. 이들 8종 분별은 각기 3종의 사태(事, vastu)를 산출한다고 설명되어 있는데, 처음 세 개는 분별과 희론의 근거이며 그 대상인 사태를 산출하며, 다음 두 개는 유신견과 아만을 산출하며, 나머지 세 개는 탐·진·치라는 사태를 산출한다. 원효는 이를 현료문의 소지장과 관련시킨다.

다섯째, 3종 번뇌에 따른 설명 방식으로서, 3종이란 견소단의 번뇌, 수소단의 번뇌, 양자에 의해 끊어지지 않는 번뇌이다. 원효는 3종을 이승의 경우와 보살의 경우로 나누어 설명하면서, 이것은 거친 상의 관점에서 이장의 차이를 드러낸 것이라고 규정한다.

여섯째, 기번뇌起煩惱와 주지번뇌住地煩惱에 따른 설명이다. 원효는 여기서 기번뇌는 현료문에서 설명한 이장이 해당하며, 주지번뇌는 오직 하나의 무명주지라고 설명한다. 무명주지는 다시 생득주지生得住地 또는 견일처주지見一處住地와 작득주지作得住地 또는 유애수주지有愛數住地의 양자로 나뉜다.

제5편은 이장의 대치와 끊음(斷)을 현료문과 은밀문에 따라 구별해서 설하고 있다. 현료문에 따른 설명은 다시 대치의 구별, 끊어야 할 번뇌의 확정, 대치와 끊음의 구별의 설명, 대치와 끊음의 위계의 구별로 나뉜다.

'대치의 구별'은 여러 수행도 중에서 특히 견도에 초점을 맞추어 설명하고 있다. 여기서 원효는 『유가론』에 대한 그의 깊은 이해를 유감없이 보여 준다. 『유가론』이 유식학파의 백과사전적 성격을 가진 논서라는 점은 이미 학계에서 널리 인정되고 있는 바이지만, 여기서도 원효는 이 문헌 내에서 어떤 설명이 대승적 맥락인지 아닌지를 매우 세밀하게 나누어 기술하고 있다.

'끊어야 할 번뇌의 확정'에서는 번뇌를 다시 네 가지 관점에 따라 세분해서 다루고 있다. 먼저 주主·반伴 관계에 의거한 설명에서는 생멸문의 관점과 상속문의 관점에서 번뇌가 기술되고 있다. 현기와 복단의 관점에서 번뇌의 기술은 현실적으로 분출되는 번뇌의 제거인가 아니면 잠재적인 번뇌의 종자까지 제거하는가의 문제이다. 통通·별別에 따른 구별은 별상의 번뇌와 통상의 번뇌로 나누어 그것의 제거를 간략히 구분하고 있다. 시세時世에 따른 번뇌의 구별은 『화엄경』에서 삼세를 10종으로 나누어 설명한 것을 인용하여 설하고 있다.

'대치에 의한 끊음의 구별'에서는 세 가지가 있다. 먼저 일시적 억압인 복伏과 완전한 제거인 단斷의 구별과 두 종류의 결박의 구별, 그리고 계박을 벗어남의 구별이다.

'대치에 의한 끊음의 위계의 구별'에서는 범부와 이승, 보살의 위계에서의 끊음의 양태에 대해 상세히 구별하고 있다. 이승의 경우 번뇌장과 소지장의 제거로 나누어 설명하는데, 흥미로운 것은 이승의 경우에도 부분적으로 주지번뇌의 제거가 인정된다는 설명이다. 보살의 경우에도 은밀문과 현료문에 따라 번뇌를 제거하는 위계가 구분되고 있다. 현료문에 따른 설명에서 원효는 돈오보살과 점오보살의 구별에 따른 이장의 제거를 설명하는데, 근래의 돈·점 논쟁과 관련해 흥미로운 교학적 관점을 제공해 주고 있다.

이어 은밀문에 따른 설명에서 현료문의 번뇌는 모두 기혹과 관련된 것이며, 은밀문에 따른 주지번뇌의 제거를 『기신론』에 따라 설명하고 있다. 마지막으로 원효는 여래에게 있어서는 잡염과 청정이 서로 무장애하기에 끊어야 할 어떤 대상도 갖지 않는다는 점을 부연하고 있다.

제6편은 총체적으로 교학적인 문제들과 관련해 생겨나는 문제점들을 여섯 개의 문답과 한 개의 논란과 회통으로 정리해서 제시한 것이다.

첫 번째 문답은 욕계의 번뇌를 영단한 자가 불환과를 증득했는가의 문제를 4구의 방식으로 다루고 있다.

두 번째 문답은 색계에서 이욕離欲한 자는 모두 무색계정에 들어가는지 또는 무색계의 해탈에 들어간 자는 모두 색계에서 이욕했는지의 여부를 마찬가지로 4구의 방식으로 설하고 있다. 이 문답은 『잡집론雜集論』에 의거한 것이다.

세 번째 문답은 삼계를 벗어난다는 것의 의미를 여러 경전을 인용해서 설하고 있다.

네 번째 문답은 무학과를 얻은 성문과 연각의 계위를 대승의 보살과 비교하고 있다. 이 문제는 수행 현장에서 흥미로운 주제였을 것으로 보이는데, 원효는 그들을 네 가지 측면에서 대승의 수행자와 비교하고 있다.

다섯 번째 문답은 증성도리에 의해 제7식인 마나스(末那, Ⓢ manas)가 일체법을 대상으로 한다는 것을 증명할 수 있는가에 대한 논의이다. 여기서 원효는 『판비량론判比量論』에서 제시한 결정상위의 과실을 들어 마나스가 일체법을 대상으로 한다는 주장명제의 오류를 지적하고 있다.

여섯 번째 문답은 일반적인 무명주지가 이승에 의해서도 부분적으로 끊어진다면 그것에 경중의 차이가 있다는 것이 될 것이며, 만일 그렇다면 무명주지는 팔식과 상응할 것이다. 반대로 팔식과 상응하지 않는다면 이승은 그것을 끊을 수 없게 될 것이라고 하는 문제 제기와 그에 대한 답이다.

마지막 일곱 번째는 논란과 그 회통이다. 여기서는 다섯 가지 점으로 개아와 법의 유·무를 둘러싸고 벌어진 문제들을 다루면서, 이들 교설의 문제를 일종의 '응병여약應病與藥' 방식으로 이해하면서 점층적인 방식으로 회통하고 있다. 이 단락은 당시의 불교 교학을 둘러싼 문제점들에 대한 원효의 이해 방식을 보여 준다는 점에서 주목받을 가치가 있을 것이다.

첫 번째는 개아와 법이 실재하는 것이 아니라면 이는 세속지의 타당성과 인과를 부정하는 삿된 견해가 될 것이라는 논란에 대해, 이 교설의 의

도는 비불교도의 주장을 대치하려는 것이라고 답한다. 두 번째는 집착된 법은 실재하지 않지만 가법假法은 존재한다고 하는 아비달마의 주장이 가진 문제점이다. 이것은 이승이 인정하는 삼세와 오온의 법을 대치하고자 하기 때문에 여래장의 존재를 설한다고 해석하는 것이다. 세 번째는 가법은 존재하지만 자아는 존재하지 않는다고 한다면, 이는 아공은 있지만 법공은 없다는 것이 될 것이라는 논란이다. 원효는 이런 논란이 대승의 심원한 교설을 손감의 방식으로 이해하는 데에서 나오는 것으로 보며, 이를 극복하기 위해 자아와 법이 모두 존재한다고 주장해야 한다고 말한다. 네 번째는 집착된 대로의 법은 비존재하기에 법공은 존재하지만 명언훈습에 의해 생겨난 법은 실제로 존재하지 않으며, 따라서 (법공으로서) 존재하지만 실재하는 것은 아니기에 법공의 부정이 될 것이라고 하는 논란이다. 원효는 이 논란을 법상의 관점에서 제기된 것으로 보며, 개아와 법의 비존재를 인정하는 데에서 그 해결책을 찾는다. 다섯 번째는 인연의 도리에 의거해서 4종 연이 화합하여 법의 생겨남이 있다고 한다면, 오온이 화합하여 개아의 생겨남도 있게 될 것이라는 논란이다. 이에 대해 원효는 개아든 법이든 그것들은 존재하는 것도 아니고 비존재하는 것도 아니라는 '비일이비이非一而非異'의 방식으로 회통하고 있다.

이상에서 『이장의』 6편의 내용을 간략히 소개했다. 원효가 여기서 서술하는 방식을 다시 부연하자면, 이장을 현료문과 은밀문에 따라 구분하면서, 현료문에서는 번뇌장과 소지장을 나누어 설명하고, 은밀문에서는 그에 대응하는 번뇌애와 지애로 구분해서 설명하고 있다. 분량 면에서 볼 때, 현료문의 설명이 압도적으로 많다. 기술상의 측면에서 특징적인 것은 여러 경론의 설명을 제시하면서 그것들이 모순되는 경우 일반적인 설명 방식과 특별한 설명 방식에 따른 것으로, 각 경론의 설명에는 모순이 없다고 해석하는 점이다. 이런 회통의 방식이 원효가 경론 내부의 모순을 해소하는 전형적인 방식이라는 점은 말할 나위도 없을 것이다.

5.『이장의』의 사상사적 가치와 후대에 끼친 영향

『이장의』의 저술 연도와 순서를 원효 저작의 상호 인용에 의거해 볼 때, 『이장의』는 원효의 중기 저작으로 보인다. 왜냐하면『이장의』에서 자신의 저작인『일도장一道章』과『기신론별기』를 언급하고 있는데, 특히 후자의 경우는 현장이 647년 번역한『유가사지론』이 인용되고 있기 때문이다. 『이장의』에는 현장이 번역한『유가사지론』과『현양성교론』,『아비달마잡집론』 등이 많이 인용되고 있는데,『유가사지론』의 전래 시기와 그것을 집중적으로 연구하기에 필요한 시간 등을 고려할 때, 또한 동아시아 불교학에 커다란 영향을 주었던, 659년 번역된『성유식론成唯識論』이 인용되고 있지 않다는 점에서『이장의』 찬술은 적어도 650년대 후반이라고 보인다.

반면『이장의』를 명시적으로 언급하고 있는 원효의 저작도 많다.『기신론소』에서는 세 차례,『금강삼매경론』에서는 네 차례 언급하고 있으며, 그 외에도『열반종요涅槃宗要』에서『이장의』에 설명을 미룬 부분도 보인다. 또한 현재 산실된 원효의『승만경소勝鬘經疏』에서『이장의』를 언급하고 있다는 점도 지적될 수 있다. 이는 내용상 거의 비슷한 설명들이 응연凝然이 편집한『승만경소상현기勝鬘經疏詳玄記』에 원효의『승만경소』의 설명으로서 인용되고 있다는 점에서 확인될 것이다.[이에 대해서는 김상현(1993), 김홍미(2016) 참조].

이와 같이『이장의』는 원효의 중기 저작으로서,『유가론』과『승만경』 등 유식 문헌과 여래장계 경전들에 대한 원효의 연구가 매우 깊이 있게 진행되고 있음을 보여 준다. 이런 경론의 이해 위에서 후에『대승기신론소』에서 보이는 대승 불전에 대한 자유로운 이해가 가능했을 것이다.

마지막으로『이장의』의 사상사적 영향에 대해 지적하면서 소개문을 마치고자 한다. 원효의『대승기신론소』 등의 저술이 중국 화엄종의 제3대 조사인 법장法藏에게 커다란 영향을 미쳤다는 사실은 일반적으로 인정되고 있지만, 이는 『이장의』의 경우에도 마찬가지이다. 『이장의』를 편집 출판한 오초 에니치는 법장이 『오교장五教章』에서 그의 스승인 지엄智儼의 오교판을 계승하고 있는 것은 분명하지만, 여기서 행해진 삼승시교三乘始教와 삼승종교三乘終教의 구분은 원효가 『이장의』에서 행한 현료문과 은밀문의 관계에 해당된다고 지적하면서 그 유사성을 세 가지로 지적하고 있다. 하지만 보다 넓은 지성사적 맥락에서 『이장의』의 역할은 최연식(2016: 118ff.)에 따르면, 원효는 여기서 『대승기신론』의 번뇌설의 중요성을 간파해서 『대승기신론』의 관점에 따라 새로운 불교계의 사상적 흐름을 주체적으로 재정리하려는 점에 있다. 그렇다면 원효는 『이장의』에서, 그리고 이어 『대승기신론소』에서 당시 동아시아 사상계에서 그다지 주목받는 문헌이 아니었던 『대승기신론』의 중요성과 사상사적 의의를 천명함으로써 이후 『대승기신론』이 동아시아 불교에서 가장 중요한 텍스트로 자리매김하는 데 큰 역할을 했을 것이다.

6. 『이장의』의 교감과 번역

본 번역을 위해 먼저 저본이 되는 『한국불교전서』 제1권에 수록된 『이장의』를 제시하고, 이를 오초 에니치가 오타니 대학 소장 사본에 의거해 1979년 편집 출판한 『이장의』와 대조했다. 오초는 여기서 사본의 행간에 기록된 '방기傍記'의 교정을 아울러 제시하고 있으며, 본고에서는 그 내용을 원문 아래에 역자 교감주로 밝혔다.

『이장의』는 번역하기 매우 난해한 텍스트이다. 이런 난해함은 부분적으로 원효가 방대한 문헌에서 자유자재로 인용하고 있다는 데서 기인할 것이다. 그는 특히 유식학파와 여래장계 경전에서 빈번히 인용하고 있는데, 이를 통해 그가 얼마나 많은 문헌을 섭렵하고 있었는지를 웅변적으로 보여 준다. 나아가 그가 '이장'의 내용을 독자적으로 구성하면서, 특히 현료문에서 그의 깊은 이해를 보여 준다고 생각된다. 이를 통해 우리는 그가 얼마나 원전의 내용에 정통하고 있었는지를 확인하게 된다. 따라서 여기서는 원효가 원전의 내용을 매우 잘 이해하고 있다는 전제하에서, 그가 인용한 문헌의 의미를 가능한 한 원전의 맥락에서 번역하려고 시도했다. 이것이 아마 기존 번역과 차별되는 부분일 것이다. 그리고 번역에서 텍스트 간의 소통의 문제를 고려하여 불교의 전문 술어일 경우, 이를 그대로 채택했다. 또한 가능한 한 직역 방식을 택했지만, 한문 구문에 따라 번역할 시 원효가 의거하는 불전의 내용과 완연히 어긋날 경우, 원래 의미를 살리는 쪽을 택했다. 이를 통해 본 번역이 원효의 사고가 얼마나 풍부했는지를 1,400년이 지난 오늘날의 독자에게 조금이라도 정확히 전달하는 데 기여할 수 있다면, 역자에게는 더할 나위 없는 기쁨일 것이다.

차례

이장의二障義 해제 / 5
일러두기 / 26

제1편 명칭의 해석 29

제2편 이장 자체의 제시 34
제1장 현료문에 따른 이장 자체의 제시 34
1. 자성에 의거한 이장 자체의 특징 35
2. 팔식과 삼성에 따른 이장 자체의 구별 36
1) 번뇌장의 경우 37
(1) 팔식에 따른 번뇌장의 구별 37
(2) 삼성에 따른 번뇌장의 설명 42
① 삼성에 따른 번뇌의 구별 42
② 삼성에 따른 수번뇌의 구별 45
2) 팔식과 삼성에 따른 소지장의 구별 48
(1) 별문의 관점에서의 해석 48
(2) 통문의 관점에서의 해석 52
(3) 두 해석의 회통 62
3. 전과 수면의 관점에서 이장 자체의 설명 63
1) 번뇌장의 경우 63
2) 소지장의 경우 67
4. 정장正障과 습기의 관점에서 이장 자체의 구별 70
1) 정장과 습기의 정의 70
2) 습기의 구별 70
(1) 개별적인 습기 71
(2) 공통적인 습기 72
(3) 소지장의 습기 75

5. 오법에 따른 이장 자체의 확정 77
제2장 은밀문에 따른 이장 자체의 제시 79
1. 번뇌애 : 6종 염심 80
2. 지애 : 근본무명 80

제3편 이장의 공능 83
제1장 현료문에 따른 이장의 공능 83
1. 번뇌장의 발업의 공능 83
1) 인업의 작용 84
2) 결생의 능력 89
(1) 결생의 시기 89
(2) 결생의 통상과 별상 90
(3) 중생·이승·보살에 따른 결생의 차이 96
3) 마나스와 상응하는 네 혹의 발업과 결생 98
2. 소지장의 발업과 결생의 공능 100
제2장 은밀문에 따른 이애二礙의 발업과 결생 작용 100
1. 이애에 의한 발업 작용 101
1) 무명주지에 의한 인업의 작동 103
2) 애·취의 습기에 의한 생업의 작동 105
2. 이애의 결생 작용 107

제4편 법문들의 상호 포섭 관계 110
제1장 128종 번뇌설 110
제2장 104종 번뇌설 118
제3장 98종 수면설 120
제4장 8종 분별 124
제5장 3종 번뇌 132
제6장 2종 번뇌 133
1. 기번뇌 133
2. 주지번뇌 134
1) 생득주지 134

2) 작득주지 135

제5편 이장의 대치와 끊음 145

제1장 현료문에 따른 이장의 대치와 끊음 145

1. 대치의 구별 145

1) 견도의 확립 148

(1) 교설에 의한 견도의 확립 148

(2) 내자증에 의한 견도의 확립 151

① 삼승의 견도의 차이 152

② 견도의 대치와 번뇌의 끊음 160

2) 수도의 특징 164

3) 구경도의 특징 165

(1) 방편도와 무간도 165

(2) 해탈도 166

2. 끊어야 할 대상의 확정 171

1) 주主 · 반伴 관계에 의거한 끊음 171

2) 현기現起와 복단伏斷의 관점에서 끊음 174

3) 통通 · 별別의 관점에서 끊음 174

4) 시간의 관점에서 끊음 175

3. 대치에 의한 끊음의 차이 181

1) 복과 단의 차이 181

(1) 복伏의 구별 182

(2) 단斷의 구별 183

2) 두 종류의 박縛의 끊음의 차이 185

3) 계박을 벗어남의 차이 187

(1) 계박의 종류 188

(2) 계박에서 벗어남의 종류 188

4. 대치에 의한 끊음의 계위의 구별 190

1) 범부의 계위에서의 대치에 의한 끊음 190

2) 이승의 계위에서의 대치도에 의한 번뇌의 끊음 191

(1) 번뇌장의 끊음의 경우 192

① 견소단의 번뇌의 영단의 관점 193
② 수소단의 번뇌의 끊음 196
(2) 소지장의 경우 200
(3) 은밀문의 경우 201
3) 보살의 계위에서의 끊음의 구별 202
(1) 은밀문에 따른 설명 202
(2) 현료문에 따른 설명 203
① 총체적 설명 203
② 돈오보살과 점오보살의 구별에 따른 이장의 끊음 204
③ 견도위에서의 이장의 돈단 205
가. 돈단의 방식 205
나. 수행 단계에 따른 이장의 돈단 207
④ 수도위에서의 이장의 끊음 211
제2장 은밀문에 따른 이애의 끊음 212
제3장 여래에게 있어 끊음의 의미 214

제6편 총괄적인 결택 217
제1장 문답 1 : 욕계의 혹의 영단과 불환과의 증득의 여부 217
제2장 문답 2 : 상계의 번뇌로부터 이욕한 자의 구별 218
제3장 문답 3 : 삼계 밖에 중생의 존재 여부 220
제4장 문답 4 : 아라한과 대승의 계위의 구별 225
제5장 문답 5 : 증성도리에 의한 마나스의 증명 229
제6장 문답 6 : 무명주지와 관련된 문제 233
제7장 5종의 논란 : 이무아二無我와 관련된 논란과 그 회통 236

약호 및 참고 문헌 / 245
찾아보기 / 249

일러두기

1 '한글본 한국불교전서'는 문화체육관광부의 지원을 받아 동국대학교 불교학술원에서 수행하고 있는 '불교기록문화유산아카이브(ABC)사업'의 결과물을 출간한 것이다.

2 이 책은 『한국불교전서』(동국대학교출판부 간행) 제1책에 수록된 『이장의二障義』를 저본으로 하여 번역하였다.

3 번역문에 이어 원문을 병기하고 간단한 표점 부호를 삽입하였다.

4 원문은 『한국불교전서』를 기본으로 하되 오초 에니치(橫超慧日)가 오타니 대학(大谷大學) 소장 사본에 의거해 편집 출판한 교감본과 대조했다. '방기傍記'는 오타니 대학 사본의 행간에 기록된 교정 내용이다.

5 원문의 교감 사항은 번역문의 각주와 별도로 원문 아래 부분에 제시하였다.
㉯은 『한국불교전서』 편찬자가 교감한 내용이다.
㉰은 번역자가 교감한 내용이다.

6 약물은 다음과 같다.
『 』: 서명
「 」: 편명
T : 『대정신수대장경』
H : 『한국불교전서』
S : 산스크리트어
T : 티베트어

이장의

| 二障義* |

석원효 지음
釋元曉 撰

* ㉯ 저본은 오타니 대학(大谷大學)에 소장된 고사본古寫本이다.

『이장의』를 여섯 장으로 구분한다. 첫째 (이장의) 명칭과 의미를 해석한다. 둘째, (이장) 자체의 상을 드러낸다. 셋째, (이장의) 공능을 변별한다. 넷째, 제 항목을 포섭한다. 다섯째 (이장의) 대치와 끊음을 밝힌다. 여섯째, 확정적 해석을 종합한다.

二障義六門分別。一釋名義。二出體相。三辨功能。四攝諸門。五明治斷。六惣決擇。

제1편 명칭의 해석

첫 번째는 (이장이란) 명칭의 해석이다. 이장이란 첫째는 번뇌장으로 혹장이라고도 한다. 둘째는 소지장으로 지장이라고도 한다. 또는 다른 설명 방식으로 번뇌애와 지애라고 부른다.

第一釋名。言二鄣者。一煩惱鄣亦名惑鄣。二所知鄣亦名智鄣。或有異門名煩惱碍及與智碍。

번뇌장(S kleśa-āvaraṇa)이란 탐 · 진 등의 혹惑으로서, (심을) 번거롭고 괴롭히는 것을 자성으로 하며, 적시에 현행하여 몸과 마음을 괴롭히고 산란하게 하기 때문에 '번뇌'라고 부른다. 이것은 (번뇌의) 본질을 작용의 관점에서 명명한 것이다. 또한 (번뇌는) 삼계 내에서 번뇌의 과보를 산출하여(S abhinirvartaka) 유정을 핍박하고 괴롭게 하여 적정寂靜에서 떠나게 하기 때문에 '번뇌'라고 부른다. 이것은 원인에 대해 결과의 명칭을 세운 것이다. 장障(S āvaraṇa)은 '막음'이라는 의미를 가지며, 또한 '덮고 은폐함'을 작용으로 한다. (즉) 유정이 생사에서 벗어나지 못하게 막고, 진실한 성품(理性)을 덮고 은폐하여 열반이 드러나지 않게 한다. 이런 두 가지 점에서 '장障'이라고 부르니, 이것은 의미와 작용의 측면에서 명명한 것이다.

煩惱鄣者。貪瞋等惑煩勞爲性。適起現行惱亂身心。故名煩惱。此當體從功能立名。又復能惑[1]界內煩惱之報。逼惱有情令離寂靜。故名煩惱。是爲因中說果名也。障以遮止[2)]爲義。亦用覆弊[3)]爲功。遮止有情不出生死。覆弊理性不顯涅槃。由是二義故名爲鄣。此從義用而受名也。

1) 역 '惑'은 방기傍記에 따라 '感'으로 교정되어야 한다. 2) 역 '止'는 저본에서는 '正'이지만 『韓國佛敎全書』 편자가 방기에 따라 교정한 것으로 보인다. 3) 역 '弊'는 '蔽'의 오기로 보인다. 이하 경우도 마찬가지다.

소지장(Ⓢ jñeya-āvaraṇa)에 대해서 말하면, 진소유성과 여소유성[1]의 두 지혜에 의해 관조되는 것이기 때문에 소지所知(Ⓢ jñeya)라고 하고, 법집 등의 혹惑이 (두 가지) 지혜의 본성(智性)을 막아 현관現觀(Ⓢ abhisamaya)[2]을 성취하지 못하게 하고, 대상의 본성(境性)을 덮고 은폐하여 심을 현관하지 못하게 한다. 이러한 의미 때문에 소지장이라고 한다. 이것은 은폐된 대상과 작용의 측면에서 명명한 것이다.

1 진소유성盡所有性(Ⓢ yāvadbhāvikatā)과 여소유성如所有性(Ⓢ yathāvadbhāvikatā) : 두 단어의 문자적 의미는 '-까지 수습하는 것'과 '그와 같이 수습하는 것'이다. 이 용어는 「菩薩地」에서 각기 제법의 전체성과 제법의 진실성으로서, 양자는 '진실인 대상(tattvārtha)'으로 정의되고 있다. 『解深密經』(SNS VIII.20.1-2)에서 진소유성은 잡염법과 청정법에 대한 일체 방식의 구분으로 정의되고 있으며, 예로 오온의 경우에는 다섯으로, 내처의 경우에는 여섯으로 분류하는 것이라고 예시되고 있다. 그리고 여소유성은 잡염법과 청정법의 진여眞如로 정의되고 있으며, 이는 다시 7종 진여로 나열되고 있다. 이들 개념은 진제 역의 여량지如量智와 여리지如理智에 각기 해당된다.

2 현관現觀(Ⓢ abhisamaya) : 초기 불전에서도 사용된 단어이다. Frauwallner(2007)는 이 용어를 추적하면서 SN IV 355, 1-9 및 10-19에서 'abhisamaya'는 'abhisambodhi'와 동일한 의미를 갖고 교환되어 사용되며, (그 동사형인) 'abhisameti'는 'pajānāti(알다)'와 교환되어 사용된다고 지적한다. 그리고 아비달마 후기에 법승法勝에 의해 하나의 술어로서 정착되었고, 그 의미는 'Erschauen(직시함, 봄)'이다. 그는 이 새로운 용어의 도입 상황에 대해 다음과 같이 기술한다. "해탈도 속에서 사성제는 단계적으로 항시 견도가 몇 찰나 속에서 진행하는 것을 봄으로 이끌고, 그럼으로써 그 진리의 정확성에 대한 확신으로 이끌 때까지 철두철미하게 관찰되어졌다. 따라서 부지런히 준비한 후에 갑자기 빛을 던지듯이 직접적으로 확신을 주는 직관적 인식이 문제 되는 것이다. 그것은 철두철미한 체험으로서 일상적 인식을 초월하지만, 그럼에도 특징적인 선정 체험과 구별되는 것이다."(Frauwallner 2007: 174-5). 『瑜伽師地論』 등의 유식문헌에서도 '현관' 개념은 사성제와 관련하여 중요하게 다루어지고 있다.

所知鄣者。盡所有性如所有性二智所照故名所知。法執等惑遮止智性不成現觀。覆弊境性不現觀心。由是義故名所知鄣。此從所弊及用得名。

그렇지만 인집人執 등의 혹惑은 부분적으로 대상에 대한 지혜(境智)를 장애함이 있지만, 무상보리를 막지 않을 뿐 아니라 또한 모든 종류의 대상[3]에 대해 은폐하지도 않기 때문에, 비록 (부분적으로 대상에 대한 지혜의 장애라는) 전자를 이미 끊었어도 (무상보리와 모든 종류의 대상에 대해 은폐하지 않는) 후자를 얻지 못했으므로 소지장의 명칭을 붙이지 않는 것이다. (반면) 법집 등의 혹에도 부분적으로 생사를 산출하는 뜻이 있지만, 이승의 열반을 은폐하지도 않고 또한 분단생사[4]에 머물지도 않는다. 비록 이러한 (법집을) 끊지는 못했지만 이理를 증득했기 때문에 번뇌장이라는 명칭을 받지 않는다. 긍정과 부정의 취지가 바로 여기에 있다. 혹惑과 지智의 명칭은 일상적으로 설한 바와 같다.

然人執等惑亦有鄣於少分境智。而未遮於無上菩提。亦不弊於一切種境。[1)] 雖已斷此不得彼故。是故不立所知鄣[2)]名。法執等惑亦有少分感[3)]生死義。而不弊於二乘涅槃。亦不止於分段[4)]生死。雖[5)]不斷此而證雖[6)]故。是故不受煩惱鄣名。與奪之意義在此乎。惑智之名如常所說。[7)]

1) 역 '境'은 저본에는 없지만『韓國佛敎全書』 편자가 방기에 따라 보충한 것으로 보인다. 2) 역 '鄣'은 저본에는 '部'라고 하였지만『韓國佛敎全書』 편자가 교정한 것으로 보인다. 3) 원 저본의 방기에서 '感'에 '此'를 더한다고 하였다. 역 '感'은 저본은

3 모든 종류의 대상(一切種) : 은정희는 여기서 '일체종'을 일체종지의 의미로 풀이하지만, 설명의 맥락이 인집이 소지장, 즉 모든 종류의 대상에 대해 은폐하는 것이 아니라는 점에 있다면, 그 의미는 '일체의 대상' 정도일 것이다. 이는 방기에서 '境' 자를 보충하는 데에서 분명할 것이다.

4 분단생사分段生死 : 업의 차이에 따라 중생이 태어날 장소와 형태, 수명과 종성 등에서 차별적으로 재생하는 것을 가리킨다. 이에 반해 변역생사變易生死는 보살이 원에 따라 재생하는 것을 가리킨다.

'惑'인데 『韓國佛教全書』 편자가 방기에 따라 교정한 것으로 보인다. 4) ㊐ '段'은 저본에는 '假'인데 『韓國佛教全書』 편자가 방기에 따라 교정한 것으로 보인다. 5) ㊐ '雖'는 저본에는 '離'인데 『韓國佛教全書』 편자가 방기에 따라 교정한 것으로 보인다. 6) ㊐ '雖'는 방기에 따르면 '理'이다. 7) ㊒ '說'은 방기에는 '學'라고 한다. ㊐ 저본의 방기에는 이런 말이 없다.

또한 (이장에 대한 다른 설명 방식으로) 번뇌애와 지애라고 부른다. 6종 염심染心[5]은 망념을 일으켜 상相(Ⓢ nimitta)을 취하므로, 상을 여의고 (망념의) 산란됨이 없는 평등성과 상위한 것으로, 적정과 어긋나기 때문에 번뇌애라고 한다. 근본무명이란 제법이 지각될 수 없다는 사실에 바로 미혹해 있기에 속지俗智를 장애하여 지각하지 않는 바가 없게 하는 것으로, 이 점을 이해하지 못하기 때문에 지애라고 한다. 이 중에서 '번뇌'란 장애를 일으키는 허물에 해당하는 명칭이고, '지'란 그 (번뇌)에 의해 장애되는 성질에 따라 지칭한 것이다. 삭감하고 덧붙인 취지는 앞의 내용에 준거해서 알 수 있을 것이다.

或名煩惱碍1)智碍者。六種染心動念取相。違平等性離相无動。由乖寂2)靜

5 6종 염심染心 : 『大乘起信論』에 나오는 용어로서, 집상응염執相應染, 부단상응염不斷相應染, 분별지상응염分別智相應染, 현색불상응염現色不相應染, 능견심불상응염能見心不相應染, 근본업불상응염根本業不相應染이다. ① 집상응염은 육추六麤 중의 집취상과 계명자상에 해당되는 대상에 대한 집착과 상응하는 염심이다. 이는 이승二乘에 의해서는 아라한의 단계에서, 보살에 의해서는 삼현위에서 끊어진다. ② 부단상응염은 육추 중의 상속상에 해당되는 대상과 상응하는 염심이다. 삼현위로부터 십지의 첫 단계인 정심지淨心地까지에서 끊는다. ③ 분별지상응염은 육추 중 지상에 해당되는 대상과 상응하는 염심이다. 제2지로부터 제7지까지에서 끊는다. ④ 현색불상응염은 삼세三細 중의 경계상에 해당되는 물질 대상과 상응하지 않는 염심이다. 알라야식 내의 상분相分으로서 제8지에 이르러 여읜다. ⑤ 능견심불상응염은 삼세 중의 능견상에 해당되는 인식대상과 상응하지 않는 염심으로서 알라야식 내의 견분見分으로, 제9지에서 여읜다. ⑥ 근본업불상응염은 삼세 중의 무명업상에 해당되는 인식대상과 상응하지 않는 염심이다. 이는 진여가 근본무명에 의하여 처음으로 산란해지는 마음의 모습으로, 미혹의 근원이 되는 것이며, 제10지인 보살진지菩薩盡地 이후에 완전히 끊어진다.

名煩惱碍。根本無明。正迷諸法無所得性。能鄣俗智無所不得。由不了義。故名智碍。此中煩惱是當能碍過名。智是從彼所碍德稱。廢立之意准前可知。

1) 역 '碍'는 저본에서는 '㝵'로 표기하지만 『韓國佛教全書』에서는 '碍'로 바꾸어 표기하고 있다. 이하에서도 마찬가지다. 2) 역 '寂'은 저본에는 '家'인데 『韓國佛教全書』 편자가 방기에 따라 교정한 것으로 보인다.

제2편 이장 자체의 제시

두 번째는 (이장) 자체의 제시이다. 여기에는 요약해서 현료문과 은밀문의 두 방식이 있다.

第二出體。[1] 略有二門。謂顯了門及隱密[2]門。

1) ㊒ '體'는 저본에서는 주로 '軆' 자로 표기하지만『韓國佛教全書』에서는 '體'로 바꾸어 표기하고 있다. 이하 경우도 마찬가지다. 2) ㊒ '密'은 저본에는 '蜜'인데『韓國佛教全書』 편자가 방기에 따라 교정한 것으로 보인다.

제1장 현료문에 따른 이장 자체의 제시

현료문 안에 자세히는 다섯 가지가 있다. 첫째는 자성自性에 의거하여 (이장) 자체의 특징(體相)을 나타냈고, 둘째는 팔식八識[6]과 삼성三性[7]에 의

6 팔식八識 : 유가행파에서는 전통적으로 인정된 안식 등의 6종 식에 마나스식(末那識, Ⓢ manas)과 알라야식(Ⓢ ālaya-vijñāna, 현장 역에 따르면 阿賴耶識)의 양자를 더해 8종으로 구분한다. 이 분류에서 육식과 마나스식을 더해 전식轉識(Ⓢ pravṛtti-vijñāna)이라고 하며, 알라야식을 근본식이라 부른다. 알라야식은『瑜伽師地論』에서 처음으로 언급되는데, 이 새로운 식의 도입 이유에 대해서는 Schmithausen(1987) 참조.

7 삼성三性 : 일체법을 선善(Ⓢ kuśala)·불선不善(Ⓢ akuśala)·무기無記(Ⓢ avyākṛta)로 구분한 것을 가리킨다. 이것은 법을 각기 도덕적 성질에 따라 구분한 것으로, 선이란 해탈에

거해서 (이장) 자체를 구별했으며, 셋째는 전纏(Ⓢ paryavasthāna)[8]과 수면隨眠(Ⓢ anuśaya)[9]의 관점에서 (이장) 자체를 구분했고, 넷째는 정사正使[10]와 습기習氣[11]에 따라 (이장) 자체를 밝혔으며, 다섯째는 오법五法[12]에 의거하여 이장 자체를 설정했다.

顯了門內委曲有五重。一當自性以出體相。二依八識三性簡體。三約纏及隨眠辨體。四就正使與習氣明體。五據五法以定郭體。

1. 자성에 의거한 이장 자체의 특징

처음에 자성에 의거하여 (이장) 자체를 제시함이란 인집 등의 근본번

도움이 되는 요소를, 불선이란 해탈에 방해가 되는 요소를, 그리고 무기란 중립적인 요소를 가리킨다.

8 전纏(Ⓢ paryavasthāna) : 『瑜伽師地論』을 위시한 유가행파 문헌에서 종종 번뇌의 현상적인 분출을 의미하는 개념으로서, 번뇌의 종자, 즉 잠재적 양태를 나타내는 수면隨眠(Ⓢ anuśaya)과 대비되어 한 쌍으로 등장하는 개념이다. 이런 용례는 『俱舍論』 제5장 「隨眠品」에서도 발견된다. 전에는 8종이 있는데, 무참無慚·무괴無愧·질嫉·간慳·회悔·수면睡眠·도거掉擧·혼침惛沈을 가리킨다. 여기에 분忿·부覆의 2종을 더해 10종으로 나열하기도 한다.

9 수면隨眠(Ⓢ anuśaya) : 초기불교 이래 번뇌의 동의어의 하나로 나열된 것으로서, 초기불교에서는 7종으로, 아비달마에서는 6종 내지 10종으로 구별되었다. 수면은 유부에 있어서는 번뇌의 미세한 측면을 가리키고, 번뇌의 거친 분출의 측면은 전纏으로 표현된다. 반면 유식에 있어서는 수면은 어원상 '잠들어 있는(Ⓢ anu-śī)' 상태의 번뇌를 가리키는 개념으로, 그것의 잠재성을 의미하며, 곧 종자 개념을 가리킨다.

10 정사正使 : 사使. 초기 아비달마 문헌에서 번뇌를 다룬 장명章名에서 사용된 개념으로서 현장의 수면隨眠(Ⓢ anuśaya) 개념에 해당되는 용어이다.

11 습기習氣(Ⓢ vāsanā) : 번뇌의 현상적 작용이 남긴 잔존 인상으로서, 예를 들어 어떤 수행자에게 여인에 대한 강한 탐욕이 더 이상 나타나지 않더라도 그의 의식의 흐름 속에 여전히 남아 있는 미세한 탐욕의 인상을 말한다.

12 오법五法 : 오위五位로도 불리는 범주로서, 존재 요소를 색법色法·심법心法·심소법心所法·불상응행법不相應行法·무위법無爲法의 다섯 개의 범주로 분류한 것이다. 이런 분류법은 아비달마 시기 이래 자주 사용되었다.

뇌와 분忿·한恨·부覆 등의 여러 수번뇌들을 번뇌장의 자성으로 삼는 것이다. 그 (번뇌들을) 권속의 관점에서 논하자면, 그것들과 상응하는 법과 그것에 의해 인발된 업 및 (그것에 의해) 초래된 과보들이 서로서로 번뇌장 자체에 두루 포괄되는 것이다.

소지장이란 법집 등의 망상분별과 법에 대한 애, 아만, 무명 등을 그 (소지장) 자체로 삼는 것이다. 그것과 함께 수반되는 것의 관점에서 논하자면, 그것과 상응하는 법과 그것에 의해 취착된 상 또한 함께 그 (소지장)에 포함된다.

初當自性出鄣體者。人執爲首根本煩惱。忿[1]恨覆等諸隨煩惱。是爲煩惱鄣之自性。論其眷屬。彼相應法及所發業幷所感果報。相從通入煩惱鄣體。所知鄣者。法執爲首妄[2]想分別。及與法愛慢無明等以爲其體。論其助伴者。彼相應法幷所取相亦入其中。

1) ㉠ '忿'은 저본에는 '忽'인데 『韓國佛敎全書』 편자가 방기에 따라 교정한 것으로 보인다. 2) ㉠ '妄'은 저본에는 '延'인데 『韓國佛敎全書』 편자가 방기에 따라 교정한 것으로 보인다.

2. 팔식과 삼성에 따른 이장 자체의 구별

두 번째 팔식과 삼성에 의한 (이장) 자체의 구별이다.

二依八識三性簡體者。

1) 번뇌장의 경우

(1) 팔식에 따른 번뇌장의 구별

번뇌장 자체는 알라야식(S āalaya-vijñāna)[13]과 상응하지 않고, 오직 7종의 전식轉識(S pravṛtti-vijñāna)[14]과 함께 일어난다. 그중에서 탐애와 무명은 7종 식에 공통되며, 만慢은 [마나스(末那)와 제6 의식의] 2종 식에 통하며, 진瞋은 오직 제7 마나스(末那, S manas)와 공통되지 않으며, 의疑와 4종 견見은 오직 의식에만 있으며, 살가야견(S satkāyadṛṣṭi)은 의(마나스)와 의식에 있다.[15]

---

13 알라야식(S ālaya-vijñāna) : 진제 역에서 '아리야식阿梨耶識'으로, 현장 역에서 '아뢰야식阿賴耶識'으로 음사된 유식학파의 제8식으로서, 그 의미에 따라 장식藏識, 택식宅識 또는 무몰식無沒識 등으로 번역되기도 했으며, 기능에 따라 본식本識, 이숙식異熟識 또는 일체종자식一切種子識으로 불렸다. 알라야식을 기반으로 해서 모든 식이 전변하기 때문에 이에 의거해 알라야식으로부터 일체가 연기한다는 주장도 나타났다. 정통적인 해석에 따르면 알라야식은 염오된 종자로 이루어져 있기 때문에 염오된 망식妄識이며, 이로부터의 해탈은 청정한 법계로부터 흘러나오는 가르침에 의거해서만 가능한 것이다. 반면 여래장 사상에서는 심의 본성을 자성적으로 청정하다고 간주하기 때문에, 두 교설 사이의 충돌은 불가피했다고 보인다. 이 문제는『楞伽經』에서 알라야식과 여래장을 병렬시키는 방식으로 그 해결을 시도했고,『大乘起信論』에서 알라야식에 각의覺義와 불각의不覺義의 두 가지 뜻이 있다고 해석하고 이 식을 진망화합식眞妄和合識으로 봄으로써 해결하고자 했다.

14 전식轉識(S pravṛtti-vijñāna) : 일반적인 유식설에 따르면 7종으로서, 통상의 육식에 염오의染汚意로서의 마나스(S manas, 末那)를 더한 것이다. 근본식(S mūla-vijñāna)으로서의 알라야식으로부터 생겨난다는 의미에서 전식이라 부른 것이다.

15『瑜伽師地論』이 번뇌의 분류를 위해 채택한 10종 번뇌설은 크게 견見의 성질을 가진 번뇌(見性煩惱)와 그렇지 않은 번뇌(非見性煩惱)로 대분된다. 후자는 탐貪·진瞋·치癡·만慢·의疑의 5종이고, 전자는 살가야견薩迦耶見·변집견邊執見·사견邪見·견취見取·계금취戒禁取의 5종이다. 살가야견은 '이것은 나다'라는 아견我見과 '이것은 나의 것이다'라는 아소견我所見으로 이루어져 있다. 변집견(S antagrāha-dṛṣṭi)은 이러한 자아를 상주와 소멸이라는 두 극단의 관점에서 이해한 견해이다. 사견(S mithyā-dṛṣṭi)은 인과의 도리를 부정하는 견해이다. 견취(S dṛṣṭi-parāmarśa)는 잘못된 견해를 진실하다고 집착하는 것이다. 계금취(S śīlavrata-parāmarśa)는 바르지 않은 계율을 통해 좋은 재생을 받을 수 있다고 집착하는 이해이다.

煩惱障體不與阿賴[1)]識相應。唯共七種轉識俱起。於中愛與無明通七種識。慢通二識。瞋唯不通第七末那。疑及四見唯在意[2)]識。薩迦耶見在意意識。

1) ㉾ '阿賴'는 '阿賴耶'인 것 같다. 2) ㉾ '意'는 저본에는 없지만『韓國佛敎全書』편자가 방기에 따라 보충한 것으로 보인다.

살가야견에는 두 가지 측면(二行)[16]이 있으니 아我(Ⓢ ahaṃkāra)의 측면과 아소我所(Ⓢ mamakāra)의 두 가지 측면이다. 이와 같은 두 측면은 2종 식에 공통된다. 의식의 두 측면과 관련해 그 의미는 (쉽게) 알 수 있을 것이다. 마나스와 상응하는 (살가야견의) 두 측면의 특징은 알라야식 자체를 곧바로 인식대상으로 하여 '아'라는 행상을 일으키며, 더불어 그 (알라야)식 자체에 있는 모든 상을 인식대상으로 하여 '아소'라는 행상을 일으킨다. '모든 상(諸相)'이라는 것은 그 (알라야식)과 상응하는 5종 심소법[17]과 일체의

16 살가야견薩迦耶見(Ⓢ satkāyadṛṣṭi)에서 '살가야(Ⓢ satkāya)'가 중세 인도방언형 'svakāya'로 소급된다는 中村元(『自我と無我』, p.19)의 지적을 고려할 때, 이 단어는 '자신의 신체가 실재한다고 보는 견해' 정도를 의미할 것이다. MN I 299 등에서 보듯이 'satkāya'는 오온으로 이해되고 있다. 이 맥락에서 'satkāyadṛṣṭi'는 'satkāya', 즉 '오온과 관련된 잘못된 견해'를 의미한다. YBh 162,11-13(…pañcopādānaskandhān ātmato vātmīyato vā samanupaśyato yā nirdhāritā vānirdhāritā vā kliṣṭā prajñā)에서 이 개념은 "집착의 대상인 오온을 자신이나 자신에 속한 것으로 보는 자의 확정되거나 확정되지 않은 염오된 판단"으로 정의되고 있다. 'satkāyadṛṣṭi'가 'ahaṃkāra'와 'mamakāra'로 이루어져 있음을 고려할 때, '이행二行'이란 글자는 원래 '-kāra'에 대응하는 번역어였을 것이다. 이는 'ahaṃkāra', 'mamakāra'가 '아행我行', '아소행我所行'으로 번역되고 있는 것에서 분명할 것이다. 원래 복합어 'ahaṃkāra'에서 'kāra'는 'ahaṃ'이라는 '말'을 의미하고 있지만(Collins 1982: 100 참조), 이를 'kṛ'와 관련시켜 번역한 것이다. 따라서 이하에서는 원효의 이해를 나타내기 위해 '행상'으로 번역했다.

17 알라야식과 상응하는 5종 심소법 : 5종 변행심소遍行心所를 말한다. 변행(Ⓢ sarvatraga) 심소란 언제나 모든 심작용에 항시 수반되는 작의作意(Ⓢ manasi-kāra), 촉觸(Ⓢ sparśa), 수受(Ⓢ vedanā), 상想(Ⓢ saṃjñā), 사思(Ⓢ cetanā)의 다섯 요소이다. 변행이란 네 가지 방식으로 일체에 변재하는 것이다. 첫째는 일체성一切性으로, 모든 선·악·무기의 삼성에 공통으로 일어난다. 둘째는 일체지一切地, 즉 유심유사有尋有伺·무심유사無尋有伺·무심무사無尋無伺의 삼지와 욕계·색계·무색계에서 모두 일어나는 것이다. 셋째는 일체시一切時로서, 항상 상속하는 것을 말한다. 넷째는 일체구一切俱로서, 다섯 가지 심소가 동시에 생기는 것이다. 이하는『集論』의 변행심소 정의이다. [유식학파의 심

십팔계에 대한 표상(Ⓢ vijñapti)[18]이다. 이와 같은 모든 표상은 저 (알라야)식의 종자로부터 일어난 것이며, 모두 저 (알라야)식이라는 명경明鏡에 나타난 것이기 때문에, 따라서 마나스에게도 함께 인식대상이 될 수 있는 것이다. 마치 안식이 맑은 거울을 인식대상으로 할 때에 2종의 상을 요별하는 것과 같다. 첫째는 거울 자체의 맑은 물체를 요별하는 것이고, 둘째는 또한 그 (거울) 속에서 영상을 요별하지만, 거울 밖에 상이 있다고 계탁하지 않는 것이다. 마나스의 두 측면에 대해서도 그 의미는 마찬가지로, 식 외부에 법이 존재한다고 계탁하지 않는다. 그러므로 요약해서 말하자면, (마나스는) 저 (알라야)식을 역으로 인식대상으로 하는 것이다. 마치 안식이 다만 거울을 대상으로 한다고 설할 때에도 (그 안식은) 또한 거울 속에 현현하는 영상을 대상으로 하는 것과 마찬가지라고 알아야 한

소법의 여러 정의에 대해서는 Saito (eds.) 2014가 매우 유용하다.] ① 작의는 심의 발동이다. 대상을 향해 심을 유지시켜 주는 작용을 한다.(manaskāraḥ katamaḥ/ cetasa ābhogaḥ/ ālambane cittadhāraṇakarmakaḥ//) ② 촉은 (근·경·식의) 셋이 모인 후에 감관의 변화를 나누는 것이며. 감수에 토대를 제공하는 작용을 한다.(sparśaḥ katamaḥ/ trikasannipāta indriyavikāraparicchedaḥ/ vedanāsanniśrayakarmakaḥ//) ③ 수의 특징은 무엇인가? 경험을 특징으로 하는 것이다. 바로 그 경험을 본질로 함에 의해 선업과 불선업의 과보들의 이숙을 경험하는 것이다.(tshor ba'i mtshan nyid ci ze na/ myong ba'i mtshan nyid de myong ba'i ngo bo gang gis dge ba dang mi dge ba'i las rnams kyi 'bras bu rnam par smin pa so sor myong ba'o//) ④ 상의 특징은 무엇인가? 인식시키는 특징을 가진 것이다. 이미지를 취하고 다양하게 포착하는 것을 본성으로 하는 것으로서 견문각지한 대상들에 대해 언설을 가설하는 것이다.('du shes kyi mtshan nyid ci zhe na/ 'dus te shes par byed pa'i mtshan nyid de/ mtshan mar 'dzin pa dang/ bkra bar 'dzin pa'i ngo bo gang gis ji ltar mthong ba dang/ thos pa dang/ bye brag phyed pa dang/ rnam par shes pa'i don rnams la tha snyad 'dogs pa'o//) ⑤ 사란 무엇인가? 심의 작동이며, 의업이다. 선·불선·무기에 대해 심을 작동시키는 작용을 한다.(cetanā katamā/ cittābhisaṃskāro manaskarma/ kuśalākuśalāvyākṛteṣu cittapreraṇakarmikā//)

18 십팔계에 대한 표상 : 십팔계는 초기불교 이래 일상 인식이 어떻게 성립되는가를 설명한 교설로서, 육근六根과 육경六境, 육식六識의 18종류를 말한다. 여기서 근(Ⓢ indriya)은 감각능력이며, 경(Ⓢ viṣaya)은 그러한 근의 대상이고, 식(Ⓢ vijñāna)은 양자가 만났을 때 나오는 것이다. 예를 들어 안근眼根이 색경色境을 만났을 때 안식眼識이 생겨난다는 등이다. 십팔계에 대한 표상은 MSg II.2+10에서 설한 11종의 식(Ⓢ vijñapti)일 것이다.

다. 이는 더 설명할 필요도 없다. 이것도 마찬가지로, 마나스가 저 (알라야)식을 역으로 인식대상으로 한다고 직설하지만 (알라야)식 안에 현현한 영상도 겸하여 인식대상으로 한다고 알아야 한다. 이것은 더 설명할 필요가 없기 때문에 번거롭게 설명하지 않겠다.

薩迦耶中有二行。所謂我行及我所行。如是二行。亦通二識。意識二行義在可見。末那相應二行相者。直緣阿賴耶識自體。而作我行。無[1)]緣彼識體上諸相作我所行。言諸相者。與彼相應五種心法。及與一切十八界相。如是諸相皆從彼識種子所起。悉是彼識明鏡所現。是故末那亦得並緣。喩如眼識緣明鏡時。亦有[2)]種了別相。一者了別鏡體明色。二亦了別於中影像。[3)] 而不能計鏡外有像。末那二行其義亦爾。[4)] 而不能計識外有法。故惣相說還緣彼識。如直說言眼識緣鏡。當知亦緣鏡內現影影。[5)] 是不待言論。此亦如是。直說末那還緣彼識。當知無緣識內現。[6)] 不待言論。故不煩說。

1) ㉧ '無'는 저본에서는 '兼'이지만 『韓國佛敎全書』 편자가 교정하고, 방기에 따라 '緣~與彼相應'까지 19자를 추가한 것으로 보인다. 2) ㉧ '有' 다음에 방기에 따라 '二'를 보충하는 것이 타당할 듯하다. 3) ㉧ '像'은 저본에는 '緣'이지만 『韓國佛敎全書』 편자가 방기에 따라 교정한 것으로 보인다. 4) ㉧ '爾'는 저본에서는 '尒'로 표기하지만 『韓國佛敎全書』에서는 '爾'로 표기하고 있다. 이하에서도 마찬가지다. 5) ㉧ '影'은 저본에는 '題'이지만 『韓國佛敎全書』 편자가 방기에 따라 교정한 후, '影' 자를 중복 오기한 것으로 보인다. 6) ㉧ '當知無緣識內現'은 저본에서는 '當如兼緣識內現'으로 되어 있고, 방기에서는 마지막 '現' 다음에 '相'을 보충해서 읽는다. 『韓國佛敎全書』의 교정의 근거가 명확하지 않다. 방기에 따라 번역했다.

이것은 『현양성교론』에서 "의意(Ⓢ manas)란 알라야식의 종자로부터 생겨난 것인데 역으로 저 식을 대상으로 하며, 아치·아애·아집·아소집·아만과 상응한다."[19]라고 말한 것과 같다. 그것은 아견我見과 관련해서 두 가지 인식대상을 가지니, 하나는 스스로의 의지체(自依止)를 인식대상으로

19 『顯揚聖敎論』(T31, 480c23-24)을 그대로 인용한 것이다.

하는 것이고, 둘째는 타인의 의지체(他依止)를 인식대상으로 하는 것이다. 마나스가 일으키는 것은 오직 처음의 인식대상뿐이다.

如顯揚論云。意者謂從阿賴耶識種子所生。還緣彼識。我癡我愛我我所執我慢相應故。其我見中有二種緣。一緣自依止。二緣他依止。末那所起唯有初緣。

의식에는 두 가지 인식대상이 갖추어져 있어, 스스로 아견과 관련하여 2종으로 일어난다. 즉, 분별에서 생겨난 것(分別起)과 저절로 일어난 것(任運起)이다.[20] 마나스는 후자를 갖추고 있고, 의식은 양자를 갖추고 있다. 『유가사지론』은 (다음과 같이) 설한다. "네 가지 아견을 근거로 하여 아만이 일어난다. 첫째는 분별(에서 생겨난) 아견으로, 모든 비불교도가 일으키는 것이다. 둘째는 구생의 아견으로, 금수 등에 이르기까지 생겨나는 것이다. 셋째는 스스로의 의지체를 인식대상으로 하는 아견으로, 스스로의 자체존재(Ⓢ ātmabhāva)[21]에 대해 일으킨 것이다. 넷째는 타자의 의지체를 인식대상으로 하는 아견으로, 타인의 자체존재에 대해 일으킨 것이다."[22]

---

20 『瑜伽師地論』은 아견我見을 두 종류로 구분한다. 하나는 잘못된 분별에서 일어난 것(Ⓢ parikalpita)이고, 다른 하나는 선천적으로 타고난 것(俱生, Ⓢ sahaja)이다. 여기서 '구생俱生'은 '임운任運'과 교환 가능한 단어이다. 분별기는 잘못된 가르침이나 사유 등에 의해 야기된 후천적인 아견으로서, 이는 그 오류를 인식했을 때 즉시 제거되는 것으로 견소단見所斷에 속한다. 반면 구생의 아견은 금수 등에 이르기까지 중생들에게 태어났을 때부터 갖추어진 선천적인 아견으로서, 비록 그 오류를 알았다고 해도 쉽게 제거되기 어려운 것으로 사성제의 반복적인 수습에 의해 비로소 제거될 수 있는 수소단修所斷에 속한다.

21 자체존재(Ⓢ ātmabhāva) : 'ātmabhāva'는 현장 역에서 '自體'로, 티베트 역에서는 'lus'로 번역되었는데, 세친은 『五蘊論』, 즉 'Pañcaskandhavibhāṣā(ed. J. Kramer, 2013: 106,1)'에서 이를 'nāmarūpa(名色)'라고 풀이한다. 즉, '심신의 복합체' 정도를 의미할 것이다.

22 『瑜伽師地論』「攝事分」(T30, 779a10-14 = VastuSg 'i 143a3-5)을 인용한 것이다.

意識之中具二種緣。緣自我見有二種起。謂分別起及任[1]運起。末那有緩。[2]意識具二。如瑜伽說。四種我見爲所依止能生我慢。一有分別我見。謂諸外道所起。二俱生我見。謂下至禽獸等亦能生起。三[3]自依止我見。謂各別內身所起。四緣他依止我見。謂於他身所起故。

1) ㉧ '任'은 저본에는 '住'이지만 『韓國佛敎全書』 편자가 방기에 따라 교정한 것으로 보인다. 2) ㉨ '緩'은 '後'로도 쓴다. 3) ㉧ 『瑜伽師地論』(T30, 779c12－13), "三緣自依止我見。謂於各別內身所起。"에 따라 '三' 뒤에 '緣'을 보충하고, 뒤의 '謂' 다음에도 '於'를 보충하는 것이 타당할 듯하다.

모는 수번뇌隨煩惱는 각각의 조건에 따라 7종 식에 있다. 그와 관련해 상세한 것은 이에 준거해서 이해될 수 있을 것이다.

諸隨煩惱隨其所應在七種識。於中委曲准之可解。

(2) 삼성에 따른 번뇌장의 설명

삼성三性의 논의이다. 삼성의 설명 방법(法門)에는 여러 종류가 있는데, 지금은 첫 번째로 자성의 방식에 의거해서 설하겠다.

論三性者。三性法門乃有多種。今且依一自性門說。

① 삼성에 따른 번뇌의 구별

색계와 무색계의 일체 번뇌와 욕계 중의 마나스의 네 가지 번뇌[23]는 모두 유부무기有覆無記[24]에 포섭된다. 오식五識이 일으킨 탐욕(貪)과 진에(恚)

23 마나스의 네 가지 번뇌 : 매우 미세하지만 항시 현행하는 아치我癡·아견我見·아애我愛·아만我慢이다.

와 우치(癡) 등은 불선한 것이니, 불선한 의식意識에서 흘러나오기(等流) 때문이다. 『유가사지론』에 따르면 "결정심 다음에 잡염과 청정이 있으며, 그 후에 그것에서 흘러나오는 안식眼識이 선하고 불선한 것으로 생겨난다. 그러나 저것은 자신의 분별의 힘에 의해서는 아니다. 안식이 생기는 것과 같이 (이식·비식·설식·) 신식身識도 역시 그러하다고 알아야 한다."[25]라고 하였다. 욕계의 의식이 일으킨 것 중에서, 분별에서 생겨난 일체 번뇌는 모두 불선이고, 저절로 생겨난(任運起) 신견身見과 변견邊見의 두 가지 견은 무기이다. 『유가사지론』에 따르면 "다음에 구생의 살가야견은 오직 무기이다. 자주 현행하기 때문이며, 자신과 타인을 극도로 손상시키지 않기 때문이다. 분별기(의 살가야견)은 굳게 집착하기 때문에 앞의 경우와는 달리 욕계에 있는 경우에는 오직 불선이다."[26]라고 하였다. 애愛와 만慢과 무명無明은 수도修道(Ⓢ bhāvanā-mārga)[27]에서 끊어지는 불선한 업을 일으키는 경우에는 불선이고, 결생結生[28]할 때에 미세하게 현행하는 경우에는 무기이다. 『대법론』에서 "(상속력에 의해서란) 자체존재(自體, Ⓢ ātmabhāva)

24 유부무기有覆無記 : 염오되어 있지만, 선이나 불선으로 결정되어 있지 않은 것을 말한다.

25 이 인용은 부분적이다. 『瑜伽師地論』「本地分」(T30, 280a24-27 = YBh 10,2ff.), "決定心後方有染淨。此後乃有等流眼識。善不善轉。而彼不由自分別力。乃至此意不趣餘境。經爾所時。眼意二識或善或染。相續而轉。如眼識生乃至身識。應知亦爾。"

26 이 인용은 온전히 『瑜伽師地論』「攝決擇分」[T30, 622a26-28 = VinSg(D) 110b3-4]에 의거한 것이다.

27 수도修道(Ⓢ bhāvanā-mārga) : 아비달마와 유식은 수행도를 다섯 단계로 나눈다. (i) 자량도資糧道(Ⓢ saṃbhāra-mārga), (ii) 가행도加行道 또는 방편도方便道(Ⓢ prayoga-mārga), (iii) 견도見道(Ⓢ darśana-mārga), (iv) 수도修道, (v) 구경도究竟道(Ⓢ niṣṭhā-mārga). 초기불교의 예류預流에 해당되는 (iii)에서 수행자는 사성제의 관찰을 통해 처음으로 진리를 체득한다. 그리고 (iv)는 사성제의 반복적 수습을 통해 정서적 번뇌들을 제거해 가는 단계로 설명되고 있다. 유식에서는 사성제의 관찰에 더해 견도에서 무분별지를 통해 진여를 처음으로 인식하는 것으로 설명한다.

28 결생結生(Ⓢ pratisandhi) : 재생과 결합하는 것을 말한다. 유부의 설명에 따르면 전생의 번뇌와 업에 의해 이끌려 식이 모태 속으로 들어가서 처음으로 현생의 첫 단계를 구성하는 것을 말한다.

에 대한 애愛와 상응하는 9종 명종심命終心이다."[29]라고 한 것과 같이, 이 애愛는 오직 유부무기이다. 진에瞋恚는 오직 불선이지만, 또한 선심에 공통적으로 일어나기도 한다. 『유가사지론』에서 (다음과 같이) 설한다. "자성의 관점에서 다음과 같이 흑업과 백업 양자를 확립한다. 즉, 어떤 사람이 다른 한 사람을 의식해서 이익을 행하기 때문에 다른 이들에게는 해를 입히게 되는 등이다. 마치 어떤 이가 포악하게 악을 행하는 사람에 대해서 '악행에 대해 즐거워하면 안 된다'고 생각해서 진에를 수반한 생각을 일으킨다면 그 마음은 진에와 상응하기 때문에 흑업의 부분에 의지하는 것이지만, 악행에 대해 즐거워하지 않는 것과 상응하기 때문에 백업의 부분에 의지하는 것이다. 따라서 이 업을 흑·백이라고 말하며, 이러한 등의 다른 종류도 마찬가지다."[30]

色無色界一切煩惱。及欲界中末那四惑。皆是有覆無記性攝。五識所起貪恚癡等是不善性。不善意識之等流故。如瑜伽說。決定心後方有染淨。此後乃有等流眼識。善不善轉。而彼不由自分別力。如眼識生乃至身識。應知亦爾故。欲界意識所起之中。若分別[1)]一切煩惱。悉是不善。任運起中身邊二見。是無記性。如瑜伽說。復次俱生薩迦耶見。唯無記性。數現行故。非極損惱自他處故。若分別起。由堅執故與前相違。在欲界者。唯不善性故。愛慢無明能發修斷不善業者是不善性。結生之時微細現行是無記性。如對法論[2)]云。九[3)]種命終心自體愛相應。此愛唯是有覆無記性故。瞋恚一種唯不善性。而亦通善心中起。如瑜伽說。又由自性建立如是黑白俱業。謂如有一隨於一所許作利益。即由餘事後[4)]於其所作不利益。如[5)]於暴[6)]虎作惡人[7)]所。發生瞋恚俱行之[8)]思。不喜彼惡。當知此思瞋俱行故。隨[9)]黑分中不喜樂彼

29 이 인용은 『雜集論』(T31, 714b27 = ASBh 39,9)에 의거한 것이다.

30 이 인용은 『瑜伽師地論』 「攝決擇分」[T30, 665a27-b4 = VinSg(D) 214b3-5]과 거의 동일하다.

惡俱行故。隨白分中。是故此業說名黑白。如是所餘種類亦爾故。

1) 역 『瑜伽師地論』에 따라 '別' 뒤에 '起'를 보충해야 한다. 2) 역 '論'은 저본에는 '輪'이지만 『韓國佛敎全書』 편자가 방기에 따라 교정한 것으로 보인다. 3) 역 '九'는 저본에는 '旭'이지만 『韓國佛敎全書』 편자가 방기에 따라 교정한 것으로 보인다. 4) 원 '後'는 방기에 따르면 '徑'이다. 역 방기에서는 『瑜伽師地論』에 따라 '復'로 교정하고 있다. 5) 역 『瑜伽師地論』에는 '如' 앞에 '譬'가 더 있고, '如' 다음에 '有一'이 더 있다. 6) 원 '暴'는 방기에 따르면 '見'이다. 역 '暴'로 읽는 것이 타당할 듯하다. 7) 역 '人'은 저본에는 '大'인데 『韓國佛敎全書』 편자가 방기에 따라 교정한 것으로 보인다. 8) 역 저본에는 '之' 앞에 '俱'가 있지만 『韓國佛敎全書』 편자가 삭제하여 교정한 것으로 보인다. 9) 역 『瑜伽師地論』에 따라 '隨'를 '墮'로 교정하는 것이 타당할 듯하다. 이하 경우도 마찬가지다.

② 삼성에 따른 수번뇌의 구별

수번뇌 중에서 심尋과 사伺와 오작惡作(Ⓢ kaukṛtya)과 수면睡眠(Ⓢ middha)의 4종은 삼성에 공통된다.[31] 그렇지만 선에 있을 경우에는 마치 수면睡眠 속에서 무루도를 닦는 것과 같이 반드시 모두 수번뇌의 성질인 것은 아니다. 여기서 수면 심소는 혹惑이 아니기 때문이다. 나머지의 세 가지도 이것에 준거하면 알 수 있을 것이다.

隨煩惱中。尋伺惡作睡眠。此四通於三性。而在善中。未必皆是隨煩惱性。如於夢中修無漏道。此中眠數非惑[1)]性故。其餘三種准[2)]此可知。

1) 역 '惑'은 저본에는 '或'이지만 『韓國佛敎全書』 편자가 방기에 따라 교정한 것으로 보인다. 2) 역 '准'은 저본에는 '唯'이지만 『韓國佛敎全書』 편자가 방기에 따라 교정

31 이들 네 심소법은 선이나 불선의 어느 한쪽으로 결정되지 않은 부정심소不定心所에 속한 것이다. 이하 정의는 『集論』(AS 10,5ff.)에 따른 것이다. "심尋(Ⓢ vitarka)이란 의향(Ⓢ cetanā)이나 판단력(Ⓢ prajñā)에 의거한 후에 탐색하는 의언意言(Ⓢ manojalpa)으로, 심의 거친 상태이다.", "사伺(Ⓢ vicāra)란 의향(Ⓢ cetanā)이나 판단(Ⓢ prajñā)에 의거한 후에 검토하는 의언으로, 심의 미세한 상태이다.", "오작惡作(Ⓢ kaukṛtya)이란 뜻하든 뜻하지 않았든 간에 우치에 속한 심의 후회이다.", "수면睡眠(Ⓢ middha)이란 잠듦을 원인으로 한 후에 우치에 속한 심의 위축이다."

한 것으로 보인다.

방일放逸 등의 10종[32]과 광誑·첨諂·교憍는 오직 불선과 유부무기와만 통하고, 분忿·한恨·부覆·뇌惱·간慳·질嫉·해害·무참無慚·무괴無愧의 이러한 9종은 오직 불선이다. 그중에서 무참과 무괴는 그것들의 자성의 관점에서 논한다면 일체의 불선심에서 두루 작용하지만, 만일 강력한 작용의 관점에서 말한다면 괴愧는 일체에 통하지만 참慚은 반드시 (일체에) 통하는 것은 아니다. 이는 『유가사지론』에서 "무참과 무괴는 모두 일체의 불선과 상응한다."[33]라고 하고, 또한 같은 문헌에서 "참이 나타날 때에 반드시 괴가 나타나지만, 괴가 나타나는 경우에 반드시 참이 있는 것은 아니다."[34]라고 말한 것과 같다. 예를 들면 네 가지 무색온無色蘊의 경우 자성은 반드시 동시적인 것이지만 그 작용의 강력함을 논한다면 순서대로 나타나는 것처럼, (『섭대승론』에서도) "이 첫 번째 마음(識)으로부터 뒤의 세 마음(受·想·行)이 일어난다."[35]라고 말한 것과 같다. 이 두 가지가 일어나는 도리도 마찬가지다.

放逸等十及誑諂憍。唯通不善有覆無記。忿恨覆惱慳嫉與害無慚無愧。如是九種唯不善性。此中無慚[1)]無愧。論其自性。遍行一切不善心中。若說增用。愧通一切慚未必通。如瑜伽說。無慚無愧通[2)]與一切不善相應。又上[3)]文言。慚現前時必愧現前。若愧現前不必有慚。例如四無色蘊自性必俱。論

32 방일 등의 10종 : 『瑜伽師地論』의 인용에 따르면 방일放逸(Ⓢ pramāda), 도거掉擧(Ⓢ auddhatya), 혼침惛沈(Ⓢ styāna), 불신不信(Ⓢ āśraddhya), 해태懈怠(Ⓢ kausīdya), 사욕邪欲(Ⓢ mithyācchanda), 사승해邪勝解(Ⓢ mithyādhimokṣa), 망념妄念(Ⓢ muṣita-smṛtitā), 산란散亂(Ⓢ vikṣepa), 부정지不正知(Ⓢ asaṃprajanya)이다. 이들 심소법의 정의에 대해서는 『集論』(T31, 665a3 이하) 참조.

33 『瑜伽師地論』「攝決擇分」(T30, 604a25-26)에 대응한다.

34 『瑜伽師地論』「攝決擇分」(T30, 590a4-5)에 대응한다.

35 『攝大乘論釋』(T31, 167b3)에 대응한다.

其用增次第現前。故亦說言。從此初心生後三心。此二生起道理亦爾。

1) ⑭ '慚'은 저본에는 '漸'이지만『韓國佛教全書』편자가 교정한 것으로 보인다. 이하의 '無漸'이나 '漸'도 마찬가지다. 2) ⑭ '通'은『瑜伽師地論』에는 없다. 3) ⑭ '上'은 저본에는 없지만『韓國佛教全書』편자가 방기에 따라 보충한 것으로 보인다.

나머지 수번뇌가 일어나는 도리는『(유가)론』에서 널리 설명한 것과 같다. 저 논서에서 다음과 같이 설한다. "수번뇌는 대략 네 가지 상의 차별로 말미암아 세워진다. (i) 무참과 무괴는 또한 일체의 불선심에서 두루 일어나고, (ii) 방일放逸과 도거掉擧와 혼침惛沈과 불신不信과 해태懈怠와 사욕邪欲과 사승해邪勝解와 망념妄念과 산란散亂과 부정지不正知의 이들 10종은 일체의 염오심에서 두루 일어나며, 일체처에서 삼계에 계박되어 있다. (iii) 분忿과 한恨, 부覆와 뇌惱, 질嫉과 간慳, 광誑과 첨諂, 교憍와 해害의 이들 10종은 각각 별도의 불선심에서 일어난다. (이 중에) 어느 하나가 일어났을 때 반드시 다른 하나가 일어나는 경우는 없다. 이와 같은 10종은 모두 욕계에 속해 있으나, 광과 첨과 교는 제외된다. 광과 첨은 초정려지에까지 이르고 교는 삼계에 통하기 때문이다. 이것과 앞의 두 가지는 상지上地에서 오직 무기이다. (iv) 심尋과 사伺, 오작惡作과 수면睡眠의 넷은 (선심·불선심·무기심의) 세 종류의 심[36]에서 두루 (일어나지만), 일체처에서 일어나는 것도 아니고 일체시에서 일어나는 것도 아니다. 만일 매우 오랫동안 심구尋求하고 사찰伺察하는 경우라면 곧 몸이 피로하고 생각을 잘못되게 하며 마음도 손상되게 되니, 이 때문에 심과 사를 수번뇌라고 한다. 이 두 가지는 곧 초정려지까지 있으며, 오작과 수면은 오직 욕계에만 속한다."[37] 번뇌장의 특징을 대략 설명하면 그와 같다.

36 세 종류의 심(三性心) :『瑜伽師地論』에는 '三性心'이 '善不善無記心起'로 되어 있다.

37 원효는 여기서『瑜伽師地論』「攝決擇分」[T30, 622b23-c8 = VinSg(D) 111b1-112a1]의 취지를 요약해서 인용하고 있다.

餘隨煩惱生起道理如論廣說。彼言隨煩惱者。略由四相差別建立。謂[1)]無慚無愧。亦[2)]通一切不善心起。放逸掉擧涽沉[3)]不信懈怠邪欲勝解[4)]妄念散亂不正知。此十通一切染汚心起。通一切當[5)]三界所繫。忿恨覆惱[6)]疾[7)]慳誑諂憍害。此十各別不善心起。若一生時必無第二。如是十種。皆欲界繫。除[8)]誑諂憍。由誑及諂至初靜慮。憍通三界。此并前二。若在上地。唯无記性。尋伺惡作睡眠。此四通三性心。非一切處[9)]非一切時。若有極久尋求伺[10)]察。便令身疲念失。心亦勞損。是故尋伺名隨煩惱。此二乃至初靜慮地。惡作睡眠。唯在欲界故。煩惱鄣相略說如是。

1) ㉾『瑜伽師地論』에는 '謂' 앞에 "一通一切不善心起。二通一切染汚心起。三於各別不善心起。四善不善無記心起。非一切處非一切時。"라는 구절이 더 있다. 2) ㉾ '亦'은 『瑜伽師地論』에는 '名'으로 되어 있다. 3) ㉾ '涽沉'은 저본에는 '涽沈'으로 되어 있다. 방기와 『瑜伽師地論』에 따라 '惛沈'으로 교정해야 한다. 4) ㉾ '勝解' 앞에 『瑜伽師地論』에 따라 '邪'를 보충하는 것이 타당할 듯하다. 5) ㉾ '當'은 『瑜伽師地論』에 따라 '處'로 교정하는 것이 타당할 듯하다. 6) ㉾ '惱'는 저본에는 '惣'이지만 『韓國佛敎全書』 편자가 방기에 따라 교정한 것으로 보인다. 7) ㉾ '疾'은 『瑜伽師地論』에 따라 '嫉'로 교정하는 것이 타당할 듯하다. 8) ㉾ '除'는 저본에는 '虫(벌레 먹어 손상됨)'으로 표기했지만 『韓國佛敎全書』 편자가 방기에 따라 교정한 것으로 보인다. 9) ㉾ '非一切處'의 네 자는 저본에는 없지만 『韓國佛敎全書』 편자가 방기에 따라 보충한 것으로 보인다. 10) ㉾ '伺'는 저본에는 '同'이지만 『韓國佛敎全書』 편자가 방기에 따라 교정한 것으로 보인다.

2) 팔식과 삼성에 따른 소지장의 구별

(1) 별문의 관점에서의 해석

소지장 자체의 특징은 무엇인가? 어떤 사람은 (다음과 같이) 설한다. 법집의 무명은 오직 제6식과 제7식의 두 식에만 있고 다른 식에는 공통되지 않는다.[38] 왜냐하면 (법집의 무명은) 추구하는 성질을 갖고 있기 때문

38 여기서의 문제는 알라야식에 법집이 있는가 또는 없는가 하는 것이다. 석길암(2001:

이다. 법에 대한 탐욕(法愛)과 진에 등 견혹에 포함되지 않고 또 추구하는 (성질을) 갖지 않는 것은 모두 오식에 공통된다. 이것은 『섭대승론』에서 "두루 계탁할 수 있는 심心은 오직 의식뿐이다."[39]라고 말한 것과 같다. 일체 (번뇌)는 알라야식에 해당되지 않으니, 『유가사지론』에서 "알라야식은 번뇌와 상응하지 않는다."[40]라고 말한 것과 같다. 만일 이 (알라야)식 중에 법집이 있다면, 법아견法我見을 이루어 무명 등을 갖게 될 것으로, (그렇다면) 오직 (변행심소의) 5종의 법과 상응하는 것이 아니어야 할 것이다.[41]

所知鄣體其相云何。或有說者。法執無明唯在第六第七二識。不通餘識。推求性故。法愛恚等非見所攝不推求者亦通五識。如攝論說。能遍計心唯意識故。一切不通阿賴耶識。如瑜伽說。阿賴耶識不與煩惱而共相應故。若此識中有法執者。成法我見有無明等。不應唯與五法相應。

---

390)이 지적하고 있듯이, 이 문제는 호법護法과 안혜安慧의 해석이 갈라지는 지점이다. 호법은 팔식에 집착이 없다고 주장하는 데 비해, 안혜는 팔식에도 법집이 있다고 주장하기 때문이다. 이렇게 본다면 소지장을 팔식과 연결시키지 않는 별문의 관점에서의 해석은 호법의 해석으로, 소지장을 팔식에도 있다고 주장하는 통문의 관점에서의 해석은 안혜의 주장과 연결시킬 수도 있을 것이다. 하지만 여기서 간과하지 말아야 할 점은 원효의 이런 구분이 과연 『成唯識論』에서 주어진 정보에 의거하는가의 여부이다. 적어도 『二障義』가 659년 번역, 편집된 『成唯識論』을 전혀 언급하고 있지 않다는 점에서 이런 정보가 '호법-안혜'의 대립을 전제하고 제시되었다고 보기는 어려울 것이다. 오히려 이 논점은 원효 자신이 초기 유식 문헌의 정밀한 독해로부터 나온 교리상의 모순의 해결책인 것이라고 보는 것이 타당할 것이다.

39 MSg II.16 : yid kyi rnam par shes pa ni kun tu rtog pa ste/ rnam par rtog pa can gyi phyir ro//; 『攝大乘論本』(T31, 139b12), "當知意識。是能遍計。有分別故。"

40 VinSg(D) 182b7-183a1 : de la kun gzhi rnam par shes pa ni nyon mongs pa gang dang yang mtshungs par ldan pa ma yin no//; 『瑜伽師地論』「攝決擇分」(T30, 651c15), "復次。阿賴耶識。無有煩惱。而共相應。"

41 은정희(2004: 45)는 "有無明等。不應唯與五法相應."의 문장에서 '不應'을 앞 문장에 붙여 이해하면서, 이를 "만일 이 식 가운데 법집이 있다면, 법아견法我見을 이루어서 무명 등과 상응하지 않고 오직 오법(오변행)과 상응할 것이다."라고 번역하고 있다. 하지만 이는 구문이나 내용상 받아들이기 어려운 해석일 것이다.

또한 만일 이 (알라야)식에 법집이 있다면, (일체법이) 훈습될 곳이 없어지기 때문에 순간순간 소실되어 대치될 필요가 없게 될 것이므로, 이는 커다란 과실이 될 것이다. 또 법공관法空觀이 처음으로 현전할 때에 이 (알라야)식은 단멸되어야만 할 것이다. 왜냐하면 장애와 대치는 모순되어 함께 작용하지 않을 것이기 때문이다. 만일 그렇다면 나머지 유루종자의 의지처(所依)가 없게 될 것이고, 수습한 공덕도 훈습할 곳이 없게 될 것이다. 훈습할 곳이 없기 때문에 또한 훈습이라고 말할 수도 없을 것이다. (알라야식에 법집이 있다면) 대원경지大圓鏡智[42]는 무기無記가 아니게 되므로 (대원경지를) 얻지 못할 것이다. 그러므로 법집은 이 (알라야)식에 해당되지 않음을 알 수 있다.

(법집의 무명은) 삼성 중에서 오직 불선과 유부무기로만 있으니, 비록 다시 이승의 성스런 수행도를 염오시키지는 않더라도 보살도를 염오시키고 덮는다. 이러한 뜻 때문에 유부有覆라고도 하고 무부無覆라고도 하니, 체는 하나이지만 명칭이 둘인 것은 상대하는 바가 다르기 때문이다.

(법집의 무명은) 네 가지의 한결같은 무부무기심無覆無記心[43]에는 통하지 않는다. 전식轉識에서 이숙과는 이숙식[44]과 성질이 같기 때문이고, 분별력이 약하여 집착할 수 없기 때문이며, 위의 등 마음이 집착을 세우지 않기 때문이고, 널리 통하는 것이 아니기 때문이다.

---

42 대원경지大圓鏡智(Ⓢ ādarśa-jñāna) : 유식학에서 설하는 사지四智의 하나. 이들 사지는 성소작지成所作智(Ⓢ kṛtyānuṣhāna-jñāna), 묘관찰지妙觀察智(Ⓢ pratyavekṣā-jñāna), 평등성지平等性智(Ⓢ samatā-jñāna)와 대원경지로서, 각기 전오식과 제6식, 제7식, 제8 알라야식이라는 유루의 식을 전환하여 획득되는 무루의 지혜이다.

43 무부무기심無覆無記心 : 염오된 것도 아니며, 선·불선의 어느 쪽으로도 결정되지 않은 중립적인 심을 말한다.

44 이숙식異熟識 : 업의 과보가 중립적인 방식으로 저장된 식을 말하며, 보통 알라야식을 가리킨다.

又若此識有法執者。无所薰故。應念念失。不須對治。卽成太[1]過。又法空觀初現前時。此識應斷。鄣治相違不俱行故。若爾。所餘有漏種子應無所依。所修功德應無薰習。無所[2]薰故。亦不可言薰習。鏡智非無記故。猶未得故。故知法執不通此識。於二[3]性中唯在不善有覆无記。雖復不染二乘聖道。而有染覆菩薩道故。由是義故亦名有覆。亦名無覆。一體二名所望別故。不通四種一向无覆無記心中。於轉識中異熟果者。與異熟識性類同故。分別力劣不能執故。威儀等心不堅執故。非普遍故。

1) ㊐ 오초 에니치(橫超慧日)와 은정희는 '太'를 '大'로 수정하지만 '太'가 타당할 것이다. 2) ㊐ '所'는 저본에는 없지만 『韓國佛敎全書』 편자가 방기에 따라 보충한 것으로 보인다. 3) ㊐ '二'는 '三'으로 교정하는 것이 의미상 타당할 것이다.

또한 (법집의 무명은) 일체의 선심에 통하지 않으니, (일체의 선심은) 무명 등과 성질이 상위하기 때문이며, 반드시 무치無癡의 선근과 함께하기 때문이다. 이것은 『유가사지론』에서 "무명에 두 가지가 있으니, 첫째는 불선이고, 둘째는 무기다. 또한 두 가지가 있으니, 첫째는 염오된 것이고, 둘째는 염오되지 않은 것이다. 그렇지만 선한 것이라고는 말하지 않았다."[45]라고 한 것과 같다. 만일 법공을 관하기 이전의 방편도 중에 법집이 있다고 하면, 곧 인공을 관하기 이전의 방편도 중에도 인집을 일으켜야 할 것이지만, 이 중에는 이미 이러한 일이 없기 때문에 저기에도 법집이 없음을 알 수 있다.

又亦不通一切善心。與无明等性相違故。必與無癡善根俱故。如瑜伽說。無

45 이 인용은 은정희가 밝히고 있듯이, 『佛地經論』(T26, 323b12-14)에서 인용한 것이지 『瑜伽師地論』에서의 인용은 아니다. 『佛地經論』의 "瑜伽師地"라는 인용은 축의적인 인용으로 보이며, 특히 무명에 염오되지 않은 것이 있다는 지적은 YBh 163,20에서 무명을 '염오되지 않은 무지(Ⓢ kliṣṭam ajñānam)'로 정의한 것을 이은 것으로 소지장의 도입과 밀접한 관련이 있다.

明有二。一者不善。二者无記。又有二種。一者染汚。二不染汚。不言有善故。設使法空觀前方便道中有法執者。卽應人空觀前方便道中亦起人執。而於此中旣無此事。故知於彼亦無法執也。

(2) 통문의 관점에서의 해석

어떤 사람은 (다음과 같이) 말한다. 법집의 분별은 팔식에 두루 통하니, 아직 법공을 깨닫지 못해서 상을 취해 분별하기 때문이다. 이것은 『해심밀경』에서 "미세한 수면이란 8지와 그 이상에서 일체의 번뇌가 다시 현행하지 않으며, 오직 소지장에게만 토대가 되기 때문이다."[46]라고 말한 것과 같다. 이것은 8지 이상에서는 오직 소지장만이 현행함을 밝힌 것이다. 이것이 전식에 의하여 생겨난 것이라고 말할 수 없다. 왜냐하면 (전식은) 수면隨眠에게 토대가 되지 못하기 때문이다. 이것은 알라야식에 미세한 소지장이 현행하여 끊어지지 않음을 말한 것이라고 알아야 한다.

或有說者。法執分別遍通八識。未達法空故。取相分別故。如深蜜[1)]經言。微細隨眠者。謂八地已上從此以去。一切煩惱不復現行。唯有所知障爲依止故。此明八地已上唯所知障現行。不可說此轉識所起。不與隨眠作依止故。當知是說阿賴[2)]耶識微細所知障現行不絶。

1) ㉢ '蜜'은 원 제명에 따르면 '密'이다. 2) ㉢ '賴'는 저본에는 '瀨'로 쓰여 있다.

또한 『중변분별론』에서 "식(Ⓢ vijñāna)은 진塵과 근根, 아我와 식識(Ⓢ

46 SNS IX.28.3 : bag la nyal phra mo ni 'di lta ste/ sa brgyad pa dang de'i gong ma rnams la nyon mongs pa thams cad kyi thams cad du kun tu mi 'byung ba dang/ shes bya'i sgrib pa tsam la gnas pa nyid kyi phyir ro//; 『解深密經』(T16, 707c18–19), "微細隨眠。謂於第八地已上。從此已去。一切煩惱。不復現行。唯有所知障。爲依止故."

vijñapti)과 유사하게 현현한다. 단지 식만 있을 뿐, 저 (넷)은 없으며, 저 (넷)이 없기 때문에 식도 없다. '단지 식만 있을 뿐'이라고 한 것은 단지 난식亂識(Ⓢ bhrānti-vijñāna)만 있다는 것이고, '저 (넷)은 없다'고 한 것은 (진·근·아·식의) 네 가지가 없음을 말한다."[47]라고 하였다. 이어지는 문장에서 "왜 이 난식을 허망한 것이라고 하는가? 인식영역이 실재하지 않기 때문이며, 자체적으로 산란하기 때문이다."[48]라고 하였다. 그런데 이 식 가운데 상想 심소 등은 상相(Ⓢ nimitta)을 취해서 분별을 일으키니, 이는 곧 무상無相의 진여를 깨닫지 못한 것이므로 '법집'이라고 부르고 또한 '무명'이라고도 부른다. 추구하는 성질을 통해 실재하는 존재로서 계탁하는 것은 아니기 때문에 혜慧 등의 다른 심소법에는 (법집이) 없다.

又中邊論說。塵根我及識。本識生似彼。亂[1)]識有無彼。彼無故識無。亂識有者。但亂識有。無彼者。謂无四物。卽下文言。此亂識云何名虛妄。由境不實故。由體散亂。然此識中想數爲首取相分別。卽不了達無相眞如。故名法執。亦名無明。非推求性計度實有。故無惠等餘心數法。

1) ㊀ '亂'은『中邊分別論』에 따라 '但'으로 교정하는 것이 타당할 듯하다.

또한 이 (법집의) 망상은 가장 미세하여 오직 대원경지와 서로 어긋날 뿐이며, 이 때문에 모든 전식의 지혜[49]를 방해하지는 않는다. 이런 의미 때문에 또한 훈습을 받을 수 있다. 왜냐하면 이것은 무기이며, 또한 진한

47 이는『中邊分別論』(T31, 451b7-13 = MAVBh 18,21ff.)의 부분적 인용이다.

48 이 문장은『中邊分別論頌』I.4 (MAV I.4 : abhūtaparikalpatvaṃ siddham asya bhavaty ataḥ/ na tathā sarvvathābhāvāt tat-kṣayān muktir iṣyate//)에 대한『中邊分別論』(T31, 451b21-22)의 설명에 해당된다. 하지만 진제 역은 MAVBh의 내용과 차이가 있다.

49 전식의 지혜 : 대원경지 등의 네 지혜가 차례로 제8식과 제7식, 제6 의식과 전오식에 배대되고 있기 때문에, 전식의 지혜란 사지四智 중에서 대원경지를 제외한 평등성지와 묘관찰지, 성소작지의 세 지혜를 가리킨다.

향기가 배어 있는 상태가 아니기 때문이다. 마치 사람의 옷에 대해 신선은 냄새를 맡을 수 있지만, (그 옷은) 진한 향기를 갖고 있지 않기 때문에 향기에 의해 훈습 받을 수 있는 것과 같다. 이 식도 마찬가지다. 이는『섭대승론』에서 "무기라는 말은 중립적인 것에 대해 강하게 향취를 주기 때문이다."[50]라고 한 것과 같다.

又此妄想最極微細。唯與大圓鏡智相違。是故不妨諸轉識智。由是義故亦能受薰。是無記故。非極香臭之所記故。如人衣等。仙卽覺臭。而亦能受[1)] 香臭所薰。非極臭故。此識亦爾。如攝論言。無記者是不可記極香臭義故。

1) 역 '受'는 저본에는 '愛'이지만『韓國佛教全書』편자가 방기에 따라 교정한 것으로 보인다.

또한 이 (알라야)식은 비록 훈습을 받지는 않지만, 스스로 전후의 (찰나)에서 서로 생겨나서 지속되기에 대치되지 않는 한 결코 단절되지 않는다. 이처럼 (알라야식이) 단절되거나 소멸되지 않는다면, 어떻게 훈습을 받을 수 있겠는가? 만일 (알라야식이) 훈습되지 않기 때문에 바로 소실된다고 한다면, 종자도 훈습이 없기에 매 순간 소실되어야만 할 것이다. 그러나 이 종자는 비록 훈습되지는 않더라도 전후의 상속에 단절이 없기 때문에, 매 순간 소멸하지만 매 순간 소실되지는 않는다.[51] 이 (알라야)식 중의 법집도 마찬가지라고 알아야 한다. 이러한 도리로 말미암아 과실이 없

50『攝大乘論釋』「所知依分」(T31, 329c17-18), "言無記者。是不可記極香臭義。" MSgBh 132b3-4 : lung ma bstan zhes bya ba ni lung du ma bstan pa la dri zhes bya ba'i don ste/. 여기서 무기의 의미는 무기가 아직 선이나 불선으로 결정된 것이 아니기 때문에 강하게 영향을 받는다는 것이다.

51 여기서 '소멸'은 종자의 생멸이 인과적 법칙에 따라 진행되고 있음을 보여 주며, 반면 '소실'은 종자가 존재론적으로 완전히 사라짐을 가리킬 것이다. 전자의 의미에서의 '소멸'은 '종자생종자種子生種子'의 관점에서 충분히 인정될 것이다.

다. 다만 일체의 번뇌장이 없기 때문에 번뇌와 상응하지 않는다고 말한 것이지, 소지장을 갖고 있지 않다고 말한 것은 아니다. 그러므로 이 글 또한 모순되지 않는다.

又復此識雖旡所薰。而自前後相生相續。未得對治終無斷絶。旣無隔滅何得薰習。若無所薰卽有失者。種子無薰。應念念失。而此種子雖無所薰。前後相續無隔絶故。雖念念滅。非念念失。此識法執。當知亦爾。由此道理故無過失。但無一切煩惱障故。說言不與煩惱相應。不言不與所知鄣俱。是故此文亦無相違。

알라야식에도 망상이 있는데, 하물며 오식에 법집이 없겠는가? 이것은 『열반경』에서 "이와 같이 오식은 비록 일념은 아니지만 유루이며 또한 전도된 것으로서 모든 번뇌를 증장시키기 때문에 유루라고 하였으며, 자체적으로 실재하지 않고 관념(想, Ⓢ saṃjñā)에 집착하기 때문에 전도된 것이다."[52]라고 말한 것과 같다. 이로 인해 오식에도 전도된 집착이 있다고 알아야 한다. 그러나 이 오식은 오직 오경에만 집착하고 두루 계탁하지 않기 때문에 취착이라고 부르지 않는다. 그러므로 (『섭대승론』에서) "두루 계탁하는 것은 오직 의식"이라고 설한 것이다. 만일 이 (『섭대승론』의) 문장에 의거해서 오식 중에 법집이 없음을 입증하고자 한다면, 곧 마나스에도 법집이 없다고 증명되기 때문에, 이 문장은 저 (오식에 법집이 있다는 주장)을 증명하는 것이 아니라고 알아야 한다.

阿賴耶識尙有妄想。何況五識而無法執。如涅槃經言。如是五識雖非一念。

52 『大般涅槃經』「迦葉菩薩品」(T12, 587a12-14), "善男子。衆生五識。雖非一念。然是有漏。復是顚倒。增諸漏故。名爲有漏。體非眞實。著想故倒。" 여기서 『二障義』는 '想'을 '相'으로 제시하고 있지만, 번역은 '想'에 따랐다.

然是有漏。復是顚倒。增諸漏故。名爲有漏。體非眞實。着相[1)]故倒。是知五識亦有倒執。然此五識唯着五塵。不能遍計。亦不取名。故說遍計唯是意識。若依此文。證五識中无法執者。卽成末那[2)]亦无法執。故知此文於彼非證。

1) ㉑ '相'은 『大般涅槃經』에는 '想'으로 되어 있다. 2) ㉑ '末那'는 저본에는 '那'만 제시되지만 『韓國佛敎全書』 편자가 교정한 것으로 보인다.

또한 소지장은 삼성에 통한다. 이승의 인공人空[53]은 비록 무루無漏라고 해도 법집의 분별로부터 벗어나지 못한다. 그 이유는 무엇인가? 그들은 견도에서 비록 일체 방편도에 속한 의언분별意言分別(Ⓢ manojalpa)[54]을 어의고, 고제苦諦 등에 대해 모든 명언名言을 떠난 영상影像(Ⓢ pratibimba)을 초월한 현량지現量智[55]를 일으켜서 이로 인해 인공의 진여를 증득했지만, 바

53 인공人空 : 아공我空(Ⓢ pudgala-nairātmya)과 같은 말이다. 즉 오온의 존재는 인정하지만 오온으로 구성된 개아의 실재성은 부정하는 관점이다. 이에 대비되는 것이 법공法空(Ⓢ dharma-nairātmya)으로 오온의 실재성도 부정하는 관점이다. 일반적으로 아공은 아비달마에, 법공은 대승불교에 귀속시킨다.

54 의언분별意言分別 : Ⓢ manojalpa에 대한 진제의 번역어로서, 현장 역의 의언意言에 해당된다. 때로 의분별意分別(Ⓢ manokalpa)의 형태로 쓰이기도 한다. TrBh 32,20에서 manaso jalpo manojalpaḥ라고 설명되어 있듯이 "의언이란 '의意'의 말, 또는 '의意'로부터의 말"이다. SABh는 이런 의언이 바로 의意의 분별에 지나지 않기 때문에 이를 분별(Ⓢ saṃkalpa) 또는 심尋(Ⓢ vitarka), 사伺(Ⓢ vicāra)와 관련시켜 설명하고 있다. 이 용어는 "명료한 형태의 분별이나 판단 이전의, 개념화되기 이전 단계에서 심중에 일어나는 여러 이해를 가리킨다." 의언은 MSA XI.6에 대한 안혜의 주석에서 "이식耳識에 이끌려 일어난 분별을 수반한 의식意識"이라고 정의되고 있듯이, MSg III.1에서도 문훈습과 관련해 설명된다. 상기 설명은 長尾雅人(1987: 5-9)에서 따온 것이다.

55 현량지現量智 : 추리가 아닌, 직접지각(Ⓢ pratyakṣa)을 통해 얻은 지혜를 의미할 것이며, 견도에서의 지혜가 가진 분별을 떠난 특성을 나타내는 의미에서 사용되었을 것이다. 이와 유사한 표현이 「聖聞地」(SrBh 196,18f.)에 나타난다. 즉, "영상을 초월한 후에 바로 그 소지사에 대한 현량지견이 생겨난다." Schmithausen(2006: 138-9)은 이 구절을 지적하면서, 어떻게 성문승이 부정관不淨觀(Ⓢ aśubha-bhāvanā)의 수행 속에서 이전에 경험한 것을 선정 속에서 관념상의 소거(Ⓢ vibhāvanā)와 재산출(Ⓢ adhimucyati)을 반복함을 통해 명료한 상으로 만드는가를 잘 보여 준다. 그는 "이러한 반복 과정을 통해 의식 속에서 산출된 영상은 직접 '봄'과 같은 정도의 단계로까지 명료하게 관찰될 수 있다. 이때 영상을 지우는 것은 분별을 여읜 영상影像(Ⓢ nirvikalpa-pratibimba)을 대상으로

로 그때에 비록 (그것에 대해) 명칭(名)을 취하지 않더라도 여전히 고苦라는 사태에 대하여 고 등의 상을 취하는 것이다. 이러한 면에서 아직 법공의 진여를 통달하지 못하고 법아法我[56]를 상常·낙樂 등의 속성을 가진 것으로 전도한 것이다. 예를 들면 오식이 비록 일체의 명언분별名言分別[57]을 떠나 색 등의 대상을 현량지견에 의해 증득할 때에도, 무상無相과 멀어져 상에 집착하기 때문에 전도된 것과 같다. 여기서의 도리도 마찬가지라고 알아야 한다.

又所知鄣亦通三性。乃至二[1)]乘人空無漏。亦未能免[2)]法執分別。所以者何。如彼見道。雖離一切方便道中意言分別。於苦等諦離諸名言。超過影像現量智生。由是證入人空眞如。而卽此時。雖不取名。猶於苦事取苦等相。此邊未達法空眞如。倒於法我常樂等德。例如五識雖無一切名言分別。證色等塵現量知見。而乖無相着相故倒。當知此中道理亦爾。

갖는 샤마타의 기능이고, 재산출하는 것은 분별을 수반한 영상(S savikalpa-pratibimba)을 대상으로 갖는 비파샤나의 기능이다. 샤마타와 비파샤나는 서로 교대하면서 점차적으로 영상을 명료하게 만들어 가며 마침내 직접적 '봄'과 동등한 수준의 인식으로 형성시켜 간다."라고 지적하고 있는데, 원효는 바로 이를 견도에서의 이승의 인무아의 경험이라고 규정하는 것이다.

56 법아法我 : 오온 등의 요소나, 또는 유부에서 말하듯이 75종의 법을 실체적 존재라고 간주하는 것이다.

57 명언분별名言分別 : 명언(S abhilāpa)에 의한 분별을 말한다. 『攝大乘論』(MSg I.58)에 따르면 알라야식은 그것이 포함한 종자의 차이에 따라서 3종으로 구분된다. (i) 명언훈습名言薰習(S abhilāpa-vāsanā), (ii) 아견훈습我見薰習(S ātmadṛṣṭi-vāsanā), (iii) 유지훈습有支薰習(S bhavāṅga-vāsanā). 여기서 종자는 훈습 또는 습기와 교환 가능한 개념이다. 명언훈습이란 언어에 의한 훈습으로서, 법에 대한 분별이 특히 언어 활동에 의거하고 있다는 유식학의 통찰을 보여 주는 것이다. 『成唯識論』(T31, 43b3-5)의 "名言有二。一表義名言。卽能詮義音聲差別。二顯境名言。卽能了境心心所法。"은 명언을 다시 표의명언表義名言과 현경명언顯境名言의 두 종류로 구분한다. 표의명언은 명名·구句·문文의 방식으로 모든 대상을 표현하는 것이며, 현경명언은 대상을 요별하는 심心과 심소心所이다. 심과 심소를 명언에 포함시킨 이유는 심작용이 결국 언어에 의거해서 진행되기 때문일 것이다.

1) ㉮ '二'는 저본에는 '三'이지만『韓國佛教全書』편자가 방기에 따라 교정한 것으로 보인다. 2) ㉮ '免'은 저본에는 '勉'이지만『韓國佛教全書』편자가 방기에 따라 교정한 것으로 보인다.

『유가사지론』에서 설하듯이 "견도에 오른 자의 인식의 작동 방식(智行, Ⓢ jñāna-gocara)은 모든 관념상(Ⓢ nimitta)을 여읜 것이다. 이때에 성자의 인식(聖智)은 비록 고를 대상으로 하지만 고라는 사태에 대해서는 '이것이 고다'라고 분별을 일으키지 않으며 또한 관념상을 취하지도 않는다. 고제에 있어서처럼 나머지 (집·멸·도)제에 대해서도 마찬가지다. 바로 이때에 이전의 세속지가 관찰한 (사)제에 대한 일체의 개념적 표상(想相)으로부터 벗어나 희론을 단절한 지智, (즉) 진여를 대상으로 하는 지가 단지 그 대상에 대한 관념상(Ⓢ nimitta)을 떠나 생겨나는 것이다."[58]라고 하였다. 이 글은 (견도에 들어선) 그가 명언을 취하지 않고 인공의 진여라는 이치(理)에 통달했다는 의미를 드러낸다.

그러나『보성론』에서는 "이 4종 전도를 대치하기 위하여 4종의 전도되지 않은 법이 있다. 즉 색 등의 무상無常한 사태에 대하여 무상 등의 생각을 일으키는 것이다. 이와 같은 4종의 전도에 대한 대치는 만약 법신의 관점에서 바로 전도이다."[59]라고 하였다. 이 글은 그가 비록 인공을 증득하여 전도되지 않았다고 해도 법공에 미혹했음을 나타낸 것으로,[60] 이러한 면에서 전도된 것이다.

如瑜伽說。見道智行遠離衆相。爾時聖智雖緣於苦。然於苦事不起分別。謂

58 이 문장은『瑜伽師地論』[T30, 625a1-6 = VinSg(D) 118a4-6]에서 인용한 것이다.

59 이 문장은『寶性論』(T31, 829b20-25)의 축약 인용으로서 RGV I.36에 대한 주석에 해당된다.

60 일반적 의미의 네 가지 전도를 아공에 미혹한 것으로, 그리고 법공에 미혹한 것을 네 가지 전도의 대치인 무상·고 등의 인식으로『寶性論』에 따라 해석하는 것은 주목할 만한 점이다.

此爲苦。取相而轉。餘諦亦爾。先世俗智所觀諦中一切相想。皆得解脫。絶戲論智。但於其義緣眞如理。離相而轉。此文顯其不取名言。通達人空眞如理義。寶性論云。爲對治此四種顚倒故。有四種非顚倒法。謂於色等無常事中。[1] 無常等想。如是四種顚倒對治。若依法身復是顚倒。此文顯其雖證人空故成无倒。而迷法空。此邊成倒。

1) ㉮ '無常事中' 뒤에 『寶性論』에 따라 '生'을 보충하는 것이 타당할 듯하다.

또한 법공관法空觀 이전의 방편도方便道에서도 법집이 존재한다. 즉 가행지加行智[61]가 아직 법공에 통달하지 못하고 상을 취하고 분별하기에 이를 무명이라 하고, 또한 법집이라고도 한다. (여기서는) 오직 하나의 혜심소만이 때로 (법으로부터) 벗어나기도 하고, 때로 (법에 대해) 집착하기도 하지만, 거기에는 별도의 무명 등의 심소는 없어서, 한결같이 미란迷亂하는 법집과는 같지 않다. 그러므로 무치無癡의 선근이 치癡의 심소 등과 함께 일어난다는 과실은 없다. 이에 대해 『대법론』에서 "'미란(Ⓢ bhrānti)'이란 능취能取와 소취所取에 대한 집착이고, '불미란(Ⓢ abhrānti)'이란 출세지出世智(Ⓢ lokottara-jñāna)와 후득지後得智(Ⓢ tatpṛṣṭalabdha-jñāna)를 말하며,[62] '미란불미란(Ⓢ bhrāntyabhrānti)'이란 출세지와 상응하는 모든 문혜聞慧 등의 선법이

61 가행지加行智 : 가행도(Ⓢ prayogamārga)에서 획득한 지혜를 말한다. 가행도는 유식학파에서 출세간도가 시작되는 첫 번째 단계로서, 난煖·정頂·인忍·세제일법世第一法의 네 가지 선근이 얻어지기에 사선근위라고도 한다. 유식학파에서 중요한 개념인 유식성은 바로 인忍의 단계에서 능연과 소연이 평등한 지智를 통해 소취의 비존재를 인식하고, 다음 단계에서 능취의 비존재를 인식하는 방식으로 설명되어 있다.

62 여기서 원효의 인용은 불미란不迷亂인 것에 오직 무분별지無分別智만을 귀속시키는 『雜集論』의 설명과 다르다. 원효가 말하는 후소득後所得이란 무분별지 이후에 획득된 지혜라는 의미에서 후득지後得智(Ⓢ tatpṛṣṭalabdha-jñāna)를 가리킬 것이다. 무분별지는 모든 종류의 능취와 소취의 파악을 초월해 있는 지혜이기 때문에 출세간지이고, 후득지는 이런 무분별지 이후에 얻어졌기에 청정한 것이지만 여기에는 능·소라는 방식의 인식작용이 있다고 인정되기에 세간적 지혜이다.

다.[63] 왜냐하면 (이 선법은) 인식대상을 분별하기 때문이며, 또 무분별지와 상응하기 때문이다."[64]라고 설했다.

又復法空觀前方便道中。亦有法執。卽加行智未達法空分別取相。說名無明。亦名法執。唯一慧數亦執解[1)]亦解亦執。此中無別無明等數。不同一向迷亂法執。是故無有無癡善根與癡數等俱起過失。如對法論[2)]云。迷亂者。謂能所取執。不迷亂者。謂出世智及[3)]受後所得。迷亂不迷亂者。謂隨順出世智所有聞惠等諸善根。[4)] 分別所知境故。隨順無分別智故。

1) ㉠ '亦執解'는 저본에는 없다. 『韓國佛教全書』 편자가 방기에 따라 세 글자를 추가했다고 보이지만 의미는 불명확하다. 2) ㉠ '論'은 저본에는 '輪'이지만 『韓國佛教全書』 편자가 방기에 따라 교정한 것으로 보인다. 3) ㉠ '及'은 저본에는 없지만 『韓國佛教全書』 편자가 방기에 따라 추가한 것으로 보인다. 4) ㉠ '善根'은 『雜集論』에 따라 '善法'으로 교정해야 한다.

또한 『유가사지론』에서 "공성에 의지하여 (사)념주[65]를 부지런히 수습

63 인용문은 『雜集論』과 약간 다르다. 특히 『雜集論』에는 '善根' 대신에 '善法'으로 되어 있기에 이에 따라 번역했다. "迷亂者。謂能取所取執。…迷亂不迷亂者。謂隨順出世智所有聞慧等諸善法。分別所知境故。隨順無分別智故。不迷亂者。謂無分別智。"

64 이 문장은 『雜集論』을 조금 변형하여 인용한 것이다. 『雜集論』(T31, 764a8–14 = ASBh 136,16–22), "所知境者。略有六種。一迷亂。二迷亂所依。三不迷亂所依。四迷亂不迷亂。五不迷亂。六不迷亂等流。迷亂者。謂能取所取執。迷亂所依者。謂聖智所行。唯有行相。虛妄分別爲體。由有此故。一切愚夫。迷亂執轉。不迷亂所依者。謂眞如。是無分別智所依處故。迷亂不迷亂者。謂隨順出世智所有聞慧等諸善法。分別所知境故。隨順無分別智故。不迷亂者。謂無分別智。不迷亂等流者。謂聖道後所得善法。" 여기서 원효는 『雜集論』의 6종 소지所知 중에서, 첫 번째와 네 번째, 다섯 번째를 부분적으로 인용한 것이지만, 여기서 네 번째와 다섯 번째의 인용 순서를 내용에 맞추어 바꾸고 있다. 내용상의 차이는 원효가 불미란을 '출세지出世智'와 '후득지後得智'로 보지만, 『雜集論』에는 무분별지(Ⓢ nirvikalpajñāna)만 제시되어 있다는 점이다.

65 사념주四念住(Ⓢ catvāri smṛtyupasthānāni) : 초기불교부터 매우 중시되어 왔던 수행법이다. 그것은 신身·수受·심心·법法의 네 대상에 대해 주의 집중하면서 주하는 것이다. 사념처관을 신·수·심·법의 순서대로 개별적으로 관하는 것을 별상념처관別相念處觀이라고 하고, 총괄해서 관하는 것을 총상념처관總相念處觀이라고 한다. 은정희에 따르

하는 보살은 요약하면 6종의 거짓된 상박相縛으로부터 마음을 해탈시킨다. 6종의 (상박)이란 무엇인가? 즉 신身·수受·심心·법法에 대해서 내적인 관념상(內想)을 일으키는 것이 첫 번째 상박이며, 바로 이 (사념주)에 대해 외적인 관념상(外想)을 일으키는 것이 두 번째 상박이며, 바로 그 (사념주)에 대해 내·외의 관념상을 일으키는 것이 세 번째 상박이다. 만일 시방의 모든 유정계(Ⓢ sattvadhātu)에서 해탈하고자 서원을 세운 후에 (사)념주를 수습하는 자의 관념상이 네 번째 상박이며, 만일 이로 인해 신체와 심을 관찰하면서 주하는 자의 관념상이 다섯 번째 상박이고, 바로 이 신체와 심을 관찰하면서 주하는 자의 관념상이 여섯 번째 상박이다."[66]라고 설한 것과 같다.

瑜伽論云。依空勤[1)]修念住菩薩。略論[2)]六種妄想[3)]縛中令心解脫。何等爲六。所謂於身乃至於法發起內想。是初想縛。卽於此中發起外想。是二[4)]想縛。起內外想。是三想縛。若於十方諸有情界。願令解脫修習念住。此中諸想是四想縛。若由此故於身心[5)]境。脩觀[6)]而住。此中諸想是五想身縛。[7)] 卽於身心修觀住者。此中諸想是六想縛。

1) ㉮ '勤'은 저본에는 '懃'이지만 『韓國佛敎全書』 편자가 방기와 『瑜伽師地論』에 따라 교정한 것으로 보인다. 2) ㉮ '論'은 『瑜伽師地論』에 따라 '於'로 교정하는 것이 타당할 듯하다. 3) ㉮ '想'은 『瑜伽師地論』에 따라 '相'으로 교정해야 한다. 4) ㉮ 『瑜伽師地論』에는 '二' 앞에 '第'가 더 있다. 이하 '三', '四', '五', '六' 앞에도 마찬가지다. 5) ㉮ '身心'은 『瑜伽師地論』에는 '身等'으로 되어 있다. 6) ㉮ '脩觀'은 『瑜伽師地論』에는 '循觀'으로 되어 있다. 이하도 마찬가지다. 7) ㉮ '身縛'은 『瑜伽師地論』과 맥락에 따라 '身'을 생략해야 한다.

면 원효는 사념주를 소승의 수행자가 삼현위에서 오정심관五停心觀 이후에 수습하는 것으로 간주했다고 한다.

66 이 문장은 『瑜伽師地論』 「攝決擇分」[T30, 713a3–11 = VinSg(D) 42a2–5]을 축약해서 인용한 것이다.

이러한 글에 의거한다면, 참된 관에 들어가기 이전의 모든 심에는 망상이 없는 것이 아니라 모두 미란迷亂이 있다고 알아야만 한다. 미란이나 망상이 어찌 법집이 아니겠는가? 만일 인공관 이전의 방편도 중에 인집이 없기 때문에 역시 법공관 이전의 방편도 중에도 법집이 없다고 말한다면, 다른 한편으로 아관我觀 이전의 방편도 중에도 아我를 취하지 않기 때문에 바로 무상無相 이전의 방편도 중에도 상을 취하지 않아야 할 것이다. 그러나 이것은 유비로서 (타당하지) 않기 때문에, 저것도 유비로서 (타당하지) 않다. 이러한 도리로 말미암아 (법공관 이전의 방편도에 법집이 있다는 주장에는) 과실이 없다.

依此等文。當知未入眞觀已還一切心中。不無妄想皆有迷亂。迷亂妄想何非法執。若言入[1]空觀前方便道中。無人執故。亦於法空觀前方便道中。無法執者。他亦我觀前方便道中。不取我故。卽於無相前方便道中。亦不取相。此不類者。彼亦非類。由是道理故無過失。

1) 역 '入'은 '人'으로 교정하는 것이 타당하다.

(3) 두 해석의 회통

또는 (다음과 같이) 설하는 사람도 있다. 두 논사의 설명은 모두 도리에 맞는다. 그 까닭은 만일 개별적인 문(別門)의 관점에서 거친 도리에 의거한다면 첫 번째 논사의 설명에도 도리가 있으며, (반면) 공통적인 문(通門)의 관점에서 미세한 도리에 의거한다면 뒤의 논사의 설명에도 도리가 있기 때문이다. 이러한 두 가지 도리에 따른 방식이 있기 때문에 여러 문장들의 차이가 잘 회통되는 것이다. 만일 전자가 별상의 관점에서 법집의 무명을 팔식과 삼성에 공통적으로 위치시켰다면 이치에 맞지 않기 때문에 오류가 있을 것이다. 만일 후자가 통상의 관점에서 법집을 두 식에 국

한하고 선법에는 통하지 않는다고 했다면 도리에 어긋날 뿐 아니라 또한 성언聖言에도 어긋날 것이다. (그러나) 두 논사의 설명은 이미 그와 같지 않았기 때문에 두 설명에는 모두 도리가 있다.

或有說者。二師所說皆有道理。所以然者。若依別門麤相道理。初師所說[1]亦有道理。於其通門巨[2]細道理。後師所說亦有道理。由有如是二種理門。諸文相違皆得善通。設使將彼別相法執無明。通置八識及三性者。不應道理。故有過失。縱令此通相法執局在二識不通善者。不應道理亦乖聖言。二師所說旣不如是。是故二說皆有道理。

1) ㉮ '說'은 저본에는 없지만 『韓國佛敎全書』 편자가 방기에 따라 보충한 것으로 보인다. 2) ㉮ '巨'는 저본에는 '臣'이지만 『韓國佛敎全書』 편자가 방기에 따라 교정한 것으로 보인다.

3. 전과 수면의 관점에서 이장 자체의 설명

세 번째는 전纏(Ⓢ paryavasthāna)과 수면隨眠(Ⓢ anuśaya)의 관점에서 이장 자체를 밝혔다.

三約纏及隨眠以明二鄣體者。

1) 번뇌장의 경우

본혹과 수혹[67] 양자가 현재 작동할 때에는 결박의 의미에 중점이 놓이기 때문에 '전纏'이라고 부른다. 전纏에 의해 훈습된 종자의 종류들과 결

67 본혹과 수혹(本隨二惑) : 앞에서 말한 번뇌와 수번뇌에 해당된다.

합되어 불명료하게 잠재되어 있기 때문에 '수면'이라고 한다. 수면과 전은 모두 이장 자체이다. 『유가사지론』은 (다음과 같이) 말한다. "본혹과 수혹 양자는 요약하면 전과 수면이라는 두 가지 이유 때문에 유정有情을 염오시키고 괴롭힌다. 번뇌가 현행하고 현재 일어나고 있는 것을 전纏이라고 하고, 바로 이 (번뇌의) 종자가 아직 끊어지지도 않고 손상되지도 않은 것을 수면이라고 부르며 또한 추중麤重이라고도 한다. 또한 인지되지 않는 상태의 것을 수면이라고 부르고, 인지된 상태에 있는 것을 전이라고 한다."[68]

本隨二惑[1)]現起之時。繫縛義重。說名爲纏。纏所薰發種類隨逐[2)]冥伏不覺。故名隨眠。隨眠與纏皆是鄣體。如瑜伽說。本隨二惑。略二緣故染惱有情。一由纏故。二由[3)]隨眠故。現行現起煩惱名纏。卽此種子未斷未害名曰隨眠亦名麤重。又不覺位名[4)]曰隨眠。若在覺位說名爲纏故。

1) 역 '惑'은 저본에는 '或'이지만 『韓國佛敎全書』 편자가 방기에 따라 교정한 것으로 보인다. 2) 역 '逐'은 저본에는 '遂'이지만 『韓國佛敎全書』 편자가 오초 교감본에 따라 교정한 것으로 보인다. 3) 역 '由'는 『瑜伽師地論』에는 없다. 4) 역 '名'은 저본에는 없지만 『韓國佛敎全書』 편자가 방기에 따라 보충한 것으로 보인다.

수면에도 또한 두 종류가 있다. 첫째는 종자種子(Ⓢ bīja)이고, 둘째는 추중麤重(Ⓢ dauṣṭhulya)이다. 동일한 품류의 전纏(Ⓢ paryavasthāna)에 따라 이들 양자가 훈발薰發된다. 그 특징은 무엇인가? (수면이) 잡염에 의해 훈발되어 유연성(調柔性)이 나타나지 않고, 또 활동성(堪能性, karmaṇyatā)이 없이 이숙식 내에 있지만 현행하는 전纏의 작용을 일으키지 않는 것을 추중이라고 하지 종자라고 하지는 않는다. 반면에 저 (이숙)식 중에서 (수면이) 잡염에 의해 훈발되어 자신과 비슷한 성질을 갖기 때문에 현행을 일으

68 이 문장은 『瑜伽師地論』 「攝決擇分」[T30, 623a20-24 = VinSg(D) 113a5-7]을 온전히 인용한 것이다.

키는 것을 종자라고 하는데, (이것이) 유연함이 없을 때를 추중이라고도 부른다.

隨眠之內亦有二種。一卽種子。二是麤重。隨一品纏薰發此二。其相云何。染所薰發不發調柔性。無堪能性。在異熟識。而非能生現纏之能。此謂麤重不名種子。又彼識中染所薰發成自類性故。能生現行。說名種子。卽不調柔。亦[1]名麤重。

1) ㉮ '亦'은 저본에는 '之'이지만『韓國佛敎全書』편자가 방기에 따라 교정한 것으로 보인다.

『유가사지론』은 (다음과 같이) 말한다. "추중의 특징은 무엇인가? 간략히 말한다면, 활동성이 없고 유연함이 없는 것으로 특징지어지는 것이 추중의 특징이다. 이 (추중의) 특징에 5종이 있다. 첫째는 무거운 것(現重)으로 특징지어지고, 둘째는 딱딱한 것(剛强)으로 특징지어지며, 셋째는 장애障碍로 특징지어지며, 넷째는 낙담함(怯劣)으로 특징지어지며, 다섯째는 자재함이 없기 때문에 활동성이 없는 것으로 특징지어진다. 이러한 특징이 있기 때문에 잡염품에 부합하고 청정품과 상위한 것이다."[69] 이것을 추중으로서의 수면이라고 하지 종자로서의 수면이라고는 하지 않는다. 또한『유가사지론』에서 "자체존재(自體, Ⓢ ātmabhāva) 속에 어떤 종자들이 만일 번뇌품에 포섭되었다면 추중이라고 부르고 또한 수면이라고도 부른다. 만일 (그 종자가) 이숙품에 포섭되었거나 나머지 무기품에 포섭되었다면, 오직 추중이라고만 부르지 수면이라고는 부르지 않는다. 만일 신信 등의 선법품에 포함된 종자라면 이를 추중이라고도 부르지 않고 또한 수면이라고도 부르지 않는다."[70]라고 설한다. 그것은 종자로서의 수면이 바

69 이 문장은『瑜伽師地論』「攝決擇分」[T30, 657a19−23 = VinSg(P) 202b2ff.]을 축약해 인용한 것이다.

로 추중의 의미라고 설하는 것이다.

如瑜伽說。云何麤重相。謂若略說。無所堪能。不調柔相。是麤重相。此相有五。一現重相。二剛强相。三障碍相。四怯劣相。五不自在相[1)]轉無堪能相。由有此相順雜染品。違淸淨品。是說麤重隨眠。而非種子隨眠。又彼論言。於自體中所有種子。若煩惱品所攝。名爲麤重亦名隨眠。若異熟品所攝及餘無記品所攝。唯名麤重。不名隨眠。若信等善法品所攝種子。不名麤重。亦非隨眠。此說種子隨眠。亦卽是麤重義。

1) ㉮ '相'은 『瑜伽師地論』에는 없다.

또한 『유가사지론』은 "세간적인 정려靜慮[71]에 의해서는 다만 저 (번뇌) 품에 속한 추중을 점차적으로 제거할 수 있을 뿐 종자를 근본적으로 단멸시키지는 못한다. 무루의 정려에 의해 양자를 함께 제거한다."[72]라고 설한다. 이 문장들은 모두 2종 수면을 설한 것이다. 이 양자가 모여 장애를 일으키기 때문에 이 양자가 함께 (번뇌)장 자체가 된다.

또한 종자에도 본성적으로 존속하는 것(本性界)과 습관에서 형성된(習成) 2종의 종자가 있다.[73] 이 양자가 모여 현행하는 전纏을 일으킨다. 따라서 두 종자는 모두 (번뇌)장 자체인 것이다. 『유가사지론』은 (다음과 같이) 설한다. "바로 이와 같은 후유後有[74]에서의 의意 중에 무명의 종자와 무명계

70 이 문장은 『瑜伽師地論』「本地分」(T30, 284c3-7 = YBh 26,11-15)의 온전한 인용이다.

71 세간적인 정려(世間靜慮) : 출세간 정려 또는 무루정려와 대비되는 선정이다. 출세간의 정려가 열반으로 이끄는 것이라면, 세간적인 정려는 윤회 과정 내에서의 더 나은 상태인 상계上界의 재생으로 이끄는 선정을 말한다.

72 이 문장은 『瑜伽師地論』「本地分」(T30, 331b7-9 = SamBh ed. Delhey 2009: 150,1-3)을 축약, 인용한 것이다.

73 여기서 2종의 구별은 「菩薩地」에서 종성種性(Ⓢ gotra)을 자성주自性住(Ⓢ prakṛtistha)와 습소성習所成(Ⓢ samudānīta)으로 구분한 것과 궤를 같이하는 것이다.

74 후유後有(Ⓢ punarbhava) : 이후 재생의 존재 형태를 말한다.

가 있다. 이 2종의 종자를 수반하는 의意의 인식대상이 법계이다. 숙세의 잘못 설해진 법과 율에 의거함에 의해 분별된(Ⓢ parikalpita) 살가야견에 의지하기 때문에 현재의 계界를 이룬다. 바로 이 계界의 증상력 때문에 생겨나는 것이 구생俱生(Ⓢ sahaja)의 살가야견으로, 잘 설해진 법과 율에서도 현행의 방식으로 장애를 일으키게 된다."[75]

又彼論云。世間靜慮但能漸捨彼品麤重。不拔種子。無漏靜慮二種俱捨。此文並說二種隨眠。此二和合。能作障碍。故此二種俱爲障體。又種子內亦有二種。謂本性界及習成種子。此二和合。能生現纏。故二種子皆是障體。如瑜伽說。卽於如是後有意中。有無明種及無明界。此二種子所隨逐意所緣法界。彼由宿世依惡說法及毗那耶所生分別薩迦耶見以爲依止集成今界。卽由此界增上力故。發起俱生薩迦耶見。於善說法毗那耶中。亦復現行能爲鄣碍故。

2) 소지장의 경우

번뇌장에 전과 수면이 있는 것처럼 소지장에도 2종의 종자가 있다. 즉 이 (소지장)의 자성은 연성緣性(Ⓢ pratītyasamutpanna)에 대한 분별分別로서,[76]

---

75 이 문장은『瑜伽師地論』「攝事分」[T30, 788a24−29 = VastuSg(D) 162a1−3]의 온전한 번역이다.

76 해당 문장 '卽是性緣性分別'은 이해하기 어려운 내용이다. 은정희(2004: 59)는 이를 성연性緣과 성분별性分別이라고 읽지만, 이 개념이 무엇인지 전혀 설명하지 않는다. 아마 이렇게 해석한 이유는 '是'를 앞의 2종 종자를 받는 것으로 보고 이 두 종류를 성연과 성분별에 해당되는 것으로 읽기 때문인데, 그럴 경우 이들 개념의 이해가 어려운 것은 물론이고 뒤따르는『顯揚聖教論』과『大乘莊嚴經論』의 인용 맥락과 전혀 맞지 않게 될 것이다. Muller의 영역은 은정희의 번역에 의거했다고 보이며, 마찬가지로 적절한 의미를 전해 주지 못한다. 하지만 위 문장에서 '是'를 소지장을 받는 것으로 보고, 따라서 이 문장을 소지장의 자성을 설명하는 것으로 본다면, 쉽게 구문이 파악될 수

이 때문에 인식대상에 대한 장애가 되는 것이다. 이것은『현양성교론』에서 "또한 의타기 자체 중에 두 종류의 변계된 것 자체의 분별이 있으니, 즉 일상적 지각(勝覺)을 따라 생겨난 것과 반복적인 습기를 따라 생겨난 수면이다."[77]라고 한 것과 같다.

如煩惱鄣有纏隨眠。所知鄣中亦有二種種子。是卽[1)]性緣性分別。是故亦爲所知鄣。如顯揚[2)]論云。復次於依他起自體中。有[3)]二種遍計所執自體分別。謂隨緣[4)]覺及隨眠[5)]數習習氣隨眠。

1) ㉮ '是卽'은 저본에 순서 바꾸는 표시가 있다. 2) ㉮ '揚'은 저본에는 '楊'이지만『韓國佛敎全書』편자가 교정한 것으로 보인다. 3) ㉮ '有'는 저본에는 없지만『韓國佛敎全書』편자가 방기에 따라 보충한 것으로 보인다. 4) ㉮ '緣'은『顯揚聖教論』에 따라 '勝'으로 교정해야 한다. 5) ㉮ '眠'은『顯揚聖教論』에 따르면 생략해야 한다.

그리고『대승장엄경론』에서는 (다음과 같이) 말한다. "의언意言과 습광習光, 그리고 명칭(名)과 대상(義)이 서로 현현하니, 실재하지 않는 분별이기 때문에 분별상이라고 한다. 석 이 게송은 분별상에 3종이 있음을 나타낸 것이다. 첫째는 유각분별상有覺分別相이고, 둘째는 무각분별상無覺分別相이며, 셋째는 상호 원인이 되는(相因) 분별상이다. '의언'이라고 한 것은 대상에 대한 관념(義想)으로서, 대상(義)은 바로 관념(想)의 영역이고, 관념(想)은 바로 심소이다. 이 관념으로 말미암아 대상에 대해서 이러이러한 의언의 이해를 일으키는 것이 유각분별상이다. '습광'에서 '습習'은 의언의

있다. 그리고 여기서 '2종 종자'는 당연히 번뇌장의 경우처럼 전과 수면에 대응하는 개념으로, 바로 뒤따르는『顯揚聖教論』의 예문에서 두 종류의 분별, 즉 '수승각隨勝覺'의 분별과 '수삭습습기수면隨數習習氣隨眠'의 분별일 것이다.

77 이 인용은『顯揚聖教論』(T31, 508b4-5)에 대응한다. 전문을 인용하면 다음과 같다. "復次。於依他起自體中。有二種遍計所執自體分別。謂隨勝覺。及隨數習習氣隨眠." 여기서 '수승각'은 'anubodhaka'로서 일상적으로 지각을 일으키는 것이고, '수삭습습기수면'은 반복된 행위의 습기를 따라 나오는 수면을 의미할 것이다.

종자이고, '광光'은 종자로부터 곧바로 대상이 현현하는 것으로, 아직 이러이러한 의언의 이해를 일으키지는 않은 것이 무각분별상이다. '서로 현현함'이란 명칭(名)에 의거한 후에 대상(義)이 현현하고, 대상에 의거한 후에 명칭이 현현하는 것이다. 영역은 실재하는 것이 아니라 단지 분별상에 지나지 않는다는 것이 상호 원인이 되는(相因) 분별상[78]이다."[79] 이러한 문장 등에 의거해서 (번뇌의) 현행과 종자는 모두 분별로서, (이것이) 소지장 자체가 된다고 알아야 한다. 나머지 의미의 차이는 앞의 설명에 준하면 알 수 있을 것이다.

莊嚴論云。意言與習光。名義互光起。非眞分別故。是名分別相。釋曰。此偈顯分別相有其三種。一有覺分別相。二無覺分別相。三相因[1)]分別相。意言者謂我想。[2)] 我[3)]卽想境。想[4)]卽心數。由此想於義能如是如是起意言解。此是有覺分別相。習光者。習謂意言種子。光謂從種子直起義光。未能如是如是起意言解。此是無覺分別相。互光起者。謂依名起義光。依義起名光。境界非眞。唯是分別相。[5)] 此是相內[6)]分別相故。依此等文。當知現行種子皆是分別爲所知鄣體。餘義差別准[7)]前可知。

1) ㉯ '因'은 '內'인 듯하다. ㉰『大乘莊嚴經論』에 따르면 '因'이 옳다. 2) ㉰ '我'는 '義'의 오기이다. '我想'은 저본에는 '義惣想'인데『韓國佛敎全書』 편자가 방기에 따라 교정하는 과정에서 '義'를 '我'로 잘못 고친 것으로 보인다. 3) ㉰ '我'는 '義'의 오기이

78 상호 원인이 되는 분별상(相因分別相) : 산스크리트문에는 나오지 않는 표현으로 내용에 따라 의역한 것으로 보인다. 여기서 상인相因이란 'anyonyahetuka'로서 명칭과 대상이 서로서로 의존해 있음을 가리킬 것이다.

79 이 문장은『大乘莊嚴經論』(T31, 613c14–25 = MSA XI.38)을 축약, 인용한 것이지만, 몇 가지 오류가 보인다. 가장 큰 오류는 "意言者。謂義想。義卽想境, 義卽心數。"에서 각각의 '義' 자를 달리 제시한 것이다.『大乘莊嚴經論』의 이 개소는 MSA의 내용을 직역한 것이 아니기 때문에 그 의미를 확정할 수는 없지만, 적어도『二障義』의 "意言者。謂我想。我卽想境。想卽心數。" 인용에서 밑줄친 '我'는 '義'로 교정되어야 할 것이다. 하지만 마지막 '想'은 오히려『大乘莊嚴經論』의 '義'보다 좋은 의미를 준다고 보인다. 따라서 본 번역에서는 앞의 둘은 '義'로, 뒤는 '想'에 따라 번역했다.

다. 4) ㉰ '想'은『大乘莊嚴經論』에는 '義'로 되어 있다. 5) ㉰ '相'은『大乘莊嚴經論』에는 없다. 6) ㉰ '內'는『大乘莊嚴經論』에 따라 '因'으로 교정해야 한다. 7) ㉰ '准'은 저본에는 '唯'이지만『韓國佛敎全書』 편자가 방기에 따라 교정한 것으로 보인다.

4. 정장正障과 습기의 관점에서 이장 자체의 구별

네 번째는 정장正障과 습기의 관점에서 (이장) 자체의 구별이다.

四就正習簡鄣體者。

1) 정장과 습기의 정의

위에서 설한 바와 같이 이장 자체의 본성이 직접적으로 성도聖道를 장애하는 것을 정장이라고 하고, 이전의 반복된 훈습으로 인해 (정장이) 소멸한 후에도 비슷하게 기운이 남아 있기 때문에 습기라고 한다.

如上所說二鄣體性直碍聖道。名爲正鄣。由前數習滅後有氣髣髴相似。故名習氣。[1]

1) ㉰ '氣'는 저본에는 없지만『韓國佛敎全書』 편자가 방기에 따라 보충한 것으로 보인다.

2) 습기의 구별

그렇지만 이 습기에도 요약해서 말하면 개별적인 습기(別習氣)와 공통적인 습기(通習氣)의 2종이 있다.

然此習氣總說有二。謂別習氣及通習氣。

(1) 개별적인 습기

개별적인 습기(別習氣)란 오직 번뇌장에만 있고 소지장에는 없다. 이 개별적인 습기에는 또한 현행과 그 종자가 있다. 그 특징은 무엇인가? 고귀한 집안에 태어난 어떤 사람이 있다고 하자. 그는 여러 생을 거치면서 오랫동안 교만에 익숙해져 있다.[80] 그의 교만한 마음에 노비라는 명언은 친숙하다. 그것에 대해 관념상을 취하며 분별함에 의해 훈습된 종자에 바로 두 의미가 있다. 즉 교만이라는 번뇌(使)를 일으키는 것과 취상取相 작용을 하는 것이다. 이 사람이 수습하여 성인의 과보를 얻은 후에 교만이라는 번뇌를 일으키는 방면의 종자는 단절되었지만, 취상 작용을 하는 방면의 (종자)는 그 (수습)에 의해 끊어지지 않는다. 따라서 이 종자가 현행을 일으킬 때에 마음에 교만함이 없지만 불쑥 노비라고 말한다. 이와 같은 종류를 교만이라는 번뇌(慢使)의 습기라고 부른다. 다른 나머지 혹惑의 습기도 모두 마찬가지다. 이러한 것 등의 번뇌장의 습기는 번뇌장 중에 포함되지 않는데, 이승의 수행도를 장애하지 않기 때문이다. (반면) 취상取相하여 분별하는 것은 법공의 이치에 미혹한 것으로, 따라서 바로 소지장 자체가 된다. 이것은 『유가사지론』에서 "또한 아라한은 염오심은 없지만 습기 때문에 입술을 이지러뜨리고 이빨을 드러내며 느긋하게 웃었다."[81]

---

80 이하의 간접 인용은 본 초고의 교감 작업을 수행한 은정희에 따르면 『大智度論』(T25, 70c-71a)에 해당되며, '그'는 필릉가바차畢陵伽婆蹉 장로를 가리킨다.

81 『瑜伽師地論』「攝決擇分」(T30, 738b27-c1), "又阿羅漢。或於一時。遊阿練若大樹林中。迷失道路。或入空宅。揚聲大叫呼噪遠聞。或復因於習氣過失。無染汚心。褰脣露齒逌爾而笑。如是等類。諸阿羅漢所有暴音。" 원본에 '逼爾'라고 되어 있는 부분을 『瑜伽師地論』의 '逌爾'에 의거하여 '느긋하게'로 번역하였다.

라고 한 것과 또한『지도론』에서 "춤추는 등의 일을 일으킴은 탐애의 습기이고, 수신水神을 꾸짖는 것 등은 교만의 습기다."[82]라는 등의 이러한 글은 개별적인 습기를 밝힌 것이다.

別習氣者。唯於煩惱障有。於所知障卽無。是別習氣。亦有現行及其種子。其相云何。且如有一生高貴家。逕歷多生。長習憍慢。憍慢心中數習奴婢名言。於中取相分別所薰種子。卽有二義。謂生慢使及生取相。此人修道。得聖果後。生慢使邊種子被斷。生取相邊非其所斷。故此種子能生現行。無慢心中輒言奴婢。如是等名慢使習氣。餘惑[1)]習氣皆亦如是。此等煩惱障[2)]之習氣。不入煩惱障中所攝。以非能障二乘道故。取相分別。迷法空理。是故正爲所知障[3)]體。如瑜伽說。又說阿羅漢。或因習氣無染汚心。騫脣露齒逼[4)]爾而笑。智度論說。起儛等事是愛習氣。呵水神等是慢習氣。如是等文明別習氣。

1) ㉮ '惑'은 저본에는 '或'이지만『韓國佛敎全書』편자가 방기에 따라 교정한 것으로 보인다. 2) ㉮ '惱障'은 저본에는 '性'이지만『韓國佛敎全書』편자가 방기의 교정 '惱'를 참고하여 이렇게 교정한 것으로 보인다. 3) ㉮ '二乘~所知障'의 19자는 저본에는 없지만『韓國佛敎全書』편자가 방기에 따라 보충한 것으로 보인다. 4) ㉮ '逼'은『瑜伽師地論』에는 '逌'로 되어 있다.

(2) 공통적인 습기

공통적인 습기(通習氣)라는 것은 이장 중에 현행하지 않고 또 종자의

82 이 인용은 간접 인용으로서 아래 문장에 대응할 것이다.『大智度論』(T25, 367c29-368a6), "如摩訶迦葉聞菩薩伎樂。於坐處不能自安。諸菩薩問言。汝頭陀第一。何故欲起似舞。迦葉答言。我於人天五欲中。永離不動。此是大菩薩福德業因緣變化力。我未能忍。如須彌山王。四面風起。皆能堪忍。若隨嵐風至不能自安。聲聞辟支佛習氣。於菩薩爲煩惱。" 또한『大智度論』(T25, 649c15-17), "又如畢陵伽婆蹉阿羅漢。五百世生婆羅門中習輕蔑心故。雖得阿羅漢猶語恒水神言。小婢止流。恒神瞋恚詣佛陳訴。佛敎懺悔猶稱小婢。如是等身口業煩惱習氣二乘不盡。"

(형태도) 아니지만, 그것의 잔존하는 기운이다. 왜냐하면 (그것은) 오직 저 습기의 종류일 뿐, 활동성(堪能性)이 없기 때문이다. 이 습기를 다만 추중麤重이라고 부른다. 그 특징은 무엇인가? 번뇌품에 포함된 추중은 대치가 아직 생겨나지 않았을 때에는 그 세력이 증대되어 강하지만, 무루도가 생겨나 종자가 소멸할 때에는 저 (번뇌)품의 추중은 모두 다 미약해져서 저 번뇌품에 포함되지 않는다. 그것은 이숙식에 달라붙어서 분리되지 않기 때문에 이숙식품의 추중이라고 한다. 또한 이 추중은 루漏의 잔존한 기운이지만 루漏는 아니기 때문에 '루를 수반한 추중(有漏麤重)'이라고도 부른다. 마치 자식이 돌아가신 아버지의 시신을 생각할 때 다만 그 아버지와 관련된 것이지 바로 (이 시신이) 아버지는 아닌 것과 같다. 유루有漏의 의미도 마찬가지라고 알아야 한다.

所言通習氣者。謂二障中皆有殘氣。無有現行。亦非種子。唯彼氣類。無堪能性故。此習氣但名麤重。其想[1)]云何。如煩惱品所攝麤重。對治未生其勢增强。無漏道生種子滅時。彼品麤重皆悉輕微之時。非彼品攝。依異熟識隨逐[2)]不離。故名異熟識品之麤重。又此麤重。漏水[3)]之遺氣而非是漏水。故亦說名有染[4)]麤重。猶如子思[5)]父之遺體。但是有父。非卽是父。有染[6)]之義當知亦爾。

---

1) 역 '想'은 '相'의 오기인 듯하다. 2) 역 '逐'은 저본에는 '遂'이지만, 오초 교감본에 따라 교정한 것으로 보인다. 3) 역 '漏水'는 저본에는 '染'이지만 『韓國佛教全書』 편자가 방기의 교정인 '漏'를 참고하여 '漏水'로 교정한 것으로 보인다. 이어지는 문장에서의 '漏水'도 마찬가지다. 4) 역 '染'은 저본에는 '漏'이지만 『韓國佛教全書』 편자가 방기에 따라 교정한 것으로 추정된다. 해당 용어를 고려하면 '漏'가 옳다. 5) 역 '思'는 저본에는 '恩'이지만 『韓國佛教全書』 편자가 방기에 따라 교정한 것으로 보인다. 6) 원 '染'은 방기에 따르면 '漏'이다. 이하도 마찬가지다.

『유가사지론』은 (다음과 같이) 말한다. "문 모든 번뇌품에 있는 추중을 아라한 등이 남김없이 영단永斷했을 때, 그가 아직 끊지 못한 어떤 품의 추중이 있으며, 무엇을 끊음으로 인해 '여래는 영원히 습기를 끊었다'고 하는가? 답 이숙품의 추중을 아라한 등은 아직 끊지 못했고, 오직 여래만이 완전히 끊었다고 할 수 있다."[83] 또 이어지는 글에서 (다음과 같이) 말한다. "또한 요약하면 2종 추중이 있다. 첫째는 루추중漏麤重이고, 둘째는 유루추중有漏麤重이다. 루추중이란 아라한 등이 번뇌를 끊을 때에 모두 다 영원히 끊어지는 것으로서, 이것은 식을 수반한 신체(有識身) 속에서 수면을 가진 자의 불안은성不安隱性과 비활동성(無堪能性)이다. 유루추중이란 수면을 끊었을 때에도 이전의 루漏로부터 생겨나고, 루에 의해 훈발되어, 저것과 비슷한 비활동성의 방식에 따라 자성적으로 주하는 것이며, 미약한 불안은성不安隱性과 고의부성苦依附性이다.[84] 또한 이 유루추중을 번뇌의 습기라고도 하는데, 아라한과 독각은 (이를) 끊을 수 없고, 오직 여래만이 완전히 끊을 수 있다."[85]

如瑜伽說。問。諸煩惱品所有麤重。阿羅漢等永斷無餘。復有何品麤重彼所未斷。由斷此故。說名如來永斷習氣。答。異熟品麤重。阿羅漢等所未能斷。唯有如來名究竟斷。又下文言。復次略有一1)種麤重。一染麤重。二有染麤重。染麤重者。阿羅漢等。煩惱斷時2)悉皆永斷。此謂有隨眠者。有識身中不安隱性。無堪能性。有染麤重者。隨眠3)斷時。從漏所生。漏所薰發。本所得性。不安隱性。苦依附性。與彼相似無堪能性。皆得微薄。又此有染麤重。名煩惱習氣。羅漢獨覺所未能斷。唯有如來能究竟斷故。

83 이 인용은『瑜伽師地論』「攝決擇分」[T30, 619b23-26 = VinSg(D) 103b5-7]에 대응한다.

84 여기서 불안은성不安隱性과 고의부성苦依附性으로 한역된 단어는 티베트 역에 따르면 ngan par zhugs pa ches srab pa dang ches chung ba이다. 현장은 불안은성을 미약한 불편함(T ngan par zhugs pa ches chung ba)과, 그리고 고의부성을 강한 불편함(T ngan par zhugs pa ches srab pa)과 대비시켜 번역하고 있다. 그런 점에서 고의부성은 '고통의 토대에 달라붙어 있는 상태' 정도로 이해될 수 있을 것이다.

85 이 인용은『瑜伽師地論』「攝決擇分」[T30, 625b16-23 = VinSg(D) 119b3-6]에 해당한다.

1) 역 '一'은 '二'의 오기인 듯하다. 2) 역 '時'는 저본에는 '特'이지만『韓國佛敎全書』 편자가『瑜伽師地論』에 따라 교정한 것으로 보인다. 3) 역 '眠'은 저본에는 '眼'이지만『韓國佛敎全書』 편자가 방기에 따라 교정한 것으로 보인다.

(3) 소지장의 습기

번뇌의 습기의 본질과 특징(性相)을 설명한 것처럼 소지장의 습기도 마찬가지라고 알아야 한다. 그러므로 이 (소지장의) 습기는 이장에 통한다. 이것은『대법론』에서 "여래께서는 일체의 번뇌장과 소지장 및 그 습기를 영원히 끊는다."[86]라고 말하고,『보성론』에서 "부정不淨이란 모든 범부에게 번뇌장이 있기 때문이고, 유구有垢란 모든 성문과 벽지불 등에게 소지장이 있기 때문이며, 유점有點이란 모든 보살마하살 등이 이들 2종의 습기장에 의거하기 때문이다."[87]라고 말한 것과 같다. 이러한 글에 의하여 이장이 모두 습기를 수반하고 있지만, 모든 보살이 아직 끊지 못했다고 알아야 한다. 그러므로 이 습기는 이장에 포함되지 않고 별도로 세 번째로 독립시켜서 습기장이라 부른다. 만일 자성의 종류의 유사한 의미에 의거한다면 가장 미세한 이장이라고도 부른다. 이것은『해심밀경』에서 11종 장애를 설명한 중에서 "여래지에서 극미세와 최극미세의 번뇌장과 소지장을 대치한다."[88]라고 말한 것과 같다. 또한 이 이장의 습기는 종자가 끊어

86『雜集論』(T31, 694c9-10), "顯果義。謂永斷一切煩惱障所知障及彼餘習。"; ASVy 117b : nyon mongs pa dang shes bya'i grib pa bag chags dang bcas pa mtha' yas pa bcom pa'i phyir…

87 RGV 11,5-7(『寶性論』 T31, 823b8-11) : aśuddhaṃ kleśāvaraṇena bāla-pṛthagjanānām/ avimalaṃ jñeyāvaraṇena śrāvaka-pratyekabuddhānām/ sāṅganaṃ tad-ubhayānyatama-viśiṣṭayā bodhisattvānām/. 산스크리트문은 "보살들에게 그 양자와 다른 구별되는 것으로서"로 읽지만 한역은 인용문처럼 양자를 2종 습기장으로 풀이해서 번역하고 있다.

88 SNS VIII.35.11(『解深密經』 T16, 702a10-11) : zhi gnas dang lhag mthong de bzhin gshegs pa'i sa la ni nyon mongs pa dang shes bya'i sgrib pa shin tu phra ba mchog tu ches shing phra ba'i gnyen po yin te/. 티베트 역에 따른 정확한 의미는 "지·관은 여래지에서는 미

질 때에 바야흐로 습기로 있는 것으로, (종자가) 아직 끊어지지 않았을 때에는 (습기의) 엷어짐이 없기 때문이다. 종자가 끊어짐과 동시에 바야흐로 (습기도) 미약하게 된다. 따라서 '그 직후에 생겨난 습기(無間生習氣)'라고 한다. 앞에서 설명한 개별적 습기(別習氣)는 번뇌의 종자가 아직 끊어지지 않았을 때에도 이미 습기를 수반하고 있으며, 따라서 '이전에 생겨난 습기(前生習氣)'라고 한다. 이것은 『유가사지론』에서 "수면에 두 가지가 있으니, 완전히 제거할 수 있는 것과 제거할 수 없는 것이다.……습기에도 두 가지가 있으니, 바로 그 직후에 생겨난 습기(無間生習氣)와 이전에 생겨난 습기(前生習氣)다."[89]라고 말한 것과 같다.

如說煩惱習氣性相。所知鄣氣。當知亦爾。故此習氣通於二障。如對法論云。如來永斷一切煩惱鄣所知[1)]鄣及彼習氣。[2)] 寶性論云。不淨者。一切凡夫。有煩惱鄣故。有垢者。以諸聲聞辟支佛等。有知障故。有點者。以諸菩薩摩訶薩等。依彼二種習氣障故。以此等文。當知二鄣皆有習氣。一切菩薩所未能斷故。此習氣非二鄣攝。別爲第三名習氣鄣。若就性類相似之義。亦名最極微細二鄣。如深蟄[3)]經說十一障中言。於如來地。對治極微細㝡極微細煩惱鄣及所知鄣故。又復此二鄣氣。種子斷時方有習氣。未斷已前。無微薄故。種斷無間方有微薄。故名爲無間生習氣。如前所說別習氣者。煩惱種子未斷已前。已有習氣。是故說名前生習氣。如瑜伽說。隨眠者。有二種。謂可害及非可害。習氣者。亦有二種。謂無間生習氣及前生習氣故。

1) ⓔ '知'는 저본에는 '如'이지만 『韓國佛敎全書』 편자가 방기에 따라 교정한 것으로 보인다. 2) ⓔ '習氣'는 『雜集論』에는 '餘習'으로 되어 있다. 3) ⓔ '蟄'은 저본의 '蜜'의 오기이다.

세하고 가장 미세한 번뇌장과 소지장의 대치이다."이다. 여기서 여래지如來地는 보살십지 다음의 단계로서, 따라서 11번째에 위치하고 있다.

89 이 문장은 『瑜伽師地論』 「攝決擇分」[T30, 656a27–b1 = VinSg(D) 193b1–3]을 축약, 인용한 것이다.

5. 오법에 따른 이장 자체의 확정

다섯 번째는 오법에 의거하여 장애 자체를 정한 것이다. 무엇을 오법이라고 하는가? 첫째는 심법心法이고, 둘째는 심소유법心所有法이며, 셋째는 색법色法이고, 넷째는 심불상응행법心不相應行法이며, 다섯째는 무위법無爲法이다.

五約五法定障體者。何謂五法。一心法。二心所有法。三色法。四心不想[1]應行法。五无爲法。

1) 역 '想'은 '相'으로 교정해야 한다.

앞에서 설명한 것과 같이 이장의 현행은 바로 심소유법에 포섭된다. 그 권속을 논한다면 심법과 색법과 심불상응행법도 또한 (이장과) 상응하는 법이기 때문에 서로서로 포섭될 것이다.

如前所說二鄣現行。直是心所有法所攝。論其眷屬。心法色法心不相應行法。亦相應行法。亦相從攝。

두 가지 수면 중에서 종자의 수면과 그것의 현행은 (심·심소의) 두 가지 법에 포섭된다. 왜냐하면 이것들의 본성은 연성에 대한 분별(緣性分別)이기 때문이다. 이전에 생겨난 습기의 현행과 종자도 또한 심과 심소유법에 포섭된다. 일체의 추중수면과 그 직후에 생겨난 습기는 오직 불상응행법에만 포섭되니, (그것들은) 자성적으로 (심과) 상응하지 않기 때문이다. 24종의 불상응행법[90] 중에서 이것들은 이생성異生性[91]의 종류에 포섭

90 불상응행법不相應行法 : 오위五位의 하나로서, 심작용과 상응하지 않는 요소이다. 『俱舍論』에서는 14종, 유식에서는 24종으로 나열한다. 24종의 불상응행법은 득得·명근命

되니, 모든 성자의 법을 감당하지 못하기 때문이다. 그런데 이생성에 거친 것과 미세한 것이 있다. 거친 것은 견도에서 제거되어야 하는 번뇌가 아직 제거되지 않았을 때에 존재하는 추중으로서 성자의 법을 감당하지 못한다. 이때에 이생異生이라고 가설하는 것이다. 미세한 것은 금강(유정) 이전의 일체의 추중으로서 이치에 따라 성자의 법을 감당하지 못하기 때문에 통칭하여 이생성이라고 한다. (이생성에) 비록 이 두 가지가 있지만, 논에서는 다만 거친 상의 관점에서 이생성을 건립했다. 예를 들면 사상四相[92]에 거친 것과 미세한 것이 있는데, 미세한 것은 찰나에 있고, 거친 것은 (식의) 상속(Ⓢ santāna) 속에 있지만, 논에서는 오직 거친 상만을 건립한 것과 같다. 이것은 『대법론』에서 "상속의 상태와 관련하여 생生 등을 건립한 것이지, 찰나에 의거해서 (건립한) 것은 아니라고 알아야 한다."[93]라고 말한 것과 같다. 이생성 중에서 거친 것과 미세한 것도 그와 같다고 알아야 한다. 따라서 추중은 이생성에 포섭됨을 알 수 있다.

二隨眠中種子隨眠。其現行二法所攝。以是性緣性分別故。前生習氣現行種子。亦是心心所有法所攝。一切麤重隨眠。及無間生習氣。唯是不相應法攝。以非性相應故。二十四種不相應內。是異生種類所攝。以不堪能諸

根·중동분衆同分·이생성異生性·무상정無想定·멸진정滅盡定·무상사無想事·명신名身·구신句身·문신文身·생生·노老·주住·무상無常·유전流轉·정이定異·상응相應·세속勢速·차제次第·방方·시時·수數·화합성和合性·불화합성不和合性이다.

91 이생성異生性(Ⓢ pṛthagjanatva) : 심불상응법에 속한 요소로서 『瑜伽師地論』(T30, 587b25-6)은 삼계의 견소단의 종자가 영단되지 않은 상태로 정의하고 있다. 성자성聖者性(Ⓢ āryatva)과 대비되는 요소이다.

92 사상四相 : 심불상응행에 속하는 생生·주住·이異·멸滅의 유위의 사상으로서, 유부에서 사용하는 범주이다. 여기서 주의할 것은 『瑜伽師地論』(T30, 586a1ff.)이 유위의 사상 대신에 주이住異를 묶어 하나의 상태로 간주한다는 점과 또 『瑜伽師地論』(T30, 586c11ff.)은 '멸滅' 대신에 '무상無常'이란 용어를 사용한다는 점이다.

93 ASBh 10,5-6 : ete ca jātyādayo na pratikṣaṇaṃ veditavyāḥ kiṃ tarhi prabandhāvasthāsv iti/; 『雜集論』(T31, 700b29-c1), "當知。此中依相續位。建立生等。不依刹那。"

聖法故。然異生性。有麤有細。麤者。見斷煩惱未斷之時。所有麤重。不堪聖法。此時假立異生。所言細者。金剛以還[1]一切麤重。隨其所對。不堪聖法。故通名異生性。雖有此二。而於論中。但約麤相。立異生性。例如四相有麤[2]有細。細在刹那。麤在相續。[3] 而於論中唯立麤相。如對法論云。當知依相續位。建立生等。非約刹那故。異生性中麤細亦爾。故知麤重異生性所攝。

1) ㉮ '還'은 저본에는 없지만『韓國佛教全書』편자가 방기에 따라 보충한 것으로 보인다. 2) ㉮ '有麤'는 저본에는 없지만『韓國佛教全書』편자가 방기에 따라 보충한 것으로 보인다. 3) ㉮ '續'은 저본에는 '績'이지만『韓國佛教全書』편자가 방기에 따라 교정한 것으로 보인다.

이상의 다섯 부분을 종합한 것이 첫 번째 현료문에 의거한 이장 자체의 제시이며, 이를 끝냈다.

上來五重合爲第一。依顯了門。出障體竟。

제2장 은밀문에 따른 이장 자체의 제시

두 번째는 은밀문에 의하여 이장 자체를 나타낸 것이다. 6종 염심染心은 번뇌애煩惱礙 자체이고, 근본무명은 지애智礙[94] 자체이다.

二依隱蜜[1]門。出二鄣體者。六種染心是煩惱碍體。根本无明是智碍體。

94 지애智礙 : 번뇌애煩惱礙와 함께 은밀문에 속하는 이애二礙의 하나이다.『大乘起信論』은 6종 염심에 속하는 것을 번뇌애라고 하고, 근본무명에 속하는 것을 지애라고 한다.

1) ⓔ '蜜'을 오초 교감본에서는 '密'로 교정하고 있다.

1. 번뇌애 : 6종 염심

6종 염심이란 첫째, 집상응염, 둘째, 부단상응염, 셋째, 분별지상응염, 넷째, 현색불상응염, 다섯째, 능견심불상응염, 여섯째, 근본업불상응염이다. 이 중에서 처음의 둘은 육식에 있고, 세 번째 염심은 제7식에 있으며, 뒤의 세 염심은 모두 제8식에 있다. 그 가운데 자세한 것은 모두『기신론(별)기』중에서 설명한 것[95]과 같기에 여기서 중복하여 제시하지 않겠다.[96] 이 번뇌애의 6종 염심 중에 이미 앞의 이장二障이 모두 포섭된다.

言六染者。一執相應染。二不斷相[1)]應染。三分別智相應染。四現色不相應染。五能見心不相應染。六根本業不相應染。此中初二在於六識。第三一染在第七識。後之三染俱在第八識。於中委曲。具如起信論記中說。此不重顯。此煩惱碍六染之中。已攝前門二障皆盡。

1) ⓔ '相'은 저본에는 '想'이지만『韓國佛教全書』편자가 방기에 따라 교정한 것으로 보인다.

2. 지애 : 근본무명

근본무명이란 저 6종 염심의 근거인 근본으로서, 가장 미세한 어두움

95 여기서 지시하는 구절은『大乘起信論別記』(T44, 237a4-29)에 해당한다.
96 은정희(1987)에 따르면, 원효는『大乘起信論疏』와『大乘起信論別記』의 14곳에서 세 가지 불상응염심이 제8 알라야식에 존재하고 있다고 해설하고 있다.

과 불각이다. 내적으로는 (심의) 자성이 진여이며 평등하다는 사실에 미혹하지만, 아직 외적으로 차별상을 취하는 데로 나아가지는 않기 때문에 능취와 소취의 구분은 없다. 그러므로 진실한 인식(眞明)과 그 특징이 매우 비슷하기 때문에, 따라서 이 무명은 저 (진실한 인식)과 가장 멀리 떨어진 것이다. 마치 어린 사미가 화상과 가까이 앉아 있는 것과 같다. 생사 중에 무명보다 미세한 어떤 법이 있어 그 (6종 염심)의 근본을 이루는 것은 아니며, 오직 이 (무명)을 근원으로 하여 홀연히 비로소 일어나는 것이다. 그러므로 이를 무시무명이라고 부른다. 이것은 『본업경』에서 "그 (무명의) 주지 이전에는 곧 어떠한 법도 일으키지 않기 때문에 무시의 무명주지[97]라고 한다."[98]라고 하며, 또 『기신론』에서 "일법계에 통달하지 못하였기 때문에 (진여와) 상응하지 않는 마음이 홀연히 망념을 일으키는 것을 무명이라고 한다."[99]라고 설했다. 저들 (경론)에서 '이전에는 일으키지 않는다'고 한 것과 '홀연히 (망념을) 일으킨다'고 한 것은 종적으로 시간의 선후에 의거한 것이 아니라, 오직 횡적으로 미세하고 거친 관점에서 연기를 논한 것일 뿐이다. 이와 같이 무명은 비록 이숙식과 상응하지는 않지만, (이숙식의) 근본이 되어 (그것과) 결합하여 분리되지 않기 때문에,

---

97 무시의 무명주지(無始無明住地) : 5종의 주지번뇌의 하나이다. 5종의 주지번뇌는 견소단의 번뇌인 견혹見惑과 수소단의 번뇌인 사혹思惑, 그리고 무명번뇌를 5종으로 나눈 것이다. ① 견일처주지번뇌見一處住地煩惱는 일체견주지번뇌一切見住地煩惱라고도 한다. 여기서 견見은 욕계·색계·무색계의 견혹을 말하며, 이것은 지적인 미혹으로 견도에 들어갈 때 일시에 끊기 때문에 견일처라 한다. '주지'는 이 번뇌가 의지처가 되어 다른 번뇌를 산출하는 데 토대가 된다는 의미다. ② 욕애주지번뇌欲愛住地煩惱는 욕계의 탐욕의 근거가 되는 번뇌로서 사혹에 속한다. 사혹은 탐貪·진瞋·치癡·만慢의 4종으로서, 『俱舍論』 등에서 이미 수소단의 번뇌로 간주된 것이다. ③ 색애주지번뇌色愛住地煩惱는 색계의 탐욕의 토대가 되는 번뇌이다. ④ 유애주지번뇌有愛住地煩惱는 무색계의 탐욕의 토대가 되는 번뇌이다. ⑤ 무명주지번뇌無明住地煩惱는 무명의 토대가 되는 가장 미세한 번뇌이다. 『勝鬘經』에서는 아라한, 벽지불 등은 무명주지를 끊지 못하고 오직 붓다만이 끊을 수 있다고 한다.

98 『菩薩瓔珞本業經』(T24, 1022a7-8).

99 『大乘起信論』(T32, 577b5-7).

이 (이숙)식에 의거하여 저 (무명)의 특징을 설명하는 것이다. 이 때문에 (무명은) 알라야식에 포섭된다. 이것은 저 『(기신)론』에서 "알라야식에 의거하여 무명이 있고, (일법계에 통달하지 못해) 불각이 일어나기 때문이다."[100]라고 말한 것과 같다. 이것이 은밀문 중의 지애 자체의 상이다. (이장) 자체를 제시하는 부분을 마친다.

根本無明者。彼六染心所依根本。寂極微細。冥闇不覺。內迷自性一如平等。未能外向[1)]取差別相。故無能取所別[2)]異。乃至與眞明。其相太近。故此無明於彼最違。如下沙彌。與和上坐近也。於生死中無有一法。細於無明而作其本。唯此爲元忽然始起。是故說名無始無明。如本業經言。其住地前便無法起。故名無始無明住地。起信論云。以不達一法界故。心不相應。忽然起念。名爲無明故。此言無前及忽起者。非是竪望時節前後。唯是横論細麤緣起。如是無明。雖非與異熟識相應。而爲作本。和合不離。故依此識方說其相。由是攝在梨耶識位。如彼論云。以依阿利耶識說有無明。不覺而起故。是謂隱密門中智碍體相。出體分竟。

1) 역 '外向'은 저본에는 '外向'이지만 오초 교감본에서는 '向外'로 추정하고 있다. 2) 역 '所別'을 오초 교감본에서는 '所取'의 오기로 추정하고 있다.

100 『大乘起信論』(T32, 577b4-5), "以依阿梨耶識。說有無明。不覺而起。"

제3편 이장의 공능

다음은 세 번째, 이장의 공능을 밝힌 것이다. (여기에) 또한 두 가지 방식이 있다.

次第三明鄣功能者。亦有二門。

제1장 현료문에 따른 이장의 공능

1. 번뇌장의 발업의 공능

현료문 중에서 번뇌장의 공능은 요약하면 2종이다. 즉 업을 일으키는(發業) 능력과 결생結生하는 능력이다.[101]

101 십이지를 혹惑·업業·고苦의 3종 범주에 따라 분류하면, 번뇌에 속한 지支는 무명無明, 애愛, 취取의 세 가지이며, 업에 속한 지는 행行과 유有의 둘이며, 고 또는 재생에 속한 지는 나머지 7종이다. 번뇌와 업은 원인이며, 재생은 결과로 간주된다. 이는 일반적으로 유부의 설명이지만, 이하 『瑜伽師地論』의 설명도 이 구분에 따르고 있다. 문제는 유식학파에서 '식(Ⓢ vijñāna)'을 어디에 포함시켜야 하는가에 대해 후대에 논란이 되었다는 점이다. 식이 이숙식인 한, 그것은 결과로서의 재생에 포함되어야 하지만, 알라야식의 도입 이후 식이 일체종자식으로서 알라야식으로 간주되는 한, 식을

顯了門中煩惱鄣能。略有二種。謂能發業及能結生。

1) 인업의 작용

업을 작동시키는 능력에도 2종이 있다. 먼저 인업引業(Ⓢ ākṣepakaṃ karma)을 작동시키고, 뒤에 생업生業(Ⓢ abhinirvartakaṃ karma)을 작동시킨다.[102] 전체적으로 논한다면, 모든 번뇌는 모두 인업을 작동시키기도 하고 생업을 작동시키기도 한다. 그중에서 가장 우세한 점을 별도로 취한다면, 무명이 인업을 작동시키고, 애愛와 취取는 생업을 작동시킨다. 『유가사지론』은 (다음과 같이) 설한다. "십이지十二支 중에서 (행行과 유有의) 둘은 업에 포섭되고, (무명無明과 애愛, 취取의) 셋은 번뇌에 포섭된다……또한 두 가지 업 중에서 앞의 (행)은 인업이고, 뒤의 (유)는 생업이다. 3종 번뇌 중에서 전자 (즉, 무명)은 인업을 작동시키고, 후자 (즉, 애와 취)는 생업을 작동시킨다."[103] 이 중에서 인업을 작동시킨다는 것은 (무명이) 현행하는 작

단순히 결과로서 간주하기 어려웠기 때문이다. 따라서 후대 유식에서는 식을 업에 포함시키게 된다. 하지만 여기서는 아직 그 문제를 다루지 않고, 다만 번뇌가 어떻게 업과 연결되며, 또 어떻게 재생을 일으키는가의 문제를 다루고 있다.

102 이하에서는 번뇌가 업을 일으키는 방식을 인기引起(Ⓢ ākṣepakaṃ)와 산출(Ⓢ abhinirvartakaṃ)의 두 가지로 나눈다. '인기'라는 번역어를 통해서는 잘 드러나지 않지만, 그 의미는 원효가 아래에서 말하듯이 번뇌가 업을 일으키기 위해 먼저 업에 훈습의 방식으로 영향을 미치는 것이다. Kritzer는 이러한 'ākṣepaka'하는 번뇌의 작용을 'projecting'이라고 번역하는데, 즉 번뇌가 종자의 형태로 잠재력을 업에 전달하는 것이다. 이에 비해 번뇌가 업을 현실적으로 '생기生起'시키는 작용을 'abhinirvartaka'이라고 부른다. Kritzer는 이를 'actualizing'이라고 번역하는데, 그것은 앞의 '인기' 작용에 의해 저장된 종자를 현실화된 힘으로서 산출시키는 것을 말한다. 이를 십이지연기에 적용시켜 말하면 업을 인기하는 번뇌에는 무명無明이 해당되고, 업을 산출하는 번뇌에는 애愛와 취取의 두 지支가 해당된다. 이러한 유식의 설명은 십이지연기를 삼세양중三世兩重으로 해석하는 유부의 설명과는 매우 다른 것으로, 종자의 작용에 중점을 둔 설명 방식으로 십이지연기를 이세일중二世一重으로 해석하는 것이다.

103 이 인용은 『瑜伽師地論』「攝決擇分」[T30, 612b6-11 = VinSg(D) 85a4-7]을 축약한 것

용을 (훈습해서) 작동시키는 것이고, 생업을 작동시킨다는 것은 (애와 취가) 종자의 작용을 작동시키는 것이다. 왜냐하면 훈습에 의거하고 있는 종자를 산출함에 의해 유有(Ⓢ bhava)로 변화시키기 때문이다.

發業之能亦有二種。先發引業。後發生業。通而論之。一切煩惱皆發引業亦發生業。於中別取其最勝者。無明能發引業。愛取能發生業。如瑜伽說。十二支中二業所攝。三煩惱攝。又二業中初是引業。後是生業。三煩惱中一能發起引業。二能發起生業故。此中發引業者。發現起業。發生業者。發種子業。由能薰發先行種子。令成能生轉爲有故。

인업의 작동에는 2종이 있다. 죄업을 작동시킬 때에는 현행하는 박縛의 형태로 작동시키며, 복업과 부동업을 (작동시킬 경우에는) 수면隨眠의 형태로 작동시킨다. 생업을 작동시킬 때에는 죄업·복업·부동업이 모두 현행하고, 애와 취가 (이를) 작동시킨다. 또 인업을 작동시킬 때에는 구생의 번뇌는 별보別報[104]의 업을 작동시키고, 오직 분별기의 번뇌만이 이치에 따라 (죄업·복업·부동업의) 3종의 총보總報[105]의 인업을 작동시킨다. 그 까닭은 만일 삼계가 모두 고苦임을 깨닫고 또한 고가 발생하는 원인을 안다면, 자연히 고의 원인이 되는 업을 짓지 않을 것이고, 이러한 도리로 말미암아 만일 고의 원인을 이해하지 못한다면, 무명과 그 (무명의) 힘에 의해 생을 견인하는 업을 작동시킨다.

이다.

104 별보別報 : 중생 각자가 받는 개별적인 업을 말한다. 예를 들어 어떤 특정 중생의 지력이나 용모, 수명의 장단 등이 여기에 속할 것이다.

105 총보總報 : 어떤 영역에 속한 중생들이 공통적으로 받는 업을 말한다. 예를 들어 욕계의 영역에 사는 인간들이 받는 공통적인 업을 가리킨다.

引業能發卽有二種。發罪業時現縛能發。福不動業隨眠能發。發生業時。罪福不動皆有現行。愛取能發。又發引業中俱生煩惱發別報業。唯分別起隨其所應能發三種總報引業。所以然者。若達三界皆苦。亦知生苦之因。自然不作苦因之業。由是道理若有不了苦因。無明其勢能發牽生之業。

또한 만일 무아와 자타의 평등성을 이해한다면, 무엇 때문에 스스로 과보를 받게 될 업을 억지로 짓겠는가? 그러므로 무아를 깨닫지 못한다면, 무명과 그 힘이 총보로서의 인업을 작동시킨다. 이러한 의미 때문에 수도에서 제거되어야 할 사태(事)에 미혹된 번뇌는 총보로서의 인업을 작동시키지 못한다.

又復若解無我自他平等。何由强作自受報業。是故不了無我。無明其勢能發引總報業。由是義故。修道[1]所斷迷事煩惱。不能發起總報引業。

1) 역 '道'는 저본에는 '通'이지만 『韓國佛教全書』 편자가 방기에 따라 교정한 것으로 보인다.

만일 이러한 뜻에 의거한다면, 구생의 아견과 상응하는 무명도 무아와 자타평등에 미혹하여 실제로 생을 견인하는 업을 작동시키는 것이다. 다만 견도를 얻은 후에는 그 (무명)은 보조적 요소를 여의게 되어 세력이 미약해지기 때문에 (인업을) 작동시키지 못하는 것이다.

『유가사지론』은 (다음과 같이) 설한다. "문 복업과 부동업은 올바른 사택의 힘에 의해 일어나는 것인데, 무엇 때문에 무명을 조건으로 한다고 설하는가? 답 세속적인 고苦의 원인을 깨닫지 못하는 것을 조건으로 해서 비복업을 일으키고, 승의적인 고의 원인을 요해하지 못하는 것을 조건으로 하여 복업과 부동업을 일으키기 때문이다."[106]

106 이 문장은 약간의 차이는 있지만 거의 『瑜伽師地論』「本地分」(T30, 325a7-10 = YBh

이것은 악취에서 고고성苦苦性[107]의 인연에 미혹해 있기 때문에 이로 인해 무명이 죄업을 일으키기에, "세속적인 고의 원인을 요해하지 못했다."고 말하는 것이며, 또한 선취에서 행고성行苦性의 원인에 미혹해 있기 때문에 이로 인하여 무명이 선업을 작동시키기에, "승의적인 고의 원인을 요해하지 못했다."고 말한 것이다.

若依是義。俱生我見相應無明。亦迷無我自他平等。實能發起引生之業。但得見道後。離其助伴。勢力微故。不能發耳。如瑜伽說。問。何因緣故。福不動業。由正思擇功力而起仍說用無明爲緣耶。答。由不了世俗苦因爲緣。發非福行。由不了勝義苦因爲緣。生福不動業[1]故。此明由迷惡趣苦苦之因緣。以此無明能發罪業。故言不了世俗苦因。由迷善趣行苦之因。以此無明能發善業。故言不了勝義苦因。

1) ㉰ '生福不動業'은 『瑜伽師地論』에 따르면 '生福及不動行'이다.

또한 『대법론』에서 "우치愚癡에 2종이 있다. 하나는 이숙異熟에 대한 우치이고, 다른 하나는 진실한 대상(眞實義, Ⓢ tattvārtha)에 대한 우치이다. 이숙에 대한 우치 때문에 불선한 행위를 일으키고, 진실한 대상에 대한 우치 때문에 복업과 부동업을 일으킨다."[108]라고 말했다. 전자는 염오된 것으로, 무명과 결합할 때에 반드시 이숙의 행상을 신해信解하는 정견을 받아들이지 못하기 때문이다. 후자의 경우, 진실한 대상이란 바로 사제四諦로서, 그 (사제)에 대해 어리석기 때문에 아직 사제를 보지 못한 사람은

216,8-10)의 내용을 인용한 것이다.

107 고고성苦苦性(Ⓢ duḥkha-duḥkhatā) : 고고성과 괴고성壞苦性(Ⓢ vipariṇāma-duḥkhatā), 행고성行苦性(Ⓢ saṃskāra-duḥkhatā)은 3종의 고통스러움으로서, 고고성은 고통의 고통스러운 상태, 괴고성은 변화에 의한 고통스러운 상태, 그리고 행고성은 모든 유위법이 가진 고통스러운 상태 내지 불만족스러운 상태를 가리킨다.

108 이 문장은 『雜集論』(T31, 728c9-18 = AS 55,1-3)에 해당된다.

비록 선심을 일으키더라도 저 (무명의) 수면에 묶여 있기 때문에 우치한 자라고도 부른다. 그 (진실한 대상에 대한 우치의) 힘 때문에 삼계의 고에 대하여 여실히 알지 못하고 바로 후유後有의 원인이 되는 복업과 부동업을 일으킨다. 사제를 본 사람은 이 업을 일으키지 않으니, 진실한 대상에 대해 우치가 없기 때문이다. 그러므로 저 (복업과 부동업)은 이 (진실한 대상에 대한 우치) 때문에 생겨난다고 말하는 것이다.

그 의도는 업을 일으키는 무명은 모두 진실한 사제의 의미에 바로 미혹해 있으며, 또한 모두 이숙의 인과의 의미를 이해하지 못했음을 밝히고자 한 것이다. 다만 선업을 작동시킬 때에는 비록 사제의 도리에 통달하지 못했더라도 이숙의 인과를 신해할 수 있다. 그러므로 이때에 무명의 수면 때문에 그가 이숙인異熟因의 의미를 이해하지 못하여 죄업을 일으켰을 때에는 비단 사제의 도리를 이해하지 못한 것일 뿐 아니라 이숙의 인과도 신해하지 못한 것이다. 따라서 이때의 무명을 별도로 '이숙에 대한 우치'라고 부르는 것이다.

對法論云。愚有二種。一異熟愚。二眞實義愚。由異熟愚故發不善行。[1] 由眞實義愚故發福不動行。初者是染污性。無明合時。心[2]不容受信解異熟行相正見故。後者。眞實義卽四諦。於彼愚故未見諦者。雖起善心。由彼隨眠所隨縛故。亦名愚癡。由彼勢力。於三界苦不如實知。便能發起後有因性福不動行。非已見諦者。能發此業。無眞實義愚故。是故彼業說因此生。是意欲明發業無明。皆是正迷四眞諦義。亦悉不了異熟因果。但發善業時。雖未通達四諦道理。而能信解異熟因果。故於此時无明隨眠。設其不了異熟因義。發罪業時。非直不了四諦道理。亦無信解異熟因果。故於此時無明別名異熟愚也。

1) 역 '不善行'은 『瑜伽師地論』에 따르면 '非福行'이다. 2) 역 '心'은 『瑜伽師地論』에 따라 '必'로 교정해야 한다.

2) 결생의 능력

(1) 결생의 시기

다음은 재생과 결합하여 상속하는 힘을 밝힌다. (번뇌에 의해) 결합된 재생은 양자를 벗어나지 않으니, 첫째, 올바른 재생(正生)과 둘째, 방편에 따른 재생(方便生)이다.

올바른 재생과 결합할 때에도 두 종류가 있다. (욕계와 색계라는) 형태를 가진 영역에서 태어날 경우에는 중유中有[109]의 상태에서 결생하고, 무색계에 태어날 경우에는 사유死有의 상태에서 결생한다. 둘째, 방편에 따른 결생은 오직 사유에서이다. 그렇지만 사유에 직면한 사람의 마음에는 세 가지 상태가 있다. 처음은 (선·불선·무기의) 삼성의 마음상태이고, 그 다음은 염오된 마음상태이고, 최후는 이숙의 마음상태이다. 그중에서 처음 두 (상태)는 의와 의식이고, 최후의 하나의 마음은 이숙식이다. 또한 삼성의 상태에서는 결생하는 때가 아니며, 뒤의 두 마음이 결생의 상태이다. 또한 뒤의 두 가지 중에서 전자는 현행하는 전纏에 의해 결생하는 상태이고, 후자는 수면에 의해 결생하는 상태이다. 『유가사지론』은 (다음과 같이) 말한다. "또 욕계에서 죽어서 (색계나 무색계의) 상지上地에 태어날 때에 욕계에 속한 선심과 무기심 직후에 상지의 염오심이 생겨난다. 왜냐하면 일체(처에서의) 결생은 모두 염오심에 의해 이루어지기 때문이다. 또 상지에서 죽어서 하지下地 (즉, 욕계)에 태어날 때에는 상지에 속한 일체의 선심과 염오심, 무기심 (직후에) 오직 하지의 염오심만이 생겨난다."[110] 또 이어지는 글에서 "임종할 때 최후의 심은 반드시 이숙의 성질

109 중유中有(Ⓢ antarā-bhava) : 죽음과 재생 사이의 중간 단계에서의 생존 형태이다. 중생들이 윤회전생輪回前生하는 1기期는 넷으로 나뉘는데, 즉 생유生有-본유本有-사유死有-중유中有가 그것이며, 중유란 이 사유四有 가운데 하나이다.

이고, 결생한 직후의 심도 역시 이숙이다."[111]라고 하였다. 만일 중유에서의 최후의 심을 논한다면 반드시 염오이며, 이 이전에는 확정적인 상태가 없다. 결생의 시기는 요약하면 이와 같다.

次明結生相續力者。所結之生不出二種。一者正生。二方便生。結正生時亦有二種。生有色界中有時結。生無色界死有時結。二[1)]結方便生唯在死有。然臨死有心有其三位。謂前三性心位。其次染汚心位。最後異熟心位。此中初二是意[2)]意識。最後一心是異熟識。又三性位非結生時。後之二心是結生位。又後二中。初是現纏結生之位。後是隨眠結生位也。如瑜伽說。又欲界沒生上地時。欲界善心無記心無間上地染汚心生。以一切[3)]結生相續。皆染汚心方得成故。又從上地沒生下地時。從一切上地善心染汚心無記心。[4)] 唯有下地染汚心生。又下文言。臨命終時最後念心必是異熟法。結生相續無間之心亦是異熟故。若論中有最後念心。必是染汚。從此已前卽無定位。結生時卽略說如是。

1) ㉾ '二'는 저본에는 '時'이지만 『韓國佛敎全書』 편자가 방기에 따라 교정한 것으로 보인다. 2) ㉾ '意'는 저본에는 '花'이지만 『韓國佛敎全書』 편자가 오초 교감본에 따라 교정한 것으로 보인다. 3) ㉾ '一切'는 『瑜伽師地論』에 따르면 '一切處'이다. 4) ㉾ 『瑜伽師地論』에는 '心' 뒤에 '無間'이 더 있다.

(2) 결생의 통상과 별상

어떠한 번뇌가 결생시키는가? 일반적인 관점에서 말한다면 자신의 영역에 속한(自地) 일체의 번뇌가 모두 결생시키지만, 가장 두드러진 점에서

110 이 문장은 『瑜伽師地論』「攝決擇分」[T30, 684b10–18 = VinSg(D) 261a1–5]을 축약, 인용한 것이다. 이에 의거해 번역을 보완했다.

111 『瑜伽師地論』(T30, 664c19–20 = VinSg 213b2), "又臨終時。最後念心。是異熟法。若結生相續。無間之心。亦是異熟。"

논한다면 오직 무기인 구생의 아애我愛로 인해서 결생한다.

『유가사지론』은 (다음과 같이) 설한다. "문 각각의 지地에서 결생상속하는 각각의 신체는 전체 삼계의 일체 번뇌에 의해 결생된다고 말해야 하는가, 아니면 전체는 아니라고 말해야 하는가? 답 전체 (삼계의 일체 번뇌)에 의해서라고 말해야지 전체 (삼계의 번뇌에) 의해서는 아니라고 말하면 안 된다. 그 이유는, 만일 아직 이욕하지 못한 자에게는 자신이 태어난 곳에서 바야흐로 생을 받게 되지만 이욕한 자에게는 그렇지 않기 때문이다. 또한 아직 이욕하지 못한 자에게는 모든 번뇌품에 속한 추중이 자체존재(S ātmabhāva)와 결부되어 있으며, 또한 저 다른 존재가 생겨나는 원인이 된다.……또 장차 그가 태어날 때에 자체존재에 대한 탐애가 현행하며, 남자나 여자에 대해서 탐애나 진에가 교대로 현행한다."[112] 이 글은 일반적인 관점(通相)에서 설한 것이다.

此中何等煩惱能結生者。通相而言。自地所有一切煩惱皆能結生。論最勝者。唯由俱生無記我愛結生相續。如瑜伽說。問。於彼彼地[1]結生相續彼彼身中。當言全界一切煩惱。皆結生耶。爲不全耶。答。當言全非不全。何以故。若未離欲。於此[2]生處方得受生。非離欲故。又未離欲者。諸煩惱品所有麤重隨結[3]自身。亦能爲彼異身生因故。又將受生時於自體上貪愛現行。於男於女。若愛若恚。亦互現行乃至廣說。此文就其通相說也。

1) 역 '地'는 저본에는 없지만 『韓國佛敎全書』 편자가 방기에 따라 보충한 것으로 보인다. 하지만 『瑜伽師地論』에는 '地'가 아니라 '界'이다. 2) 역 '此'는 『瑜伽師地論』에 따르면 '自'이다. 3) 역 '結'은 『瑜伽師地論』에 따르면 '縛'이다.

또한 같은 『(유가)론』에서 "무엇을 생이라고 하는가? 아애에 잇따라 생

112 이 문장은 『瑜伽師地論』 「攝決擇分」[T30, 629c9-16 = VinSg(D) 130b1-5]을 축약, 인용한 것이다.

겨났기 때문이며,……중유의 이숙이 그곳에서 연이어 출현한다."[113]라고 말하며,『대법론』에서 "상속의 힘에 의해 명종시의 9종의 심은 자체존재에 대한 갈애와 상응하며, 삼계 중에 각각 상속한다.……이 자체존재에 대한 갈애는 오직 구생으로서, 인식대상을 요별하지 못하며 유부무기성에 포섭된다. 그렇지만 자체존재의 생은 종류의 구별에 의해 그 (갈애)의 대상이다. 그 힘으로 인해 직후에 모든 범부들에게 후유後有[114]와의 결생상속이 있다."[115]라고 말한 등의 문장은 특별한 관점(別相)에서의 설명이다.

又彼論言。云何生。我愛無間已生故。乃至卽於此生處。中有異熟無間得生。對法論云。相續力者有九種命終心與自體愛相應。1) 於三界中各各命相續。此自體愛。唯此俱生。不了所緣境。有覆無記性攝。而能了別我自體生差別境界。由是勢力諸異生輩。令無間後有相續。如此等文就別相說。

1) ㉮ '相應'은 저본에는 '想慮'이지만『韓國佛敎全書』편자가 방기에 따라 교정한 것으로 보인다.

상지上地의 법을 아직 제거하지 않았을 때에 하지下地에서 결생하는 자가 혹惑을 일으키는 이유에는 두 가지 의미가 있다.

첫째, 만일 상지에 주하는 자가 상지의 업을 소진한 후에 임종할 때는 재생의 장소는 원칙적으로 반드시 정해져 있다. 그는 먼저 그 영역에 속한 공덕으로부터 물러서니, 이때에 하지와의 결생이 일어난다. 마치 무상천無想天[116]에 태어난 자가 임종할 때에 재생의 장소가 원칙적으로 반드시

113 이 문장은『瑜伽師地論』(T30, 282a13-16 = YBh 18,21-19,1)을 약간 변형해 축약, 인용한 것이다.

114 후유後有:『雜集論』에는 '중유中有'로 되어 있다.

115 이 문장은『雜集論』(T31, 714b27-c7 = ASBh 39,9-16)을 축약, 인용한 것이다.

116 무상천無想天: 'asaṃjñisattvo devaḥ'로서 관념상을 떠난 천신이다. 이는 무상정無相定의 수습에 의해 획득되는 재생의 영역이다.

정해져 있어서, 먼저 무상無想의 상태(無想事)[117]로부터 물러난 뒤에 목숨이 끊어지는 것과 같으니, 이것도 마찬가지다.

所以未捨上地法時。能起下地結生惑者。此有二義。一若在上地。上地業盡。臨命終時。生處法爾必定。先退彼境地功德。是故此時能起下結。猶如生無想天臨命終時。生處法爾必定。先退其無想事。然後命終。此亦如是故。

둘째, 범부로서 상지에 태어난 자는 아견을 조복하지 못했다. 조복하지 못한 아견의 힘 때문에 장차 하지에 태어날 때에 아애我愛를 일으킨다. (『유가사지론』에서 설한 것처럼) "세간도에 의거하여 무소유처에 이르기까지 그곳에 속한 모든 탐욕에서 벗어난 자는 모든 하지에 속하는 번뇌로부터 심해탈을 얻었지만, 아직 살가야견으로부터 해탈하지는 못했다. 이 (살가야)견으로 말미암아 그는 하지와 상지에 속하는 혼합된 현상들로 이루어진 자체존재에 대해서 차이를 보지 못하고, 총체적으로 자아 또는 자아에 속한 것이라고 계탁한다. 이 때문에 비록 유정有頂[118]에 오르더라도 다시 (상지에서) 물러나서 (하지로) 떨어지게 된다."[119] 이러한 두 가지 의미로 인해 그는 먼저 조복했던 수도修道에 의해 제거되어야 할 번뇌로부

117 무상無想의 상태(無想事, Ⓢ āsaṃjñika) : 무상사無想事는 24종의 심불상응법의 하나로서, 현장은 이를 무상념無想念 또는 무상이숙無想異熟으로도 번역한다. 『集論』은 이를 "관념상을 여읜 천중들에게서 태어난 자에게 항구적이지 않은 심과 심소법들이 소멸할 때 이를 무상의 상태라고 가설한다."라고 정의한다.(AS 11,2-3 : asaṃjñisattveṣu deveṣūpapannasyāsthāvarāṇāṃ cittacaitasikānāṃ dharmāṇāṃ nirodhe āsaṃjñikam iti prajñaptiḥ//) 이를 무상이숙이라고 번역한 것은 이 상태가 무상정의 결과이기 때문이다.

118 유정有頂(Ⓢ bhavāgra) : 삼계의 모든 존재(有) 영역 중의 최고점(頂)에 있기 때문에 그렇게 불린다.

119 이 문장은 『瑜伽師地論』「攝事分」[T30, 794c3-8 = VastuSg(D) 176b7ff.]을 인용한 것이다. 여기서 '諸行和雜自體'에 해당되는 티베트 역은 "'du byed 'dres pa'i lus"로서, "miśrita-saṃskāra ātmabhāvaḥ"로 추정하여 번역했다.

터 벗어났지만, 죽음에 직면했을 때에 그 (번뇌의) 작용이 다시 일어나는 것이다.

二凡夫生上。非伏我見。由此未伏我見力故。將生下時。能起我愛。如說依世間道。乃至能離無所有處所有貪欲。於諸下地其煩惱心得解脫。而未能脫薩迦耶見。由此見故。於下上地所有諸行和雜自體。不觀差別。總計爲我。或計爲我所。由是因緣。雖昇有頂。而後退還故。由是二義。離先所伏修斷煩惱。死臨時堪能還起。

그렇기 때문에 삼계에서의 결생은 바로 수도에서 제거되어야 할 번뇌에 의해서이고, 총보의 업을 일으키는 것은 바로 견도에서 제거되어야 할 번뇌에 의해서지만, 상호적 측면에서 "함께 일으키고 함께 결생시킨다."고 말한 것이다. 『섭대승론석』에서 "만일 고제에 속한 무명이 없으면 모든 행行이 생기지 않으며, 만일 (모든 행이 이미 생겨났을 때에는) 수도에 속한 무명이 없으면 모든 행이 익지 않는다."[120]라고 설한 것은 분별에서 일어난 아견과 상응하는 무명이 총보로서의 인업을 일으킬 수 있고, 경계에 대한 애착과 상응하는 무명[121]이 저 (총보로서의) 인업을 조력하여 생

120 『攝大乘論釋』(T31, 167b28-c1), "若無苦下無明。諸行不生。若行已生。無修道無明。諸行不熟." 이 진제 역에 대응하는 티베트 역이나 현장 역의 문장은 없다. 여기에 상응하는 현장 역은 "第二緣起。謂無明等爲增上緣。由無明等增上勢力。行等生故."(T31, 330b21-23)이다. 이에 대해 은정희는 『國譯一切經』의 추정대로 원문의 '苦'는 연자衍字로 보인다고 말하면서, "만일 아래(견도소단 분별기)의 무명이 없으면"이라고 번역한다. 하지만 이 문장은 아래 문장과 비교해 보면 '고제에 속한 무명'으로 해석하는 진제의 보충 설명일 것이며, 따라서 '고苦'가 없으면 의미가 통하지 않는다고 보인다. 더욱 이 문장은 CBETA 검색에서 『法苑珠林』(T53, 916a25-26)에 온전히 나온다.

121 경계에 대한~상응하는 무명 : 본문의 번역은 오초 교감본의 '境界愛相 非無明'에 따른 것이 아니라, 역자의 '境界愛相應無明'의 수정에 따른 것이다. 만일 오초본의 방식대로 읽는다면, 은정희(2004: 103)가 제시하듯이, "이것은 분별기의 아견과 상응하는 무명이 총보인업과 경계에 대한 애착의 상을 일으킬 수 있음을 밝힌 것이니, 무명

업을 성취시킨다는 것을 밝힌 것이다. 그리고 『불성론』에서 "복업과 부동업이 증장하는 원인이란 사유思惟[122]에 의해 업을 완성시키고, 견제見諦에 의해 과보를 획득한다."[123]라고 한 것은 경계에 대한 애착으로 인해 증장된 인업이 생업을 성취시키기 때문에 '업을 완성시킨다'고 밝힌 것이지, 인업을 처음으로 작동시킨 것은 아니기 때문에 '업을 작동시켰다'고 말하지는 않았다. 아애의 힘 때문에 업이 과보를 획득할 수 있기에, '견제에 의해 과보를 획득한다'고 설명한 것이다.

由是言之。結三界生正是修道所斷煩惱。發惣報業正是見道所斷煩惱。相從而說。通發通結。如攝論云。若無下[1)]無明。諸行不生。若無修道無明。諸行不熟者。是明分別我見相應無明。能發惣報引業。境界□□□□[2)]悲無明[3)]能所[4)]彼業。令成生業。佛性論云。福不動業增長家因者。思惟能成業。見諦能得果者。是明由境界愛。增長引業。令成生業。故名成業。非能始發引業。故不言能發業。由我愛力。業能得果。故言見諦能得果也。

1) ㉧ '無下'는 진제의 『攝大乘論釋』(T31, 167b28-c1)에 따라 '無苦下'로 읽는 것이 타당할 것이다. 2) ㉠ □□□□의 네 글자는 정확하지 않다. 3) ㉧ '□□□□悲無明'은 '愛相應無明'인 것 같다. 4) ㉧ '所'는 '助'인 것 같다.

이 저 총보인업을 도와서 생업을 이루도록 하는 것은 아니다."로 번역할 수 있을 것이다. 하지만 이 번역은 원효의 설명이 의거하고 있는 『攝大乘論釋』의 맥락을 고려하지 않고, '境界愛相'을 앞 문장에 속하는 것으로 풀이한 것이라 보인다. 그렇지만 원효의 해석을 『攝大乘論釋』과 관련시킬 때, "分別我見相應無明。能發總報引業。"은 그 앞부분에 대응할 것이며, 문제 되는 개소는 그 뒷부분에 대응할 것이다. 즉 분별아견에 상응하는 무명은 고제의 이치에 대한 무명으로서 이것이 재생을 인기하는 업을 일으키며, 이에 대비되는 재생을 산출하는 업, 즉 생업生業은 경계에 대한 애착과 상응하는 무명으로서 수도修道에 의해 제거되어야 할 것이라는 의미이다.

122 사유思惟 : 진제 역에서 '사유'는 현장 역의 '수습修習', 즉 'bhāvanā'에 해당되며, 사성제의 반복된 수습을 의미한다.

123 『佛性論』(T31, 806c29-807a1)에는 "不動業增長家因者。一思惟能成業。二見諦能得果。"로 되어 있으나, 원효는 '不動業' 외에 '福'을 가해 이해하고 있기에 그대로 두었다.

저 논서의 의도는 경계에 대한 애착 등에 의해 5종 (욕망의) 대상(五塵)이라는 사태에 미혹하기 때문에 '사유'라고 한 것이고, 아애는 무아의 도리에 어긋난 것이기 때문에 '견제'라고 한 것이지만, 이 아애는 분별에서 일어난 것이 아니므로 따라서 도리어 수도에 의해 제거되어야 하는 것이다. 이러한 도리로 인해 서로 모순되지 않는다.

彼論者意。境界愛等。迷五塵事。故名思惟。我愛是乖無我道理。故名見諦。而是我愛非分別起。是故還爲修道所斷。由是道理。故不相違。

(3) 중생 · 이승 · 보살에 따른 결생의 차이

또한 이와 관련해 사람에 따른 구별이란 일체의 중생은 전과 수면에 의해 모두 결생하지만, 보살들의 경우에는 전과 수면에 의해 결코 결생하지 않는다. 이승의 성인의 경우에는 구별해야만 한다. 어째서인가?

又於此中約人分別者。一切異生。纏及隨眠皆是結生。若諸菩薩。纏及隨眠並非結生。二乘聖人卽當分別。何者。

통상문에 의거하면, 일체의 성인은 오직 수면에 의해서만 결생한다. 왜냐하면 모든 성인이 장차 생을 받을 때에 남녀에 대한 탐애와 진에 등이 없기 때문이다.

依通相門。一切聖人唯有隨眠結生相續。[1] 以諸聖人將受生時於男[2]女中無愛恚[3]等故。

1) 역 '續'은 저본에는 '結'이지만『韓國佛敎全書』편자가 오초 교감본에 따라 교정한 것으로 보인다. 2) 역 '男'은 저본에는 '界'이지만『韓國佛敎全書』편자가 방기에 따라 교정한 것으로 보인다. 3) 역 '恚'는 저본에는 '悉'이지만『韓國佛敎全書』편자가

방기에 따라 교정한 것으로 보인다.

(반면) 별상문에 따르면 (예류과와 일래과라는) 처음 두 과의 (성자) 중에 구생의 아애가 현행하기도 하지만, 오직 세 번째 과인 (불환은) 이 (구생의 아애에 의해) 결생하지 않고 바로 수면에 인해 결생한다. 왜냐하면 아애에 의한 결생은 성인의 의도와 어긋나기 때문이며, 또 (그에게) 무루도의 힘이 점차 증장하기 때문이다. 『유가사지론』은 (다음과 같이) 설한다. "결생상속에는 요약하면 7종이 있다. 첫째, 전과 수면에 의한 결생상속으로, 즉 모든 중생에 있어서이다. 둘째, 오직 수면에 의한 결생상속으로, 즉 (사)성제의 자취를 본 자에 있어서이다. 셋째, 정지를 갖고 모태에 들어가는 것으로, 즉 전륜성왕에 있어서이다. 넷째, 정지를 갖고 (모태에) 들어가고 주하는 것으로, 즉 독각에 있어서이다. 다섯째, 일체의 상태에서 정념을 잃지 않는 것으로, 즉 보살들에 있어서이다. 여섯째, 업에 의하여 산출된 결생상속으로, 즉 보살들을 제외한 (중생들)에 있어서이다. 일곱째, 지혜의 힘에 의해 산출된 결생상속으로, 보살들에 있어서이다."[124] 여기서 "수면에 의해 결생하는 자는 (사)성제의 자취를 본 자이다."라는 것은 통상의 측면에서 결생의 설명 방식이다.

別相門。初二果中俱生我愛亦有現行。唯第三果不起此結。直由隨眠結生。我愛結生違聖意故。無漏道力漸增盛故。如瑜伽說。結生相續。略有[1)]七種。一纏及隨眠結生相續。謂諸異生。二唯隨眠結生相續。謂見聖迹。三正知入胎。謂轉輪王。四正知入住。謂獨覺。五於一切位不失正念。謂諸菩薩。六業所引發結生相續。謂除諸菩薩。七智力所發結生相續。謂諸菩薩。[2)] 此說

---

124 이 문장은 『瑜伽師地論』「攝決擇分」[T30, 629c20-26 = VinSg(D) 130b6-131a2]을 요약, 인용한 것이다.

隨眠結生。謂見聖迹。是約通相結生門說。

1) ㉮ '有'는 저본에는 없지만 『韓國佛敎全書』 편자가 방기에 따라 보충한 것으로 보인다. 2) ㉮ '六業~謂諸菩薩'의 27자는 저본에는 없지만 『韓國佛敎全書』 편자가 방기에 따라 보충한 것으로 보인다.

『대법론』에서 "마찬가지로 탐욕으로부터 벗어나지 못한(未離欲) 성자도 (목숨이 끊어질 때) 명료하지 않은 상想[125]의 상태에 이르지 못하며, 그런 한에서 그런 갈애의 (현행)을 일으키지만, 그러나 그는 그것을 판별한 후에 대치의 힘으로 억압한다. 이미 탐욕을 떠난 성자는 비록 (탐욕을) 영원히 끊지는 않았지만, 대치의 힘이 강하기 때문에 이 애착이 다시 현행하지는 않고, (다만) 수면의 힘 때문에 결생상속한다."[126]라고 말하는데, 이것은 특별한 측면에서 결생의 설명 방식이다.

對法論云。未離欲聖者亦爾。乃至未至不明了想位。其中能起此愛。1) 然能了別。以對治力所損伏故。已離欲聖者。對治力强故。雖未永斷。然卽此愛不復現行。由隨眠力令生相續。此約別相結生門也。

1) ㉮ 『雜集論』에는 '愛' 뒤에 '現行'이 더 있다.

3) 마나스와 상응하는 네 혹의 발업과 결생

이상에서 말한 업의 발동과 결생은 육식이 일으킨 번뇌라고 설한다. 만일 마나스와 상응하는 네 가지 혹이 일체의 상태에서 항상 현행하며 업의 작동과 결생을 위한 근본이 된다고 한다면, 이와 같은 업의 작동과 결생의 의미는 3종 연생문緣生門[127] 중에서는 애愛·비애非愛와 수용受用의 두

125 명료하지 않은 상想 : 이 맥락에서는 특정한 대상에 대한 탐욕은 일어나지 않지만 그것에 대한 잠재적 욕망은 갖고 있는 상태를 뜻할 것이다.

126 이 문장은 『雜集論』 「本事分」(T31, 714c7-11 = ASBh 39,16-18)의 인용이다.

가지 연생의 방식에 해당하고, 3종 훈습薰習[128] 중에서는 오직 유지有支와 아견의 두 훈습의 방식에 해당한다. 이것이 바로 번뇌장의 공능이다.

上來所說發業結生。是說六識所起煩惱。若論[1)]末那相應四惑。一切位中恒有現行。通能作本發業結生。如是發業結生之義。三種緣生門中。在愛非愛及與受用二緣生門。三種薰習之中。唯在有分[2)]及與我見二薰習門。是謂煩惱鄣功能也。

1) ⓔ '論'은 방기에 따르면 '說'이다. 2) ⓔ '有分'은 확정된 용어상 '有支'로 교정하는 것이 나을 듯하다.

---

127 3종 연생문緣生門 : 분별자성연생分別自性緣生·분별애비애연생分別愛非愛緣生·분별수용연생分別受用緣生이다. 그중에서 첫 번째와 두 번째 연생은 MSg I.19에서 분별자성연기分別自性緣起와 분별애비애연기分別愛非愛緣起로 설해진 것이다. 여기서 ① 분별자성연생기는 알라야식이 근거가 되어 제법의 생기가 있는 것으로, 그것이 자성을 구별하는 것이다. (이를 연기라고 부르는 이유는) 여러 사물의 자성의 구별에 관해서 조건이 되기 때문이다. ② 분별애비애연기란 십이지연기로서, 좋거나 좋지 않은 것을 구별하는 것이다. 왜냐하면 그것은 선취나 악취에 대해 애·비애의 다양한 자체 존재의 구별에 조건이 되기 때문이다. MSg I.26은 세 번째 ③ 분별수용연생을 MAV I.9를 인용해서 '향수하는 것'(Ⓢ upabhogika)으로 해석하면서, 이것은 향수하고 구별하고 계산하는 작용을 한다고 설명한다.

128 3종 훈습薰習 : MSg I.58에서 설해진 명언훈습名言薰習·아견훈습我見薰習·유지훈습有支薰習이다. 훈습은 습기(Ⓢ vāsanā) 또는 종자(Ⓢ bīja)라고도 불린다. ① 명언습기란 무시이래 명언에 의하여 알라야식에 훈습된 종자를 말한다. 이것은 다시 의미를 나타내는 음성의 차별로서의 표의명언表義名言과 경계를 요별하는 심·심소법으로서의 현경명언顯境名言의 2종으로 나뉜다. ② 아견습기란 아견에 의하여 훈습되어 유정 등으로 하여금 자타의 차별을 일으키는 종자를 말한다. 여기에도 다시 구생의 아견과 분별에서 일어난 아견의 두 종류가 있다. ③ 유지습기란 십이유지十二有支, 즉 십이지연기로서 설해진 것으로서 이숙과로 선악의 차별을 이루는 업종자를 말한다.

2. 소지장의 발업과 결생의 공능

소지장은 삼계 중에서 업의 작동과 결생의 공능은 갖지 못한다. 왜냐하면 사성제의 인공人空의 이치에 미혹한 것이 아니기 때문이다. 그러나 이(소지장)에도 별도로 두 가지 공능이 있다. 무엇이 두 가지인가? 첫째, (소지장은) 모든 법의 자성과 차별을 구별함에 의해 십팔계를 훈습하여 성립시킨다. 이로 말미암아 모든 법의 자체적 특징(體相)을 구별해 낸다. 이것이 이 (소지장)에 있어 인연의 공능으로서, 3종 연생緣生 중에서는 (분별)자성연생에 해당하고, 3종 훈습 중에서는 언설훈습에 해당한다. 둘째, 이 소지장이 자타自他와 위순違順 등의 상을 구별함에 의해 견見·만慢·탐貪·진瞋 등의 사태를 일으킨다. 이것은 (소지장에 있어) 증상연의 공능이다.

현료문에 의거한 이장의 공능의 해석을 마친다.

所知鄣者。於三界中無有發業結生功能。非迷四諦人空理故。然此別有二種功能。何等爲二。一者分別諸法自性差別故。能薰成十八界。由是辨生諸法體相。此是因緣之功能也。三種緣生中自性緣生。三種薰習中言說薰習。二者此所知障分別自他違順等相。能生見慢貪瞋等事。此是增上緣功能也。依顯了門釋鄣能竟。

제2장 은밀문에 따른 이애二礙의 발업과 결생 작용

은밀문 안의 이애二礙의 작용에도 역시 업의 작동과 결생의 (작용)이 있다.

隱密[1)]門內二碍能者。此中亦有發業結生。

1) ㉮ '密'은 저본에는 '蜜'이지만 『韓國佛敎全書』 편자가 오초 교감본에 따라 교정한 것으로 보인다.

1. 이애에 의한 발업 작용

업의 작동이란 무명주지가 무루업을 작동시켜 삼계 밖의 변역생사를 받는 것이다.[129] 이것이 바로 사제를 행함이 없는(無作) 도리이며, 앞서 말한 현료문은 사제를 행함이 있는(有作) 방식이다. 『승만부인경』은 "또한 사취가 연이 되고 유루업이 인이 되어 삼유에서 재생하는 것처럼, 무명주지가 연이 되고 무루업이 인이 되어 아라한과 벽지불, 대력보살의 3종 의생신[130]을 생기한다."[131]라고 말했다.

129 『成唯識論』(T31, 45a14ff.)은 생사를 분단생사分段生死와 변역생사變易生死로 구분한다. "첫째, 분단생사란 모든 유루의 선·불선의 업이 번뇌장이라는 조건을 보조하는 힘에 의해 산출된 삼계의 거친 이숙과이다. 신체와 목숨의 장단이 인연의 힘에 따라 한정되고 정해져 있기 때문에 분단이라 부른다. 둘째, 부사의한 변역생사란 분별을 수반한 모든 무루의 업이 소지장이라는 조건을 보조하는 힘에 의해 산출된, 특별하고 미세한 이숙과이다. 비심과 원력에 의지해서 신체와 목숨을 한정됨이 없이 전환했기 때문에 변역이라 부르며, 무루의 선정과 서원에 의해 올바로 산출된 것으로 그 작용을 측량할 수 없기 때문에 '부사의不思議'라 부른다. 또는 '의성신意成身'이라고도 부르는데, 마음에 따라 원이 이루어지기 때문이다." 의성신은 이하의 의생신意生身과 같은 의미이다.

130 의생신意生身 : RGV에서 'manomayātmabhāva', 『楞伽經』에서 'manomayakāya'로 제시되어 있다. 그 의미는 '마음으로 이루어진 신체'로서, 초지 이상의 보살이 중생구제를 위하여 마음으로 화생한 몸을 말한다. 『勝鬘經』(T12, 220a16-18)에서 말하는 아라한과 벽지불, 대력보살의 3종 의생신이란 무명의 힘에 의거해 일어난 것으로 명시되고 있다. 이것이 원효가 말하는 의생신의 일반적 의미이며, 삼매에서 생겨난 의미의 의생신에 대해서는 아래 『楞伽經』(T16, 497c19-20)에 대한 각주 참조.

131 이는 『勝鬘經』(T12, 220a16-18)에 해당된다.

言發業者。無明住地發無漏業。能受界外變易生死。此是無作四諦道理。如前所說顯了門者。直是有作四諦門也。如夫人經言。又如四[1]取緣。有漏業因。而生三有。如是無明住地緣。無漏業因。生阿羅漢辟支佛大力菩薩三種意生身故。

1) ㉾ '四'는『勝鬘經』에 따르면 없다.

총체적으로 말하면 그렇지만, 이에 대해서 구별한다면 (다음과 같다). 그중에서 일으킨 무루업은 방편도 중의 도분道分(Ⓢ mārga-bhāganīya)의 선근으로서,[132] 3종의 루漏[133]에 의해 작동되거나 증장되지 않기에 삼유를 받지 않는다. 따라서 '무루'라고 한다. 집제에 유루의 집제와 무루의 집제의 2종이 있다고 알아야 한다. 그리고 (집제에 의해) 생겨난 고제에도 유위의 고제와 무위의 고제의 2종이 있다.『보성론』에서 (다음과 같이) 말했다. "무엇을 세간이라고 하는가? 삼계에 속하는 것으로서, 거울의 영상(鏡像)과

132 3종 의생신을 도제와 관련시키는 원효의 설명은『楞伽經』「無常品」(LAS 136,7–137,10)에 의거한 것으로 보인다. 여기서 3종은 다음과 같이 삼매와 관련되어 있다. "(i) 삼매의 안락에 들어간 의생신, (ii) 법의 자성을 요해하는 의생신, (iii) 무리 중에서 구생의 업을 행하는 의생신이다. (i)은 제3~5지에서 자신의 마음이 여러 원리(에서 생겨난 낙)에 주함에 의해 심의 바다에서 일어나는 파도인 식의 모습의 낙樂에 들어가는 마음이 일어나지 않고, 마음이 자신의 마음에 드러나는 대상 영역의 존재와 비존재를 변지하기 때문에 의생신이라 한다. (ii)는 제8지에서 환幻 등의 법의 비현현을 고찰하여 깨달음에 의해 심의 의지처를 전환한 자가 여환삼매如幻三昧를 획득하고 또 다른 삼매들을 획득함에 의해, 여러 모습과 자재함과 신통에 의해 장식되고, 마음의 신속함과 유사하고, 환幻·몽夢·영상影像처럼 4대 소조색은 아니지만 4대와 4대 소조색과 비슷한, 모든 형태와 다양한 신체의 부분을 갖고, 모든 불국토의 모임에 가는 신체를 의생신이라 한다. 왜냐하면 그것은 법의 자상을 이해한 것이기 때문이다. (iii)은 모든 붓다의 속성의 증득을 통해 낙의 특징을 깨달았기 때문에 무리 중에서 구생의 업을 행하는 의생신이라 한다." 반면 원효는 도제에 포함되는 의생신과는 달리 무명의 힘에 의거해 이숙식이 일어나는 맥락에서 고제에 포함된 의생신을 구분한다. 그에 따른 설명은 뒤따르는 문장에서『寶性論』과『勝鬘經』의 설명으로 구별하고 있다. 원효의 이러한 구분은 응연凝然의『勝鬘經疏詳玄記』(『大日本佛敎全書』4, 192上14–下1)에서 인용되어 전한다. 이에 대해서는 김홍미(2016: 39–40) 참조.

133 3종의 루漏 : 욕루欲漏, 유루有漏, 무명루無明漏이다.

유사한 성질을 가진 것이다. 이것은 어떤 의미를 제시한 것인가? 무루계 중에 3종 의생신이 있다는 (의미)에 의거한 것이다. 저 (의생신)은 무루의 선근에 의해 형성된 것이므로 세간이라고 부르고, 유루의 모든 업과 번뇌에 의해 형성된 법을 떠났기 때문에 열반이라고 부른다고 알아야 한다. 이 의미에 의거하기 때문에 『승만경』에서 '유위의 세간도 있고 무위의 세간도 있으며, 유위의 열반도 있고 무위의 열반도 있다.'고 설했다."[134]

總說雖然。於中分別者。此中所發無漏業者。方便道中道分善根。不爲三漏所發所潤。不愛[1)]三有。故名無漏。當知集諦有其二種。謂有漏集諦。無漏集諦。所生苦諦。亦有二種。謂有爲苦諦。無爲苦諦。如寶[2)]性論云。何名爲世間。以三界相似鏡像法故。此明何義。依無漏界中有三種意生身。應知彼因無漏善根所作。名爲世間。以離有漏諸業煩惱所作法故。亦名涅槃。依此義故。勝鬘經言。有有爲世間。有無爲世間。有有爲涅槃。有無爲涅槃故。

1) ㉰ '愛'는 오초 교감본에 따라 '受'로 교정하는 것이 타당하다. 2) ㉰ '寶'는 저본에는 '實'이지만『韓國佛敎全書』편자가 방기에 따라 교정한 것으로 보인다.

업의 작동에도 2종이 있다. 첫째는 무명주지가 인업을 작동시키는 것이고, 둘째는 애愛·취取의 습기가 생업을 작동시키는 것이다.

能發業中亦有二種。一無明住地能發引業。二愛取習氣能發生業。

1) 무명주지에 의한 인업의 작동

무명주지가 생사의 인업을 작동시킨다는 것은 이 무명으로 인해 스스

134 이 문장은『寶性論』(T31, 834b24-c1 = RGV 50,8-11)의 온전한 인용이다.『勝鬘經』의 인용 개소는 T12, 221b에 해당된다.

로의 마음의 본성이 본래부터 산동을 일으킴이 없기 때문에 끝내 변이함이 없다는 것에 미혹해 있는 것이다. 이 (무명의) 힘에 의해 의생신의 변역생사를 일으키거나 없애는 작용을 일으키는 것이다. 보살은 견도에서 능能·소所를 영원히 떠나 (마음이) 본래부터 산동하지 않음을 부분적으로 통달한다. 그렇기 때문에 비록 무명은 있더라도 재생을 산출시키는 업을 성취하지는 않는다. 이 (무명주지의) 힘에 의해 그는 후에 일으키는 방편도 등에서도 총보로서의 인업을 성취하지 않을 것이다. 예를 들면 이승이 견도 이후에도 비록 구생의 아견에서 (생겨난) 무명을 갖고 있지만, 총보로서의 업을 획득하지 않는 것과 같이, 여기서의 이치도 마찬가지라고 알아야 한다.

無明住地所以能發引生死業者。由此無明迷自心性本無起動終無變異。緣此勢力堪能發起滅意生身變易生死業。菩薩見道。永離能所。隨分通達本無起動。是故雖有無明。而不成感生之業。由此勢力。其後所起方便道等。亦應不成引總報之業。例如二乘見道已後。雖有俱生我見無明。而不得成總報之業。當知此中道理亦爾。

인집의 습기와 법집의 분별이 이 무루업을 일으킬 수 없는 이유는, 삼승[135]의 경우라면 이러한 뜻이 없는 것이 아니라, 다만 그들이 보살의 방

135 오초 에니치는 '삼승三乘'은 '이승二乘'의 오류가 아닌지 의문을 제기한다. 그의 의문은 아마도 아래 '보살'의 경우가 독립된 경우로 제시되었기 때문일 것이다. 하지만 여기서 "삼승의 경우라면~대치하기 위하여 무루업을 닦으니(若於三乘~修無漏業)"가 전체적으로 일종의 한정구로서 삽입되어 있다고 보인다. 왜냐하면 이 문장은 바로 앞의 문장이 제기하는 "인집의 습기와 법집의 분별이 이 무루업을 일으킬 수 없는 이유"에 대해 답하는 것이 아니라 오히려 삼승에게는, 특히 보살에게는 그러한 무루업을 수습하는 방편도가 있음을 말하기 때문이다. 이 의문에 대한 직접적 답은 "障治相違故不能發"이라고 보인다. 따라서 여기서 '삼승三乘'이라고 읽더라도 특별히 문제 될 것이 없다고 보이기 때문에 원본에 따라 번역했다.

편도 중에서 저 (인집·법집)을 대치하기 위하여 무루업을 닦으니 장애와 대치는 서로 모순되기 때문에 (인집·법집이 무루업을) 일으킬 수 없는 것이다. 예를 들면 욕계에 속한 자가 인아집 등 때문에 끝내 부동업을 일으키지 못하는 것과 같다. 왜냐하면 그에게는 장애와 대치가 서로 모순되기 때문이다. 이것도 마찬가지다. 그런데 (은밀문의) 무명주지는 무루업에 의하여 조복되거나 제거될 수 없기 때문에 (무루업을) 일으킬 수 있는 것이다. 이와 같이 무명은 두루 삼승에게 무루의 인업을 작동시킬 수 있기 때문에 오직 이를 업의 작동이라고 설한 것이다.

所以人執習氣法執分別不能發此無漏業者。若於三乘不無此義。但其菩薩方便道中。爲對治彼修無漏業。鄣治相違故不能發。例如欲界我執等。終不能發彼不動業。鄣治相違故。此亦如是。故無明住地非無漏業所能伏滅。是故能發。如是無明發三乘無漏引業故。唯說此爲發業也。

2) 애·취의 습기에 의한 생업의 작동

생업을 일으킬 때에는 오직 능취能取[136]의 종자를 윤택하게 작용시켜서 (결과를) 부여하는 작용(能與)을 성취할 뿐이지, 무루업을 현재 작동시키는 것은 아니다. 이러한 의미로 인해 애·취의 습기와 망상분별이 생업을 일으킬 수 있는 것이다. 이것은『지도론』에서 "아비발치[137] 보살이 습기의 힘 때문에 법성에서 생겨난 신체(法性生身)[138]를 받는다."[139]라고 한 것과 같

136 능취能取 : 대상을 파악하는 측면으로서 식의 작용을 말한다.

137 아비발치阿毗跋致 : 'Ⓢ avinivartanīya'의 음사어로서, 불퇴不退나 불퇴전不退轉을 의미한다. 불퇴란 한번 도달한 수행의 단계로부터 물러서지 않는 것을 말한다. 대승에서는 초지初地나 8지를 획득한 보살은 그 상태로부터 추락하지 않는다고 한다.

138 법성에서 생겨난 신체(法性生身) : CBETA 검색에 따르면 법성생신法性生身은 집중적으로『大智度論』에서 언급되는 용어이다. 여기서 법신과 법성생신은 붓다와 보살

이, 이것은 생업을 일으키는 뜻을 나타낸 것이다. 『보성론』에서 "연상緣相[140] 이란 무명주지로서, 제행의 조건이 되는 것이다. 마치 무명을 조건으로 하는 행처럼 이것도 마찬가지이기 때문이다."[141]라고 설하는 것은 인업을 일으키는 의미를 밝힌 것이다. 또한 같은 논서에서 "저 무명주지를 조건으로 해서 미세한 대상적 특징의 희론의 습기가 있으며,……무루업을 원인으로 해서 마음에서 생겨난 온들이 생겨난다."[142]라고 하였으니, 이 글은 (십이지연기의) 두 지支의 작용을 함께 나타낸 것이다.

發生業時唯能閏發能取種子令成能與。非發現起無漏之業。由是義故。愛[1)] 取習氣妄想分別能發生業。如智度論說。阿毗跋致菩薩習氣力故受法性生身。是顯發生業義。寶性論云。緣相者謂無明住地。與行作緣。如無明緣行。此亦如是故。此明發引業義。又彼論云。緣[2)]彼無明住地緣。緣[3)]細想戲論習。因無漏業。生於意□。[4)] 是文俱顯二種支業。

1) ⑭ '愛'는 저본에는 '受'이지만 『韓國佛敎全書』 편자가 오초 교감본에 따라 교정한 것으로 보인다. 2) ⑭ '緣'은 오초 교감본에서 『寶性論』에 따라 '依'로 교정하였다. 하

의 경우로 구분되고 있다. 길장의 『淨名玄論』(T38, 873c5ff.)에 따르면, 법성생신은 "법성으로부터 생겨난 것이지만 법성을 신체로 하지 않는 것"이기 때문이다. 그리고 육신을 분단생사에, 법성생신을 변역생사에 배대하고 있다.

139 이 인용은 『大智度論』(T25, 261c22-24)을 축약, 인용한 것이다. "無生忍法。卽是阿鞞跋致地." 또한 T25, 261c, "菩薩得無生法忍。煩惱已盡。習氣未除故。因習氣受。及法性生身。能自在化生."

140 연상緣相 : 『寶性論』에 따르면, 성문과 벽지불, 자재력을 획득한 보살(大力菩薩)은 비록 무루계無漏界에 주하고 있지만, 그들에게는 여래법신의 공덕을 완전히 증득하는데 장애가 되는 연상·인상因相·생상生相·괴상壞相의 네 가지 상(Ⓢ lakṣaṇa)이 있다. 연상은 바로 무명주지로서, 이 무명주지가 바로 제행의 조건이 되는 것이다.

141 RGV 32,17 : tatra pratyaya-lakṣaṇam avidyā-vāsa-bhūmir avidyeva saṃskārāṇām/; 『寶性論』(T31, 830b3-5), "緣相者。謂無明住地。卽此無明住地與行作緣。如無明緣行。無明住地緣。亦如是故."

142 이 문장은 『寶性論』(T31, 830b15-18 = RGV 33,6-9)의 축약, 인용이다. "又卽依彼無明住地緣。以細相戲論習。未得永滅。是故未得究竟無爲我波羅蜜。又卽緣彼無明住地。有細相戲論集。因無漏業。生於意陰。未得永滅."

지만 『寶性論』에 비슷한 문장이 연달아 제시되고 있어 어느 문장을 인용했는지 불확실하다. 앞뒤 문장은 각기 '依'와 '緣'이다. 3) ㉮ '緣'은 『寶性論』에 따르면 '有'이다. 4) ㉮ □는 『韓國佛敎全書』의 주석에서 이 글자와 방기의 한 글자가 확실하지 않다고 하였다. 저본에서는 '法'으로 읽지만 방기는 '陰'으로 교정하고 있다.

2. 이애의 결생 작용

다음은 결생, 상속하는 힘을 해명한 것이다. 아라한과 독각이 그들의 재생을 받을 때에 아애의 습기로 인해 거기서 결생하고 생업을 일으키는데, 이것이 번뇌애의 공능이다. 이 (번뇌애) 등은 모두 6종 염심 속에 있기 때문이다. 인업을 일으키는 것은 지애智礙의 힘에 따른 무명주지 때문이지 6종 염심 때문은 아니다. 또한 이 지애에는 별도로 두 가지 수승한 공능이 있다. 첫째, 이 무명이 진여를 움직여 생사에 유전하게 한다. 『(부증불감)경』에서 "바로 이 법계를 중생이라고 한다."[143]라고 하고, 『(기신)론』에서 "자성이 청정한 마음이 무명의 바람으로 인해 움직인다."[144]라고 말한 바와 같다. 둘째, 이 무명이 진여를 일체의 식 등의 법으로 변화시켜 생겨나도록 훈습하는 것이다. 『(입능가)경』에서 "불가사의한 훈습과 불가사의한 변화는 현식(Ⓢ khyātivijñāna)의 원인이다."[145]라고 말하고, 『(기신)론』에서 "진여의 정법은 진실로 염오된 것에는 존재하지 않지만, 다만 무명에 의해 훈습되기 때문에 염오된 상을 갖는다."[146]라

143 『不增不減經』(T16, 467c11-12), "不可思議。淸淨法界。說名衆生。" 은정희는 원효가 『不增不減經』에 이어 『起信論』을 인용한 것은 그의 다른 저작인 『大乘起信論別記』에도 동일하게 보인다고 지적하면서, 위에서 인용된 내용은 『不增不減經』(T16, 467b6-8)의 "卽此法身。過於恒沙無邊煩惱所纏。從無始世來。隨順世間。波浪漂流。往來生死。名爲衆生。"에 보다 가깝다고 평가한다.

144 『大乘起信論』(T32, 576c13-14), "如是衆生自性淸淨心。因無明風動。"

145 LAS 37,18-19 : tatra khyātivijñānaṃ mahāmate 'cintyavāsanāpariṇāmahetukam. 『楞伽經』(T16, 483a19-20), "不思議薰。及不思議變。是現識因。"

고 설한 것과 같다.

次明結生相續力者。羅漢獨覺受彼生時。我愛習氣此中結生及發生業。是煩惱碍功能。此等皆在六染中故。發引業者。是智碍力無明住地。非六染故。又此智碍。別有二種殊勝功能。一此無明動眞[1)]如。流轉生死。如經言。卽此法界說名衆生。論云。自性淸淨心。因無明風動故。二此無明能薰眞如。變生一切諸識等法。如經言。不思議薰不思議變。是現識因。論云。眞如淨法實無於染。但以無明而薰習故。卽有染相故。

1) ㉮ '眞'은 저본에는 '其'이지만 『韓國佛敎全書』 편자가 오초 교감본에 따라 교정한 것으로 보인다.

이와 같이 (지애에는) 두 가지 힘이 있기 때문에 2종 생사의 의지처가 될 수 있다. 『(승만)경』에서 "이 3지에서 저 3종 의생신이 생겨나는 것과 또 무루업을 산출하는 것은 무명주지에 의거하기에, (무명주지에) 조건(緣)이 있는 것이지 조건이 없는 것이 아니다."[147]라고 설했다. (이와 같이) 무명은 그 힘이 뛰어나다고 알아야만 한다. 이것은 게송에서 다음과 같이 말한 것과 같다. "일체의 모든 법 가운데 반야가 가장 최고이니, 행하는 바가 없는 데 이르렀으면서도 행하지 않음이 없기 때문이다. 일체의 생사 가운데 무명의 힘이 가장 크니, 일법계를 움직여 삼계의 생사를 두루 일으키기 때문이다."[148]

146 『大乘起信論』(T32, 578a19−20), "眞如淨法。實無於染。但以無明而薰習故。則有染相。"
147 이는 『勝鬘經』(T12, 220a18−19)에 해당된다. 하지만 티베트 역은 이를 다르게 이해하지만 의미가 분명하지 않다. Tib. (P No.760, 271a5−6) : sa gsum po 'di dag du yid kyi lus gsum po 'di dag 'byung ba dang/ zag pa ma mchis pa'i las mngon par bgrub pa'i rten lags so// bcom ldan 'das rkyen ma mchis na rkyen 'byung ste/("이들 세 지에서 이들 세 의생신이 생겨나는 것과 무루업을 산출하는 원인이 있다. 세존이시여! 조건이 없다면, 조건이 생겨난다.")
148 이 인용구에 대응하는 첫 번째 게송은 검색되지 않는다. 다만 여기서 첫 번째 게송

由有如是二種力故。能作二種生死依止。如經言。此三地。彼三種意生身生及無漏業生。皆依無明住地。有緣非無緣故。當知無明其力殊勝。如偈中說。一切說[1]諸法中槃[2]若寂爲勝。能至無所爲而無所不爲。[3] 而無不爲故。一切生死中無明力最大。能動一法界遍生三生[4]死故。

1) 역 '說'은 오초 교감본에 따라 생략하는 것이 타당할 듯하다. 2) 역 '槃'은 '般'의 오기인 듯하다. 3) 역 저본에는 '而無不爲'지만『韓國佛教全書』편자가 오초 교감본에 따라 '所'를 더해 '而無所不爲'로 교정한 것으로 보인다. 하지만 이 구절은 게송의 제4구를 이루는 것이기에 뒤의 구절과 겹치며, 따라서 이 다섯 글자는 생략해도 무방할 듯하다. 4) 역 '三生'은 저본에는 없지만『韓國佛教全書』편자가 방기에 따라 보충한 것으로 보인다.

이상의 두 문에서 이장의 공능의 설명을 끝냈다.

上來二門。明障能竟。

이 5구로 제시되고 있기 때문에 원문의 마지막 두 구절인 "而無不爲。而無不爲故。"에서 앞의 한 구절은 중복이라고 보인다. 따라서 본고에서는 한 구절을 빼고 번역했다. 반면 두 번째 게송과 유사한 내용은『勝鬘經』(T12, 220a9-15)에 나온다. "無明住地。其力最大。…如是無明住地力。於有愛數四住地。其力最勝。…無明住地。最爲大力。"

제4편 법문들의 상호 포섭 관계

다음은 네 번째 여러 법문의 상호 포섭 (관계)를 밝힌 것이다. 모든 혹의 구별에는 여러 방식이 있지만, 이제 그 요체를 뽑는다면, 요약해서 여섯 문에 포섭된다. 첫째는 128종 번뇌煩惱이고, 둘째는 104혹惑이며, 셋째는 98사使이고, 넷째는 8종 망상妄想이며, 다섯째는 3종 번뇌이고, 여섯째는 2종 번뇌이다.

次第四明諸門相攝者。諸惑差別乃有多種。今撮其要略攝六門。一一百二十八種煩惱。二百四惑。三九十八使。四八種妄想。五三種煩惱。六二種煩惱。

제1장 128종 번뇌설

처음에 128종 번뇌라고 한 것은 사제에 미혹한 분별에서 일어난 것[149]

149 유부가 98종 번뇌설을 정설로 하는 반면, 유식학파는 128종 번뇌설을 정설로 한다. 유식의 번뇌설을 분별에서 일어난 것으로 간주하는 원효의 해석은 창견이다. 유부의 98종 번뇌설과 유식의 128종 번뇌설에 대해서는 각기 櫻部健(1955) 및 안성두(2003) 참조.

으로서, 삼계를 통틀어 128종이 있다.[150]『유가사지론』「본지분」에서 (다음과 같이) 설한다. "모든 10종 번뇌는 욕계에서 고제와 집제에 대해서, 또 그 (번뇌들)이 욕계에서 증상增上한 멸제와 도제에 대해 미혹된 집착이 있다. 또한 색계의 고제와 집제에 대해서, 또 그 (번뇌들)이 (색계에서) 증상한 멸제와 도제에 대해 진을 제외한 나머지 번뇌가 있다. 색계에서처럼 무색계에서도 마찬가지다. 욕계에서 대치와 관련된 수습(Ⓢ bhāvanā)에서 6종의 미혹된 집착이 있다. 즉 사견과 견취, 계금취와 의疑는 제외한다. 색계와 무색계에서 (대치와 관련된 수습에서) 5종의 미혹된 집착이 있다. 즉, 위의 6종에서 각각 진瞋을 제외하기 때문이다."[151] 이 10종 번뇌가 사제라는 인식대상에 대하여 왜 각기 미혹된 집착을 일으키는가 하는 것은, 그 (번뇌)의 근본에 따라서 네 가지[152] 구별이 있기 때문이다.

初言一百二十八煩惱者。謂迷四諦分別起。通取三界。有百二十八種。如瑜伽論本地分說。於欲界苦集諦及彼欲界增上滅道諦。具有十種煩惱迷執。於色界苦集諦及彼增上滅道諦。除瞋有餘。如於色界無色界亦爾。於欲界對治修中。有六迷執。除邪見見取戒禁取疑。色無色界有五迷執。於上六中各除瞋故。此十煩惱。於四諦境云何各[1)]別起迷執者。隨其根本有四別故。

1) ㉮ '各'은 오초 교감본에 따르면 '分'이고 은정희도 이에 따르지만, '各'이 타당할 듯하다.

그 의미는 무엇인가? 이 10종 번뇌에는 총괄하면 세 가지 구분이 있다.

150 128종 번뇌설은 아래 원효가 인용하고 있듯이『瑜伽師地論』「本地分」에서 처음으로 설해졌고, 그 후에『集論』(T31, 678c9-14)과『顯揚聖教論』(T31, 485c13-15)에서 받아들여진 설명으로서 유가행파의 정통설이다.

151 원효의 설명은『瑜伽師地論』「本地分」(T30, 313b21-25 = YBh 162,1-8)의 설명을 요약한 것이다.

152 네 가지 : 사성제를 가리킨다. 아래에서 말하듯이 고제에 대해 미혹하기 때문에 일어난 번뇌는 고제를 봄에 의해 제거되기 때문에 사성제에 따라 4종으로 구분한 것이다.

즉 전도의 근본과 전도 자체 및 전도의 등류이다. 전도의 근본이란 무명이며, 전도 자체란 살가야견과 변집견의 일부, 견취와 계금취 및 탐이며, 전도의 등류란 앞의 것을 제외한 나머지 (번뇌)이다.[153]

전도의 근본인 무명에는 상응相應[154]과 독행獨行의 2종이 있다. 독행무명이란 탐욕 등의 모든 번뇌의 전纏은 없더라도, 다만 고 등의 모든 사제의 대상에 대해서 이치에 맞지 않는 작의의 힘 때문에 여실하게 간택하지 못하고 심을 은폐하고 어둡게 만들기 때문에 이와 같은 것을 독행무명이라고 한다.[155] 그중에 만일 올바르지 않은 작의로 인해 고제를 추구하지만 여실하게 알지 못하여 은폐하고 어둡게 하면서, 이 무명에 의지하여 '과보를 받는 자(受者)' 등이라고 계탁한다. 이 아견에 따라서 나머지 혹을 모두 일으키기에, 이와 같은 10종 (번뇌)는 모두 고제에 미혹된 것이다. 만일 (바르지 않은 작의를 갖고) 집제를 추구하여 여실히 알지 못하고, 이에 근거해서 작용의 주체(作者) 등이라고 계탁한다면, 이와 같은 10종은 모두 집제에 미혹된 것이다. 이들 두 가지는 직접적으로 원인과 그 근거에 대해 미혹한 것이기 때문에 그에게 멸과 도에 대한 두려움은 일어나지 않는다.

是義云何。此十煩惱惣有三分。謂倒本倒體及倒等流。倒根本者所謂無明。倒體者謂薩迦耶見邊見一分見取或1)取及貪。言倒等流者除前之餘。倒本無明亦有二種。謂相應及獨行。獨行無明者。謂無貪等諸煩惱纏。但於苦等

---

153 이 설명도 『瑜伽師地論』「本地分」(T30, 313b12–16 = YBh 166,16–18)에 의거해서 10종 번뇌를 전도 개념에 따라 구분한 것이다.

154 상응相應(相應無明): 여기서는 설명되고 있지 않지만, 아래 각주의 VinSg의 설명에 "우치가 없는 자에게는 어떤 번뇌도 생겨나지 않기 때문에 어떤 이에게 탐욕 등 다른 번뇌들이 있을 때 그에게 무명도 있기 때문에 이를 상응하는 번뇌라고 한다."라고 하였다.

155 독행무명에 대한 설명은 『瑜伽師地論』「攝決擇分」[T30, 622a10–16 = VinSg(D) 110a3–6]을 요약한 것이다.

諸諦境中。由不如理作意力故。諸不如實簡擇覆障闇昧心法。如是名爲獨行無明。中[2]若由不正作意。推求苦諦不如實知覆障闇昧。依無明計受者等。隨是我見具起餘惑。如是十種皆迷苦諦。若推求集諦不如實知。依此爲本計作者等。如是十種皆迷集諦。此二直迷因緣依處故。非生彼滅道畏。

1) ㊀ '或'은 오초 교감본에 따라 '戒'로 교정하는 것이 타당할 듯하다. 2) ㊀ '中'은 오초 교감본의 제안에 따라 '於中'으로 읽는 것이 타당할 듯하다.

또한 만일 이치에 맞지 않는 작의를 통해 멸제를 추구하지만 여실히 알지 못하고, 이 무명에 의거하여 청정한 자아라고 계탁하고 이것을 위시한 나머지 혹을 모두 일으킨다면, 이와 같은 10종 (번뇌)는 모두 멸제에 미혹된 것이다. 그리고 이치에 맞지 않는 작의를 갖고 도제를 추구하여 여실히 알지 못하고, 이것에 의거하여 "나는 지혜로운 자이며, (진리를) 본 자이다."라고 계탁한다면, 이러한 10종은 도제에 미혹된 것이다. 무명에 의하여 일어난 이들 두 가지 번뇌는 도리어 멸과 도에 대해 두려운 생각을 일으킨다. 만일 근본적으로 사제의 이치를 탐구하지 못하고 바로 오온을 인식대상으로 해서 자아 등이라고 계탁한다면, 이러한 일체는 모두 고제에 미혹된 것이다. 이러한 의미로 인해 10종 번뇌는 각각 사제에 대해 미혹된 것이다.

又若由不如理作意。推求滅諦不如實知。依此無明計淸淨我。以此爲先具起餘惑。如是十種悉迷滅諦。推求諦[1]不如實。[2] 依此卽計知者見者。此等十種是迷道諦。此二無明所起煩惱。還於滅道。生怖畏想。如其本不推求諦理。直緣五蘊而計我等。如是一切皆迷苦諦。由是義故於四諦下各有十種煩惱迷執。

1) ㊁ '諦' 앞에 '道'가 탈락된 듯하다. ㊀ 오초 교감본 역시 '道'를 보충해 읽었고, 문맥에서 볼 때 '道諦'가 타당할 것이다. 2) ㊀ '實' 뒤에 저본에는 없지만 오초 교감본 및 맥락에 따라 '知'를 보충하는 것이 타당할 듯하다.

『유가사지론』은 (다음과 같이) 설한다. “바로 이러한 일체의 고와 집에 미혹된 (번뇌)는 그것이 그들 (번뇌)의 원인이고 그것들을 근거로 갖기 때문에 미혹된 것이다. 또한 이러한 일체의 멸과 도에 미혹된 (번뇌)는 그것들이 이 (멸과 도)에 대해 공포를 일으키기 때문에 미혹된 것이다.”[156] 또한 『대법론』은 설한다. “또한 모든 10종 번뇌는 고와 집에 미혹하여 모든 잘못된 이해(邪行)를 일으킨다. 이들 (10종 번뇌)가 저 (고와 집)의 원인이고 그것들을 근거로 하기 때문이다. 그 이유는 무엇인가? 모든 10종 번뇌는 고제와 집제 양자의 원인이며, 또 그것을 근거로 하기 때문이다. 따라서 일체 번뇌는 그것들의 원인과 근거에 미혹하기 때문에 모든 사행을 일으키는 것이다. 또한 모든 10종 번뇌는 멸과 도에 미혹하기 때문에 사행을 일으킨다. 왜냐하면 그들 (번뇌) 때문에 저 (멸과 도)에 대해 공포를 일으키기 때문이다. 그 이유는 무엇인가? 번뇌의 힘 때문에 생사에 대해 기뻐하는 자는 청정한 법에 대해 추락한다는 생각으로 인해 두려워하기 때문이다. 반면에 비불교도들은 멸제와 도제에 대하여 여러 가지 전도된 분별을 일으키기 때문이다. 이 때문에 모든 10종 혹이 멸제와 도제에 미혹하여 모든 사행을 일으킨다.”[157] 만일 이 (고제 등)에 미혹하여 사행이 일어났다면, 바로 그 (고제 등)을 봄에 의하여 그것은 끊어지게 된다.

如瑜伽說。卽此一切迷苦集者。是迷彼因緣所依處行。卽此一切迷滅道者。是迷彼怖畏生行。對法論云。又十煩惱皆迷苦集起諸邪行。是彼因緣所依處故。所以者何。苦集二諦。皆是十種煩惱因緣及所依處。是故一切迷此因緣依處。起諸邪行。又十煩惱皆迷滅道起諸邪行。由此能生彼怖畏故。所以者何。由煩惱力樂着生死。於淸淨法起懸岸[1)]想生大怖畏。又諸外道。於滅

156 이 문장은 『瑜伽師地論』「攝決擇分」[T30, 627c5-7 = VinSg(D) 125a1-2]에 해당된다.
157 이 문장은 『雜集論』(T31, 726a1-8 = ASBh 60,15-20)에 해당된다.

道諦。妄起種種顚倒分別。是故十惑皆迷滅道起諸邪行。若迷此起邪行。卽見此所斷故。

1) ㉠ '岸'은 『雜集論』에 따라 '崖'로 교정하는 것이 타당할 듯하다.

또 만일 이치에 맞지 않는 작의에 의해 진여와 불성 등의 진리(理)를 추구하여 여실하게 알지 못한다면 곧 대승을 비방하게 된다. 이와 같은 사견은 분별에 의해 일어나는 것으로서 즉각적인 고를 받지만, 바로 안립된 사제[158]에 미혹된 것은 아니기에 이승이 악취에 떨어지는 원인을 끊지 못했다고는 말할 수 없다. 왜냐하면 (이승은 악취에 떨어질 원인을) 남김없이 끊었기 때문이다. 이 사견을 끊을 수 있는 까닭은, 이승이 사제를 현관現觀(Ⓢ abhisamaya)하는 무루의 지[159]를 통해 역시 비안립제라는 대상을 관

158 안립된 사제 : 안립제(Ⓢ vyavasthāpita-satya)는 언설과 범주에 의해 확립된 진리로서 사성제를 가리킨다. 반면 비안립제(Ⓢ avyavasthāpita-satya)란 언설에 의해 파악되지 않는 진리로서 진여를 가리킨다. 『瑜伽師地論』(T30, 653c26-654a6)은 안립제를 ① 세간세속世間世俗, ② 도리세속道理世俗, ③ 증득세속證得世俗의 3종으로 구분하기도 하고, 이어 ④ 승의세속勝義世俗을 더해 4종으로 나누기도 한다. ①은 집이나 병, 군대나 숲 또는 자아와 유정 등으로 개념적으로 확립하는 것이다. ②는 온처계 등에 따라 개념적으로 확립하는 것이다. ③은 예류과 등으로 증득한 상태를 개념적으로 확립하는 것이다. ④는 승의제인 한에 있어 개념적으로 확립할 수는 없지만, 이에 상응하는 인식을 일으킨다는 점에서 승의세속으로 개념적으로 확립한 것이다. 반면 비안립제란 불가언설로서의 제법의 진여를 가리킨다.

159 현관現觀(Ⓢ abhisamaya)하는 무루의 지 : 유루와 무루의 지혜로 사성제 등의 대상을 직접적으로 보는 것으로, 『瑜伽師地論』(T30, 605c8-606b3)은 이를 6종으로 분류하여 상세히 설명하고 있다. 위 문장에서 무루의 현관지는 네 번째 현관지제현관에 해당할 것이다. 이하는 이를 번역한 것이다. ① 사현관思現觀은 사성제에 대한 확정적인 사유이다. ② 신현관信現觀은 삼보의 의미에 대해 확정했기 때문에 삼보에 대해 이해한 후에 3종의 맑은 믿음과 청문에서 생겨난 반야를 확정하는 것이다. ③ 계현관戒現觀은 악취로 이끄는 업을 행하지 않고 확정적으로 율의를 얻었기 때문에 성자들이 기뻐하는 계이다. ④ 현관지제현관現觀智諦現觀은 이전에 가행도에서 자량을 모았을 때 마음이 (그것에 대해) 잘 연마한 마음을 가진 자가 구경에 이른 세간적인 순결택분의 선근 직후에 내적으로 중생의 표식을 제거하는 법을 대상으로 하고, 또 견소단의 번뇌품과 상응하는 거친 추중을 여읜 첫 번째 심이 생겨나며, 그 후에 바로 그

찰하기 때문이다.[160] 그러므로 이 사견은 사제에 대한 미혹에 들어가 그에 포섭된다. 왜냐하면 사제의 방식에 따른 공·무아의 이치는 불성과 둘로 구별됨이 없기 때문이며, 또 반드시 아견으로 인해 대승을 비방하기 때문이다.

又若由不如理作意。推求眞如佛性等理。不如實知卽謗大乘。如是邪見是

자체에 대해 법의 표식을 제거하는 법을 대상으로 하고 또 견소단의 번뇌품과 상응하는 중간 정도의 추중을 여읜 두 번째 심이 생겨나며, 그 후에 일체 중생과 일체법의 표식을 제거하는 법을 대상으로 하고, 또 견소단의 번뇌품과 상응하는 일체의 추중을 여읜 세 번째 심이 생겨나는 것이다. 그것을 쌍운전도雙運轉道라고도 부르는데, 그와 같이 생겨난 이들 셋은 비파샤나의 심이지만, 셋은 또한 샤마타의 심이기도 하다. 왜냐하면 쌍으로 생겨나기 때문에 오직 세 개라고 확립한 것이다. 한 찰나에 샤마타와 비파샤나 양자를 지각하기 때문이다. 이들 심은 비안립제를 대상으로 한다고 알아야 한다. 처음 양자는 법지法智와 상응하지만 마지막 세 번째는 유지類智와 상응한다고 알아야 한다. 이들 심의 힘에 의해 그 후 양자를 현관하는 두 번째 (상태)에서 고 등의 안립제에 대해 청정하고 장애가 없는 고 등의 지智가 생겨나기 때문에 그것도 고집멸도의 지라는 것이 성립한다고 알아야 한다. 그와 같이 샤마타품과 비파샤나품과 상응하는 세 가지 심에 의해 견소단의 번뇌들의 적멸을 현증하고, 모든 번뇌와 온들을 적정하게 하는 출세간의 도를 획득하는 것이 현관하는 지에 의한 사성제의 현관이라 한다. ⑤ 현관변지제현관現觀邊智諦現觀에서 현관변現觀邊이란 현관 이후에 증득된 지智, 그것이 현관의 끝에서 생겨난 지이다. 그 지도 세 번째 심의 후에 견도로부터 깨어난 자에 의해 현전된 후에, 이전에 세간지에 의해 분석된 후에 안립제들에 대해 법류지(Ⓢ dharmānvaya-jñāna)와 비슷한 세속지가 세간적이면서 출세간적이거나 또는 출세간 이후에 생겨난 지혜로서 사성제 각각에 대해 순서대로 받아들이는 지와 현관을 결정하는 두 가지 지가 두 방식으로 생겨난다. 그와 같이 이전의 현관으로부터 깨어난 자에게 상지와 하지의 진리들에 대한 두 종류의 지가 두 방식으로 생겨나는 것이 현관의 끝에서 생겨난 지에 의한 사성제의 현관이라고 한다. ⑥ 구경현관究竟現觀이란 수소단의 (번뇌)를 제거한 자에게, 한결같이 출세간인 것이든 아니면 세간적이면서 출세간적인 것이든, 번뇌가 소멸되었다는 인식(盡智)과 다시 생겨나지 않는다는 인식(無生智)에 의해 현세에서 일체 번뇌를 확실히 끊었기 때문에 구경의 현관이라고 한다.

160 이 문장의 번역에서 구문적으로 주어는 이승이 될 수밖에 없을 것이다. 그럴 경우 이승도 비안립제인 진여를 대상으로 해서 관찰할 수 있음을 인정해야 할 것이다. 그 경우 이승에게 진여에 대한 부분적인 통찰이 가능하다는 의미에서 이 문장의 취지를 이해해야 할 것이다. 부분적인 통찰이란 예를 들어 7종 진여 중에서 사성제에 대응하는 마지막 후반 네 가지 진여를 가리킨다.

分別起。咸[1]無間苦。而非正迷安立四諦。而不可說二乘不斷墮[2]惡趣因。無餘斷故。所以能斷此邪見者。二乘無漏諦現觀智。亦觀非安立諦境故。故此邪見相從入於迷四諦攝。以四諦門空無我理。與其佛性無二別故。必由我見謗大乘故。

1) ㉣ '咸'은 '感'인 듯하다. ㉢ 은정희는 '咸'을 '成'으로 이해하였지만, 여기서는 고통을 성립시키는 것이 아니라 '일으키는' 것이므로 '感'을 따른다. 2) ㉢ '墮'는 저본에는 '隨'이지만『韓國佛敎全書』편자가 오초 교감본에 따라 교정한 것으로 보인다.

또한 이러한 (128종 번뇌의) 설명 방식에서 (살가야견과 변집견의) 두 가지 견見에는 (분별에서 생겨난 것뿐 아니라) 또한 구생의 것도 있지만, (사견·견취견·계금취의) 세 가지 견과 의疑에는 오직 분별에서 생겨난 것만 있는 이유는, 저 두 가지 견은 내적으로 자체에 대한 계탁이 항상 빈번히 일어나며 따라서 자발적으로 현행하기 때문이다. (반면) 세 가지 견과 의疑는 도리를 추구하지만 여실히 알지 못하기 때문에 올바르지 않게 계탁하지만 빈번히 일어나지는 않기 때문에 구생인 것은 아니다. 비록 모든 사태에 대해 저절로(任運) 의심이 일어났다고 해도 염오된 것이 아니기 때문에 혹의 성질에 포함되지 않는다. 그러므로 수도에 의해 제거되어야 할 혹에는 오직 6종이 있다.[161] 이것들은 모두 육식에 의해 일어난 것이라고 설한다. 만일 마나스와 상응하는 네 가지 혹을 논한다면, 수도에서 제거되어야 하는 네 가지에 공통적으로 들어간다. 이것을 128종의 번뇌라고 한다.

又此門中。所以二見亦有但[1]生。二[2]見及疑唯分別起者。以彼二見內計自體恒時數習。是故亦有任運[3]現行。三見及疑推求道理不如實知。不正計度

161 즉 10종 견에서 사견, 견취, 계금취 및 의疑를 제외한 나머지 6종은 욕계에서 수소단의 번뇌에 속한다. 색계와 무색계에 있어서는 진瞋(Ⓢ pratigha)을 제외하기에 각 5종이다. 따라서 삼계에 16종의 수소단의 번뇌가 있다.

非數數起。故無俱生。雖於諸事任運起疑。不染汚故非惑性攝。故修斷惑唯有六種。此等皆說六識所起。若論末那相應四惑。相從通入修斷四中。是謂一百二十八煩惱也。

1) ㊍ '但'은 오초 교감본에 따라 '俱'로 교정하는 것이 타당할 듯하다. 2) ㊍ '二'는 오초 교감본에 따라 '三'으로 교정하는 것이 타당할 듯하다. 3) ㊍ '任運'은 저본에는 '任通'이지만『韓國佛敎全書』편자가 방기에 따라 교정한 것으로 보인다.

제2장 104종 번뇌설

다음은 104종의 번뇌의 설명이다. 견도에서 제거되어야 할 (번뇌)에 94종이 있고, 수도에서 제거되어야 할 (번뇌)에 10종을 합하여 104종이다. 『유가사지론』「섭결택분」에서 설한다. "어떻게 (번뇌잡염과 관련해) 미혹과 끊음의 구별을 건립하는가?……욕계에서 고제에 미혹한 것에 10종 번뇌가 있고, 나머지 3제에 미혹한 것에 각각 살가야견과 변집견을 제외한 8종이 있다. 상계에서는 진瞋을 제외하고 나머지는 욕계와 같다."162 "수도에서 제거되어야 할 (번뇌)란 욕계의 진을 포함해 삼계의 세 가지 (번뇌인) 탐·만·무명이다."163 유신견과 변집견의 두 가지 견이 다만 고제에 대해서만 미혹된 이유는 이 (고제)와 관련된 대치에 미혹되기 때문이다.

次明一百四煩惱者。見道所斷有九十四。修斷有十。合爲百四。如瑜伽論決擇分說。云何建立迷斷差別。欲界迷苦有十煩惱。迷餘三諦各有八種。除薩

162 이 문장은『瑜伽師地論』「攝決擇分」[T30, 623c10-15 = VinSg(D) 228, 3ff.]을 의미에 따라 축약한 것이다.

163 이 문장은『瑜伽師地論』「攝決擇分」[T30, 624c3-4 = VinSg(D) 117a6]에 의거한 것이다.

迦耶及邊執見。上界除瞋。餘如欲界。修所斷者。欲界瞋恚。三界三種貪慢無明故。所以身邊二見但迷苦諦者。由於此中對治說迷故。

그 의미는 무엇인가? 두 가지 견은 바로 고제의 무아와 무상의 두 행상과 반대되기 때문이다. (이와 같이) 고제에 미혹되어 사행을 일으키는 두 가지 견은 나머지 (집제·멸제·도제의) 세 문에서는 이런 의미가 없으며, 또한 다른 혹에도 이런 의미가 없다.[164] 그러므로 (견소단의 94종의 번뇌는) 저 (사성제)를 인식대상으로 삼아 잘못 이해한 것이라고 설한 것이다.

수도에서 제거되어야 할 (번뇌)에 두 가지 견이 없는 이유는, 견도를 얻은 후에 이것들을 일으키는 경우가 적기 때문에 이 설명 방식(門)에서는 생략하여 설하지 않았다. 마나스의 (아만·아치·아애의) 세 가지 혹은 비록 명칭은 동일하지만 수도에서 제거되어야 할 (탐·치·만의) 세 가지에 속하지 않는다. 이를 104종 번뇌라고 한다.

是義云何。如是二見正返[1)]苦下無我無常二種行相故。餘三門所起二見。皆迷苦諦而起邪行。其餘諸惑無如是義。是故於彼託[2)]境說迷。所以修斷無二見者。得見道後起此者少。故於此門略而不說。末那三惑。雖有名同亦不入

164 『二障義』의 이 문장은 신견과 변집견 양자가 왜 고제를 봄에 의해서만 제거되어야 하는가를 설명한 것이다. 하지만 구문에 따라 번역하면 그 의미가 왜곡되게 된다. 예를 들어 은정희(2004: 132)는 이 문장을 다음과 같이 번역한다. "나머지 (집제·멸제·도제의) 세 문에서 일어나는 (신견·변견의) 두 가지 견은 모두 고제에 미혹하여 사행을 일으킨 것이고, 고제에 미혹하여 일으킨 두 가지 견 이외의 나머지의 모든 혹은 이러한 뜻이 없다." 하지만 104종의 번뇌설의 분류가 보여 주려는 것은 신견과 변집견이 고제에 미혹해서 일어난 것이고 다른 세 진리에는 없다고 하는 것이기 때문에 이 번역은 전혀 타당하지 않을 것이다. 따라서 비록 한문 구문에는 조금 맞지 않는다고 해도, 원효가 104종 번뇌설의 분류에 대해 명확한 인식을 했다고 생각되기에 이를 고려해서 달리 번역했다.

於修斷三中。是名一百四種煩惱。

1) 역 '返'은 오초 교감본에 따라 '反'으로 교정하는 것이 타당할 듯하다. 2) 역 '託'은 저본에는 '詑'이지만 『韓國佛教全書』 편자가 오초 교감본에 따라 교정한 것으로 보인다.

제3장 98종 수면설

세 번째는 98사使의 설명 방식을 밝혔다. 견도에서 제거되어야 할 (사使)에 88종이 있고, 수도에서 제거되어야 할 (사)에 10종이 있어서 합해서 98종이다.[165] 88종이란 즉 욕계의 고제 아래 10종이 있으며, 도제 아래 (신견·변집견의) 두 가지 견을 제외한 8종이 있다. 나머지 두 제 아래에 각각 (위의) 두 가지 견과 계금취를 제외한 7종이 있다. 두 상계에서는 각각 진에를 제외하고, 나머지는 욕계와 같다. 수도에서 제거되어야 할 (사)에 10종이 있으니, 앞의 (104종의 번뇌의) 설명과 다르지 않다. 『십주비바사론』에서 "사使에 포섭되는 것을 번뇌라 하고, 전纏에 포섭되는 것을 구垢라 한다. 사에 포섭되는 것은 10종 근본번뇌로서, (이를) 삼계와 견소단·수소단에 따라서 구별했기 때문에 98사라 부른다. 사에 포함되지 않은 것은 불신不信 등으로, 역시 삼계와 견소단·수소단에 따라서 구별하여 196종의 전纏, 즉 구垢가 있다."[166]라고 말했다.

165 98종의 수면설은 설일체유부의 정통적인 번뇌설로서, 여기에 10종의 전纏을 더하면 108 번뇌설이 된다. 이 교설은 아비달마 초기문헌인 『法蘊足論』에서 견소단의 88종의 번뇌의 숫자가 제시되고 있기 때문에 유부의 최초기에 이미 형성되었다고 보인다. 여기에 수소단의 10종을 더하면 유부가 확정한 98종의 수면설이 형성되기 때문이다.

166 이 문장은 『十住毘婆沙論』(T26, 108b28-c6)을 축약, 인용한 것이다.

三明九十八使門者。見道所斷有八十八。修斷有十。總九十八。八十八者。謂於欲界苦下有十。道下有八。謂除二見。餘二諦下各有七種。謂除二見及除戒取。上二界中各除瞋恚。餘如欲界。修斷有十不異前說。十住毗婆沙論言。使所攝名煩惱。纏所攝名爲垢。使所攝者是十根本。隨三界見諦思惟所斷分別。故名九十八使。非使所攝者謂不信等。亦以三界見諦思惟所斷分別。有一百九十六種纏垢故。

이 설명 방식에서 모든 번뇌는 아견을 근본으로 삼는다고 설했다. 자아가 존재한다는 견해 때문에 사제를 두루 비방하고, (변견·사견·견취·계금취의) 네 가지 잘못된 견해에 의거하여 상응하는 대로 나머지 번뇌를 일으킨다. 그러므로 사제에 대한 미혹의 구별이 있다. 이를 『아비담비바사론(廣論)』에서 "아견이 있기 때문에 사제가 없다고 말한다. 만일 누가 '자아에는 고가 없다'고 말한다면 이는 고제를 비방하는 것이고, '자아에는 원인이 없다'고 말한다면 이는 집제를 비방하는 것이며, '자아에는 멸이 없다'고 말한다면 멸제를 비방하는 것이고, '자아에는 대치가 없다'고 말한다면 바로 도제를 비방하는 것이다."[167]라고 말했다.

於此門中。說諸煩惱我見爲本。由存我見故遍謗四諦。依四邪見。隨其所應起餘煩惱。故於四諦迷執差別。如廣論云。以有我見故言無諦。彼作是言。我無有苦卽是謗苦。我無有內[1)]卽是謗集。我無有滅卽謗滅諦。我無有對治卽謗道諦故。

1) ㉮ '內'는 오초 교감본에서 제안하듯이 '因'으로 교정해야 한다.

167 이 문장은 『阿毘曇毘婆沙論』(T28, 30b26-28)의 인용이지만, 도제를 비방하는 것에 해당되는 마지막 부분의 인용에서 차이가 난다. 즉, 『二障義』의 '我無有對治卽謗道諦' 대신에 '若無有滅則無對治'로 되어 있다.

이 설명 방식의 의도를 설명하면 다음과 같다. 모든 아견은 반드시 현재 자신의 오온을 대상으로 한 것이기 때문에 고제에 대해 미혹되지 않은 것이 없고, 변집견은 현존하는 자아를 대상으로 하여 소멸한다거나 상주한다고 계탁하기 때문에 역시 고제에 대해 미혹된 것이다. 그러므로 이 두 가지는 (집제 · 멸제 · 도제의) 3제에 공통되지 않는다.

계금취戒禁取가 오직 고제와 도제에 대해서만 미혹된 이유는 대부분의 논서에서 계금취는 2종에 지나지 않기 때문이다.[168] 첫 번째 독두계금취獨頭戒禁取는 삿된 계율이라는 사태에 대해 원인 등이라고 계탁하는 것이고, 두 번째 족상계금취足上戒禁取는 자기의 삿된 견해에 대해 도道라고 계탁하는 것이다.[169] 독두계금취는 고제 · 집제를 대상으로 하지만, 집제에 대해서는 완전히 반대되는 것은 아니다. 왜냐하면 원인에 대해서 원인이라고 계탁하기 때문이다. 그렇지만 고제에 대해서는 결과에 대해서 원인이라고 계탁하기 때문에 완전히 반대된다. 그러므로 (이것은) 다만 고제를 봄에 의해 제거되는 것이다. 족상계금취는 오직 도제와 관련된 것이다. 도제를 비방하는 삿된 견해를 도라고 계탁하고, 나머지 삿된 견해에 대해서는 도라고 계탁하지 않는다. 그 까닭은 도제를 구하는 마음으로 인해

---

168 98종의 수면을 설하는 『俱舍論』(AKBh 282,13–19)은 계금취가 모든 사제에 대해 미혹된 것이 아니라 고제와 도제에 대해서만 미혹되었다고 하는 이유를 다음과 같이 설명한다. "㉦ 만일 계금취가 원인이 아닌 것을 원인이라고 보는 견해라면 왜 그것은 견집소단이 아닌가? ㉰ 자재천(Ⓢ Iśvara)이나 'Prajāpati', 또는 다른 존재를 원인이라고 보는 자는 그것을 영원하고 단일한 아트만이나 행위자로 보는 것이다.……그러한 상집常執과 아집我執은 오직 고제를 봄에 의해 제거된다. 따라서 그 (두 집착에) 의해 형성된 원인에 대한 집착도 바로 (고제를 봄)에서부터 제거된다."

169 현존 자료에 대한 CBETA 검색에 의거하는 한, 계금취를 '독두계취獨頭戒取'와 '족상계취足上戒取'의 두 종류로 분류하는 가장 오랜 자료는 668년 도세道世가 편찬한 『法苑珠林』(T53, 834c7ff.)이다. 하지만 이럴 경우 『二障義』의 저작 연도를 670년 이후로 잡아야 하는데, 원효 저작의 상호 인용에서 볼 때 받아들이기 어려울 것이다. 따라서 이들 용어가 진제의 『俱舍論』 이래 계금취의 설명을 위해 당시 일반적으로 사용된 것이라고 보는 편이 합당할 것이다.

도제를 비방하는 (삿된) 견해를 일으키고, 이 견해를 획득했을 때 이를 도리어 도제라고 계탁하기 때문이다. 나머지 3제에 대한 비방은 도제에 대한 추구로 말미암은 것이 아니기 때문에 그 견해를 도라고 계탁하지 않는다. 따라서 계금취는 집제와 멸제에 공통된 것이 아니다.

수도에서 제거되어야 할 (사使) 중에서 구생의 (신견과 변집견의) 두 가지 견을 설하지 않는 이유는 (양자가) 탐·진 등에 비교하면 오류가 미세하기 때문이다. 따라서 번뇌에 포함시키지 않고, 오히려 수도에서 제거되어야 할 삿된 지혜에 귀속시키는 것이다. 이를 98사의 설명 방식이라고 한다.[170]

此門意說。凡諸我見必緣現在自體五蘊。是故無不迷苦諦者。其亦[1)]執見。緣所存我計其斷常。故亦迷苦。是故此二不通三諦。所以戒取唯迷苦道者。凡論戒取不出二種。一獨頭戒取。緣邪戒事計爲因等。二足上戒取。緣自邪見計爲道等。獨頭戒取是緣苦集。而於集諦非正相返。[2)] 於因計因故。若望苦諦卽爲正返。於果計因故。是故但爲見苦所斷。足上戒取唯緣道下。謗道邪見計以爲道。於餘邪見不計爲道。所以然者。由求道心起見謗道。求得此見還計爲道。謗餘三諦。不由求道。是故彼見不計爲道。是故戒取不通集滅。修所斷中。所以不說俱生二見者。望貪瞋等過患微細。由是不入煩惱中攝。還屬修道所斷邪智。是謂九十八使門也。

1) 역 '亦'은 오초 교감본에 따라 '邊'으로 교정하는 것이 타당할 듯하다. 2) 역 '返'은 오초 교감본에 따라 '反'으로 교정하는 것이 타당할 듯하다. 아래 '返'도 마찬가지다.

이상의 세 설명 방식은 직접 현료문 내의 번뇌장을 포함한 것이다. 그

170 "계금취戒禁取가 오직 고제와 도제에 대해서만" 이하 문장들이 일본 동대사東大寺 승려인 수령壽靈이 찬술한『華嚴五敎章指事』(T72, 270a26–b10)에 전체 한 글자도 빠지지 않고 인용되고 있는 것도 언급될 가치가 있을 것이다.

러나 이 세 설명 방식은 다만 하나의 특징에 따라서 그 사행과 미혹의 구별을 설한 것이지 반드시 한결같이 그렇게 정해졌다는 것은 아니다.

上來三門。直是顯了門內煩惱障攝。然此三門。但隨一相說其邪行迷執差別。未必一向定爲然也。

제4장 8종 분별

네 번째는 8종 망상의 설명으로 8종 분별이라고도 한다. 『현양성교론』은 (다음과 같이) 말한다. "㊦종 분별에 8종이 있어 세 가지 사태(事, Ⓢ vastu)를 산출한다. 분별 자체란 삼계에 속한 심과 심소라고 알아야만 한다. ㊦논 8종 분별이란 첫째, 자성에 대한 분별로서, 즉 색 등의 명칭을 가진 사태에 대해 색 등의 자성을 분별하는 것이다. 둘째, 차이에 대한 분별이란 바로 이 색 등의 명칭을 가진 사태에 대해 '이것은 물질적인 것이고 이것은 비물질적인 것이며, 이것은 보이는 것이고 이것은 보이지 않는 것이다' 등으로 분별하는 것이다. 자성에 대한 분별을 토대로 함에 의해 그것과 구별되는 대상을 분별하는 것이다. 셋째, 총집분별이란 색 등의 명칭을 가진 사태에 대해 자아와 유정, 명자命者와 생자生者 등의 명칭과 표식에 의해 초래된 분별이 일어난다. 또한 적집된 다수의 요소들에 대해 (단일한) 전체로 파악하는 것을 원인으로 해서 분별이 일어나기 때문이다. 또한 집, 군대, 숲 등의 명칭을 가진 사태에 대해 집 등의 명칭과 표식에 의해 초래된 사유이다. 넷째, '나'라는 분별(我分別)은 취착을 일으킬 수 있는 루漏를 수반한 사태를 오랫동안 반복해 익힘에 의해 자아에 대한 집착이 쌓인 것이다. 삿된 집착을 반복해서 익힘에 의해 스스로 견해를 불러일으킬 수 있는[171] 사태를 연하여 일어나는 허망한 분별이다. 다섯째, 나의 것이라는 분별(我所分別)은 집착을 일으킬 수 있는 사태를 (오랫동안 반복해 익힘에 의해) 나의 것에 대한 집착에 의해 쌓인 것 등으로, (그것에 의해) 일어난 분별이다. 여섯째, 좋아하는 것에 대한 분별이란 아름다워서 좋아하는 것을 대상으로 하는 분별이다. 일곱째, 좋아하지 않는 것에 대한 분별이다. 여덟째, 좋아하고 좋아하지 않는, 양자와 다른 분별이다. 이것은 요약하면 두 가지가 있으니, 분별 자체와 분별의 근거(所依)이며 대상(所緣)인 사태이다.

여기서 앞의 세 가지 분별은 분별과 희론의 근거인 (사태와 분별과 희론의) 대상인 사태[172]를 산출할 수 있으며, 아분별과 아소분별은 다른 나머지 견 등의 근본인 유신견과 다른 나머지 만 등의 근본인 아만을 산출할 수 있으며, 애愛와 불애不愛 및 애·불애와 모두 상위하는 분별은 순서에 따라 탐·진·치를 산출한다. 이 때문에 이러한 8종 분별이 이 세 가지 사태를 산출하는 것이다."[173] 『(현양성교)론』의 설명은 이와 같다.

---

171 스스로 견해를~수 있는 : 『顯揚聖教論』과 「菩薩地」에서 동일하게 '自見處'로 번역된 단어는 한문 자체만으로는 적절한 의미를 전해 주지 못한다. 이에 대응하는 산스크리트 단어는 'svaṃ dṛṣṭi-sthānīyaṃ'으로, 여기서 'x-sthānīya'는 'x를 불러일으킬 수 있는' 정도의 의미를 가진 형용사구이다.

172 분별과 희론의~대상인 사태 : 『二障義』가 '分別戲論所依所緣事'로 제시하는 문장은 『顯揚聖教論』에 따르면 "分別戲論所依事。分別戲論所緣事。"로서 "분별희론의 소의인 사태와 분별희론의 소연인 사태"로 번역될 수 있다. 이에 대응하는 「菩薩地」의 산스크리트문은 "분별과 희론을 의지처로 하고, 분별과 희론을 인식대상으로 하는 사태(BoBh 51,3-4 : vikalpaprapañcādhiṣṭhānaṃ vikalpaprapañcālambanaṃ vastu)"로 번역될 수 있을 것이다. 여기서 'vikalpa-prapañca'라는 복합어를 어떻게 풀이할 것인가가 관건이다. 여기서는 잠정적으로 병렬복합어로 풀이했지만 이에 대한 다른 해석도 충분히 가능할 것이다. 이에 대해서는 Schmithausen(1969: n.101), 高橋晃一(2005: 171, n.35) 참조.

173 이 인용은 『顯揚聖教論』(T31, 558b12-c14)에 해당된다. 그러나 8종 분별의 원출처는 「菩薩地」 〈眞實義品〉(BoBh 51,21-52,22)이다. 〈眞實義品〉의 설명과 그 번역에 대해서는 안성두(2015: 93-95) 참조.

四明八妄想者。亦名八種分別。如顯揚論云。頌曰。分別有八種。能生於三事。分別體應知。三界心心法。論曰。八種分別者。一自性分別。謂於色等想事分別色等所有自性。二差別分別者。謂卽於色等想事起諸分別。謂[1]此有色此無色。有見無見等。[2] 以自性分別爲依處故。分別種種差別之義。三總執[3]分別。謂卽於色等總[4]事所立我及有情命者生者等。假想施說所引分別。由攝[5]積聚多法。總執爲目[6]分別轉故。又於舍軍林等想事所立舍等。假想施設所引尋思。四我分別。謂若事有漏有取。長時數習我執所取。[7] 由數習邪執。自見處事爲緣所起虛妄分別。五我所分別。謂若事有取。乃至我所執所取[8]等爲所起分別。六愛分別者。謂緣淨妙可意事境分別。七不愛分別。八愛不愛俱相違分別。如是略說有二種。謂分別自體。及分別所依所緣事。此中初三分別。能生分別戲論所依所緣事。我我所分別。能生餘見根本身見餘慢根本我慢。愛不愛俱相違。如其所應生貪瞋癡。是故如是八種分別。爲起此三種事。論說如是。

1) ㊀ '謂'는 『顯揚聖敎論』 원문에는 없다. 2) ㊀ '有見無見等'은 『顯揚聖敎論』 원문에 따르면 "此有見此無見。此有對此無對。如是等無量差別。"로 되어 있다. 3) ㊁ '執'은 '取'인 듯하다. 4) ㊁ '總'은 『顯揚聖敎論』 원문에 따라 '想'으로 교정하는 것이 타당할 듯하다. 5) ㊀ '攝'은 『顯揚聖敎論』 원문에 따라 '於'로 교정하는 것이 타당할 듯하다. 6) ㊁ '目'은 '因'인 듯하다. 7) ㊀ '取'는 『顯揚聖敎論』 원문에 따라 '聚'로 교정하는 것이 타당할 듯하다. 8) ㊀ '取'는 『顯揚聖敎論』 원문에 따라 '聚'로 교정하는 것이 타당할 듯하다.

그중에서 앞의 세 가지 분별이 근거(所依)와 인식대상(所緣)이라는 사태를 산출한다는 것은 이 (세 분별이) 명언종자名言種子[174]를 훈습하여 성립시킴을 밝힌 것이다. 이로 인해 십이처의 법이 생겨났음을 판별한 것이기 때문이다. 『유가사지론』에서 "여기서 설한 것은 요약하면 2종이다. 첫째는 분별의 자성[175]이고, 둘째는 분별을 근거로 하고 분별을 인식대상으로 하

174 명언종자名言種子 : 주석 128 참조.

175 분별의 자성(分別自性) : 현장 역에도 '분별자성分別自性'으로 제시되어 있지만, 그 의

는 사태이다. 이와 같은 2종 사태가 무시이래 생겨나서 원인이 된다. 즉, 과거세의 분별이 원인이 되어 현재에 분별을 근거로 하고 인식대상으로 하는 사태를 일으키고, 현재에 (분별을) 근거로 하고[176] 인식대상으로 (하는 사태를) 일으킨 후에 (그것이) 다시 원인이 되어 현재세에 그 (분별)을 근거로 하고 인식대상으로 함에 의하여 분별이 일어나기 때문이다. 현재에 분별을 변지하지 못하기 때문에 다시 미래에 (분별을) 근거로 하고 인식대상으로 하는 사태를 일으키며, 저 (분별)이 미래에 일어나기 때문에 저 (분별)을 근거로 하고 저 (분별)을 인식대상으로 하는 (사태)가 다시 분별을 일으킨다."[177]라고 하였다.

여기서 '근거'라는 단어는 내적인 육처를 말하고, '인식대상'이란 외적인 육처다. 이것이 십팔계의 법이 (자성분별·차별분별·총집분별의) 3종 분별의 훈습에 의하여 생긴 (사태)를 총체적으로 포함하고 있음을 밝힌 것이다.

此中前三分別能生所依所緣事者。是明薰成名言種子。由是辨生十二處法。如瑜伽說。此中所說略有二種。一分別自性。二分別所依分別所緣事。

미는 분명치 않다. BoBh 52,22에 따르면 단순히 'vikalpa(分別)'이다. 따라서 '분별자성'이 혹시 '분별자체分別自體'의 오류가 아닌지 의심된다.

176 현재에 분별을 근거로 하고 :『瑜伽師地論』 원문에 따르면 '現在依緣'의 온전한 문장은 '現在分別所依緣事'로, 이에 의거해 보충, 번역했다.

177 BoBh 52,21−53,1 : tac caitad dvayaṃ bhavati samāsataḥ vikalpaś ca vikalpādhiṣṭhānaṃ ca vikalpālambanaṃ vastu. tac caitad ubhayam anādikalikaṃ cānyonyahetukaṃ ca veditavyaṃ. pūrvako vikalpaḥ pratyutpannasya vikalpālambanasya vastunaḥ prādurbhāvāya, pratyutpannaṃ punar vikalpālabanaṃ vastu prādurbhūtaṃ pratyutpannasya tadālambanasya vikalpasya prādurbhāvāya hetuḥ. tatraitarhi vikalpasyāparijñānam āpatyāṃ tadālambanasya vastunaḥ prādurbhāvāya.;『瑜伽師地論』「本地分」(T30, 490a22−c1), "此中所說。略有二種。一者分別自性。二者分別所依分別緣事。如是二種。無始世來。應知展轉更互爲因。謂過去世分別爲因。能生現在分別所依及所緣事。現在分別所依緣事既得生已。復能爲因。生現在世。由彼依緣。所起分別。於今分別不了知故。復生當來所依緣事。彼當生故決定當生依彼緣彼所起分別。"

如是二事無始世[1]來展轉爲因。謂過去世分別爲因。能生現在分別所依及所緣事。現在依緣旣得生已。復能爲因生現在世。由彼依緣所起分別。於今分別不了知故。復生當來所依緣事。彼當生故。依彼緣彼復[2]起分別。此言所依。謂內六處。言所緣者。是外六處。此明總攝十八界法。三種分別重[3]習所生。

1) ㉮ '世'는 저본에는 없지만 『韓國佛敎全書』 편자가 방기에 따라 보충한 것으로 보인다. 2) ㉮ '復'는 『瑜伽師地論』 원문에 따라 '所'로 교정하는 것이 타당할 듯하다. 3) ㉮ '重'은 저본의 '薰'의 오기이다.

그중에서 앞의 (자성분별과 차별분별의) 두 가지 분별의 특징은 (쉽게) 이해될 수 있다. 세 번째 (분별)과 관련하여 "자아와 유정 등의 (명칭과 표식)에 의해 초래된 분별"이라고 말한 것은 아견 때문에 실아實我라고 계탁하는 것이 아니라, 바로 세상에서 널리 인정된 명칭을 대상으로 하여 그 일반적 특징(總相)을 취하여 분별을 일으키기 때문이다. 그러므로 번뇌장에 포함되지 않는다. 또한 이들 세 가지 분별은 일체의 소지장 내의 분별을 모두 다 포괄했으니, 이 세 가지 (분별의) 특징의 밖에 다시 분별할 것이 없기 때문이다. 다만 다시 이 소지장이 번뇌장을 일으키는 증상연의 작용을 한다는 것을 나타내기 위하여 바로 이 3종의 총괄적인 분별과 관련하여 이치에 따라 별도로 뒤의 다섯 가지 (분별)을 세운 것이다. 예를 들면, 번뇌장 중의 4종 아견[178]은 분별과 구생의 (의미)를 모두 포섭하지

178 4종 아견 : 『瑜伽師地論』 「攝事分」(T30, 779c10-14)에서 설한 유분별아견有分別我見(Ⓢ parikalpitā ātmadṛṣṭiḥ), 구생아견俱生我見(Ⓢ sahajā ātmadṛṣṭiḥ), 연자의지아견緣自依止我見, 연타의지아견緣他依止我見이다. 그 설명에 따르면 4종 아견이 근거가 되어 아만我慢을 일으킨다. 즉 유분별아견으로 인하여 자신과 타인의 자체존재에 대해 자아라고 간주하는 연자의지아견과 연타의지아견이 생기고, 다시 이 두 가지 아견을 의지처로 삼아 아만이 생겨난다. 본문에서 원효는 이 네 가지 아견이 결국 분별기와 구생기의 두 가지 아견에 포섭되지만, 아만을 일으키는 과정을 보다 자세히 설명하기 위해 연자의지아견과 연타의지아견을 건립하는 경우를 예로 들어, 마찬가지로 여덟

만, 다만 아만을 일으키는 의미를 다시 드러내기 위하여 이 분별과 구생의 두 아견과 관련하여 별도로 자신과 타자의 양자를 대상으로 하는 아견을 세운 것처럼, 이와 관련된 도리, (즉 세 가지 분별에 의거하여 별도로 뒤의 다섯 가지 분별을 세운 도리도) 마찬가지라고 알아야만 한다.

此中前二分別其相可解。第三中言。我有情等所引分別者。此非我見計爲實我。直是漫緣世流布名。取其總相。起諸分別。是故不入煩惱障攝。又此三分別。總攝一切所知鄣內分別皆盡。以離此三相外。更無所分別故。但爲更顯此所知障生煩惱障增上緣用故。卽就此三種總分別。隨其所應別立後五。例如煩惱障中四種我見。分別俱生總攝一切。但爲更顯起我慢義故。卽就此二種我見。別立自他二緣我見。當知此中道理亦爾。

(뒤의) 5종 분별로 인해 번뇌라는 사태(事)가 생겨난다. 그 특징은 무엇인가? 이것은 마치 이식耳識이 '나'라는 소리를 듣고, 다음에 의식이 일어나 '나'라는 명칭을 심구하며, 세 번째 (찰나)의 마음에서 이와 같은 '나'라는 명칭이 스스로 다른 사태와 다르다는 것을 결정적으로 아는 것이다. 이 세 번째 (찰나의) 마음의 상태에서 자아에 대한 분별이 행해진다. 세 번째 (찰나의) 마음 이후에 바야흐로 염심이 일어나서,[179] 자아란 단일자

가지 분별에서도 앞의 세 가지 분별이 소지장 내의 분별을 모두 다 포섭하지만, 소지장이 번뇌장을 내는 증상연의 작용을 보여 주기 위해 세 가지 분별 외에 다섯 가지 분별을 별도로 건립하였다고 말한다.

179 이 설명은 『瑜伽師地論』(T30, 280a22–25 = YBh 10,2–4)에 의거한다. "안식이 이미 생겨났다면, 세 개의 심이 지각된다. 순서대로 솔이심率爾心·심구심尋求心·결정심決定心이다. 그중에서 첫 번째는 바로 안식(Ⓢ cakṣurvijñāna)이며, 둘은 의식(Ⓢ manovijñāna)이다. 결정심 이후에 잡염과 청정이 있다고 알아야 한다. 그 이후에 그것에서 흘러나오는 안식도 선이나 불선으로 생겨난다.(復次由眼識生。三心可得。如其次第。謂率爾心。尋求心。決定心。初是眼識。二在意識。決定心後方有染淨。此後乃有等流眼識善不善轉。)"

이며, 상주하며, 작자이고 (업을) 받는 자 등이라고 계탁하는 분별이 행해진다. 그 이후에 이 자아가 아만 등을 일으킨다. 이식에서처럼 다른 식에서도 마찬가지이며, '나'라는 분별과 같이 나의 것이라는 (분별도) 마찬가지다. 이를 (아·아소의) 두 분별에 의거하여 아견과 아만의 사태(事)를 일으키는 것이라 한다.

애분별이란 안식은 좋아할 만한 색을 대상으로 하고, 그 이후에 의식이 생겨나서 좋아할 만한 상을 심구하며, 세 번째 (찰나의) 마음의 상태에서 이것이 좋다고 확정적으로 알고 바로 낙수樂受를 일으키지만 아직 (그것에 대한) 탐욕을 일으키지는 않는다. 이 세 번째 마음의 상태를 '애분별'이라고 하며, 결정심 이후에 비로소 염오된 탐애를 일으키는 것이다. 이후의 (불애분별과 애·불애 모두와 상위한 분별의) 두 가지 분별은 진瞋과 치癡라는 사태를 일으키는데, 이는 이치에 따라 이 (애분별)에 준거하면 알 수 있을 것이다. 이를 (애분별, 불애분별, 애·불애와 상이한 분별의) 세 가지 분별에 의거하여 탐貪 등의 사태를 일으킨다고 한다.

由五分別生煩惱事。其相云何。且如耳識聞說我聲。次意識起。尋求我名。第三心時。決定了別如是我名自異他事。此三心位爲我分別。第三心後方起染心。計度分別。所謂我者是一是常。作者愛[1]者等。後侍[2]此我起我慢等。如於耳識餘識亦爾。如我分別我所亦爾。此謂依二分別生見慢事。愛分別者。且如眼識緣淨妙色。次意識生尋求妙相。第三心位。定知是妙便起樂受而未生貪。此三心位名愛分別。決定心後方起染愛。復二分別生瞋癡事。如其所應淮[3]此可解。是謂依三分別生貪等事。

---

1) ㉾ '愛'는 오초 교감본에 따라 '受'로 교정하는 것이 타당할 듯하다. 2) ㉾ '侍'는 오초 교감본에 따라 '時'로 교정하는 것이 타당할 듯하다. 3) ㉾ '淮'는 '准'의 오기인 듯하다.

그런데 (뒤의) 5종 분별은 소지장에서 생겨난 것이며, (유신견과 아만,

그리고 탐진치라는) 두 가지 사태는 번뇌장이다. 자세히 논한다면, 세 번째 (찰나의) 마음 이후에 번뇌가 일어날 때, 곧 이와 같은 5종 분별이 있다. 이것은 소지장의 본성이며 번뇌(장)의 근본을 이루지만, 다만 거친 상의 도리의 관점에서 직접적으로 전후 서로 생겨난다고 설했을 따름이다. 이러한 의미 때문에 8종 분별은 모두 바로 네 번째 진실[180]에 미혹된 것이다. 고론古論에서 "이와 같이 여실함을 어리석은 이는 알지 못하여 8종 망상을 일으키고, 그런 후에 세 가지 사태를 일으킨다."[181]라고 하고, (현장의) 신역에서 "모든 범부는 진실을 알지 못하며, 그 때문에 8종의 분별이 생겨나서 세 가지 사태를 일으킨다."[182]라고 말했다. 이와 같은 8종 망상분별은 현료문의 소지장에 포섭된다.

此中五種分別是所知障所生。二事是煩惱鄣子細而論。第三心後起煩惱時。卽有如是五種分別。所知鄣性。作煩惱本。但約麤相道理。直說前後相生耳。由是義故。八種分別悉是正迷第四眞實。如古論云。如是如實凡愚不知。起八妄想已。後生三事。新論中言。又諸愚夫不了眞實。從此因緣八分別轉。能生三事故。如是八種妄想分別。是顯了門所知障攝。

180 네 번째 진실 : 「菩薩地」〈眞實義品〉에서 진실(Ⓢ tattva)은 4종으로 나열된다. 첫 번째는 세간진실世間眞實, 두 번째는 도리진실道理眞實, 세 번째는 번뇌장정지소행진실煩惱障淨智所行眞實, 네 번째는 소지장정지소행진실所知障淨智所行眞實이다. 여기서는 네 번째란 소지장정지소행진실을 가리킨다. 「菩薩地」는 이를 유와 비유를 넘어선 중도로서 설하고 있다.

181 '고론古論'은 『菩薩地持經』(T30, 895b7-8)으로 인용문과 조금 다르다. "如是如實。凡愚不知。以是因緣。起八種妄想。而生三事。"

182 이 인용은 현장 역 『瑜伽師地論』「本地分」(T30, 489c9-10 = BoBh 50,22-24)을 인용한 것이지만, 내용이 다르다. "又諸愚夫。由於如是所顯眞如。不了知故。從是因緣。八分別轉。能生三事。"

제5장 3종 번뇌

다섯 번째는 3종 번뇌의 방식을 밝힌 것이다. 즉 견도에서 제거되어야 하는 것들과 수도에서 제거되어야 하는 것들 및 (견도·수도) 두 방식으로 제거되지 못하는 것들이다. 그것들의 상호 포섭을 논한다면 바로 2종이 있다.

만일 이승의 관점에서 3종을 설명하자면 번뇌장 안의 분별에서 일어난 (번뇌)는 견도에서 제거되어야 하는 것이고, 구생의 번뇌는 수도에서 제거되어야 하는 것이며, 소지장은 (견도·수도의) 두 방식으로 제거되지 못하는 것이다.

만일 보살의 관점에서 3종을 설명하자면 이장 중에서 분별에서 일어난 (번뇌)는 견도에서 제거되어야 하는 것이고, 임운기 (번뇌) 중에서 제8식에서 (일어난) 것을 제외한 (번뇌)들은 수도에서 제거되어야 하는 것이다. 이것이 앞에서 제외된 것으로 미세한 소지장인 것이다. 또한 앞에서 끊은 이장의 습기와 은밀문의 번뇌애煩惱礙 안의 근본업염[183] 및 지애智礙의 무명주지 등은 모두 (견도·수도) 두 방식으로 제거되지 못하는 것으로, 오직 구경도에서만 제거될 수 있는 것이다. 이 (설명)은 거친 상의 관점에서 저 (이장의) 차이를 드러낸 것이다. 미세한 (상에 따른) 도리는 뒤에서 설명할 것이다.

五明三種煩惱門者。謂見道所斷衆。修道所斷衆。非二所斷衆。論其相攝卽有二重。若約二乘明三種者。煩惱障內分別起者是見道所斷。俱生煩惱是修所斷。所知障是非二所斷。若就菩薩明三種者。此二障中諸分別起是見所斷。任運起中除第八識是修所斷。此前所除微細知鄣。又前所斷二障習

183 근본업염根本業染 : 『起信論』의 6종 염심 중에서 근본업불상응염을 가리킨다.

氣及隱密[1]門煩惱碍內根本業染。及與智碍無明住地。此等皆是非二所斷。唯究竟道所能斷故。此約麤相顯其差別。巨細道理後門當說。

1) ⓨ '密'은 저본에는 '蜜'이지만『韓國佛教全書』편자가 오초 교감본에 따라 교정한 것으로 보인다.

제6장 2종 번뇌

여섯 번째는 2종 번뇌의 방식을 설명한 것으로, 즉 주지번뇌住地煩惱와 기번뇌起煩惱이다.

六明二種煩惱門者。謂住地煩惱及起煩惱。

1. 기번뇌

기번뇌란 현료문에서 설명한 이장二障으로서, 모든 심과 상응하는 전纏과 수면隨眠은 모두 (무명)주지에 의거하여 일어나기 때문에 기혹起惑이라고 부른다. 비유하면 일체 초목과 그 종자가 모두 대지에 의거하는 것처럼, 이것도 마찬가지다.

起煩惱者。[1] 謂顯了門所說二障。諸心相應纏及隨眠。皆依住地而得生起。故名起惑。譬[2]如一切草木及其種子。皆依大地。此亦如是故。

1) ⓨ '者'는 저본에는 '諸'이지만『韓國佛教全書』편자가 방기에 따라 교정한 것으로 보인다. 2) ⓨ '譬'는 저본에는 '辟'이지만『韓國佛教全書』편자가 오초 교감본에 따

라 교정한 것으로 보인다.

2. 주지번뇌

주지번뇌란 총괄하면 오직 하나의 무명주지로서, 그 특징은 앞의 이장 자체를 제시하는 부분에서 설명한 바와 같다. 그 차이를 논한다면, 요약해서 두 종류로 구분할 수 있다. 첫째는 생득주지生得住地로서, 혹은 견일처주지見一處住地라고도 하며, 둘째는 작득주지作得住地로서, 혹은 유애수주지有愛數住地라고도 한다.

住地煩惱者。總卽唯一無明住地。其相如前出體分說。論其差別略開爲二。一者生得住地。或名見一處住地。二者作得住地。或名有愛數住地。

1) 생득주지

'생득生得'이란 평등한 진여(一如)를 깨닫지 못하여 홀연히 일어난 것으로, 그것의 앞은 무시無始이기 때문에 '생득'이라고 한다. 그것이 미혹한 바는 평등한 진여로서 '작득'이 삼유三有의 영역에 미혹한 것과는 같지 않기 때문에 '일처一處'라고 한다. 일처는 일상一相으로서 능견과 소견의 차별이 없는 평등한 것이다. 이에 대해 깨닫지 못하였기 때문에 '견見'이라고 한다. 만일 그가 깨닫는다면 (능·소에 따른) 인식(見)이 없을 것이기 때문이다. 그러므로 '견일처주지'라고 한다.

言生得者。不覺一如忽然而生。其前無始故言生得。其所迷處旣是一如。不同作得迷三有處。故言一處。一處一相平等平等。無有能見所見差別。於此不覺故名爲見。如其覺者卽無見故。是故名見一處住地。

2) 작득주지

작득주지란 생득주지에 의거하여 삼유로 향하는 마음을 일으켜, 저 (삼유의) 영역이 바로 진여임을 깨닫지 못하기에 이로 인해 삼유의 번뇌를 일으키는 것이다. 이것은 바로 저 (삼유의) 마음을 일으킴에 의해 그 (삼유의) 대상을 알지 못한 것으로, 저절로 스스로 미혹된 것은 아니기 때문에 '작득'이라고 한다. 그리고 유애有愛와 동일하게 대상에 대해 미혹하기 때문에 유애의 범주에 들어가 포함되며, 따라서 또한 '유애수주지'라고도 한다.

言作得住地者。謂依生得住地起三有心。不了彼境卽是如如。是能起三有煩惱。此卽由起彼心不了彼境。非任自迷故言作得。由與有愛同迷境故。入有愛數中所攝。是故亦名爲有愛數住地。

또한 이 작득주지는 삼유에 대한 갈애를 일으키기 때문에 3종 주지로 나뉘어 구분된다. 즉 욕계주지와 색계주지, 무색계주지, 혹은 욕애주지와 (색애주지), 유애주지이다. 앞에서의 하나의 생득과 뒤에서의 세 종류의 작득을 합해 바로 4종 주지가 있다고 설한다. 그러나 이 작득의 3종 주지에는 그 불각의 상이 본래의 생득과 동등하여 추麤·세細가 없기 때문에, 이러한 의미로 인해 4종을 총합하여 '무시무명주지'라고 한다.

又此作得住地。起三有愛。是故分作三種住地。謂欲界住地。色界住地。無色界住地。或名欲愛住地。乃至有愛住地。彼一生得。此三作得。合說卽有四種住地。然此作得三種住地。其不覺相。與本生得等無麤細。由是義故總說四種。名爲無始無明住地.

또한 이 4종은 모두 (다른 번뇌와) 상응하는 것이 아니므로, 기혹이 찰나적으로 (다른 번뇌와) 상응하는 것과는 같지 않다. 그러므로 심과 불상응하는 무명주지라고 일반적으로 부른다. 비유하면 밤의 어둠이 온 천하에 펴져 있고, 그중에 삼층의 정자를 세울 때에, 정자 안의 어둠이 정자에 포함되기 때문에 별도로 삼층의 정자의 어둠이라고 부르지만, 이 삼층 정자 안에 있는 어둠의 상은 천하의 어둠과 같아서 차이가 없기 때문에 다시 온 밤의 어둠이라고 일반적으로 부르는 것과 같다. 여기서의 도리도 마찬가지라고 알아야만 한다.

又此四種。皆非相應。不同起惑刹那相應。是故通名心不相應無明住地。喩如夜闇遍一天下。於中有起三重榭者。榭內之闇爲榭所攝。是故別名三榭之闇。然此三榭內所有闇相。與天下闇等無差別故。還通名爲一夜闇。當知此中道理亦爾。

『본업경』에서 "모든 중생의 식이 처음으로 하나의 상을 일으켜 대상에 주하는 것은 제일의제에 위배되어 일어나기 때문에 '혹惑'이라고 부른다. 이것이 주지住地로서 생득혹生得惑이라고 부른다. 이러한 주지로 인하여 일체의 혹이 일체법을 대상으로 해서 일어나기 때문에 작득혹作得惑이라고 부른다. 욕계의 혹을 일으키는 것을 욕계주지라고 하고, 색계의 혹을 일으키는 것을 색계주지라고 하며, 심의 혹을 일으키기 때문에 무색계주지라고 한다. 이들 4종 주지가 일체의 번뇌를 일으키기 때문에 처음 일어난 4종 주지라고 하고, 4종 주지 이전에는 어떠한 법도 일어나지 않았기 때문에 무시의 무명주지라고 한다. 금강지金剛智에 의해서는 이러한 처음으로 일어난 하나의 상(一相)에 끝이 있음을 알지만, 그것이 시작되기 이전에 어떤 요소가 있는지 없는지를 알지 못하는데, 어떻게 생득의 한 주지와 작득의 세 주지를 알 수 있겠는가? 붓다만이 그 시종을 아신다."[184] 라고 설했다.

如本業經言。一切衆生識始起一相住於緣。背第一義諦起故名惑。是爲住地名生得惑。因此住。起一切惑從一切法緣生。名作得惑。起欲界惑名欲界住地。起色界惑名色界住地。起心惑故名無色界住地。以此四住地起一切煩惱故。爲始起四住地。其四住地前便無法起。故名無始無明住地。金剛智知此始起一相有終。而不知其始前有法無法。云何而得知生得一住地作得三住地。佛知始終。

또한『승만경』에서도 (다음과 같이) 설한다. "번뇌에 주지번뇌와 기번뇌의 2종이 있다. 주지에는 4종이 있다. 4종이란 무엇인가? 첫째는 견일처주지, 둘째는 욕애주지, 셋째는 색애주지, 넷째는 유애주지이다. 이 4종 주지가 일체의 기번뇌를 일으킨다. 기번뇌란 찰나심과 찰나적으로 상응하는 것이다. 세존이시여, 무시이래의 무명주지는 심과 상응하지 않습니다."[185]

勝鬘經言。煩惱有二種。謂住地煩惱及起煩惱。住地有四種。何等爲四。一見一處住地。二欲愛住地。三色愛住地。四有愛住地。此四種住地生一切起煩惱。起煩惱者刹那心刹那相應。世尊。心不相應。無始無[1]明住地。

1) ㉮ '無'는 저본에는 없지만『韓國佛敎全書』편자가 방기에 따라 보충한 것으로 보

184 이 인용은『菩薩瓔珞本業經』(T24, 1021c28-1022a10)에 의거한 것이지만, 특히 앞부분의 인용은 차이가 난다. 특히 차이 나는 부분만을 인용하면 다음과 같다. "一切衆生識。始起一相。住於緣。順第一義諦起名善。背第一義諦起名惑。以此二爲住地故。名生得善。生得惑。因此二善惑爲本。起後一切善惑。從一切法緣生善惑。名作以得善。作以得惑。而心非善惑。從二得名故。善惑二心。"

185 이 인용은『勝鬘經』「一乘章」(T12, 220a2-6)에 온전히 의거한 것이다.

인다.

이와 관련해서 구별하면 오직 4종 주지가 있고, 이를 총합하면 오직 하나의 무명주지인 것이라고 알아야만 한다. 4종과 별도로 하나의 (무명주지)가 있는 것은 아니기 때문에 오직 "주지에 4종이 있다."라고 말한 것이다. 4종이 곧 하나이기 때문에 "심과 불상응하는 무명주지"라고 말했다. 만일 총괄한 것과 구별한 것의 수를 합하면 곧 5종 주지가 있게 되며, 이것이 바로 무명이다. 무명에 공통적인 것과 개별적인 것이 있으니, 마치 수다라(Ⓢ sūtra)에 통상과 별상이 있는 것과 같다. 십이부경十二部經을 일반적으로 수다라라고 부르는데, 이것이 (수다라의) 공통된 특징(通相)이고, (반면) 나머지 11부에 포섭되지 않는 것으로서 직접 온·처·계 등의 법문을 설한 것을 수다라라고 하니, 이것은 (수다라의) 개별적 특징(別相)이다. 무명도 마찬가지로서, 4종 주지를 일반적으로 무명이라고 부르는데, 이는 공통된 특징으로서의 무명주지로서 위에서 두 경의 설명과 같다. 그 유애수의 세 가지에 포섭되지 않는 것으로서 직접적으로 일처에 미혹된 생득주지가 오히려 무명주지라는 이름을 받는 것이 개별적 특징으로서의 무명주지이다. 『(승만)경』에서 "무명주지는 그 힘이 가장 커서,……오직 붓다의 보리의 지혜에 의해서만 끊을 수 있는 것이기 때문이다."[186]라고 말한 것과 같다.

當知此中別卽唯有四種住地。總卽唯一無明住地。四外無一故。唯言住地有四種。四卽是一故。言心不相應無明住地。如其總別合數。卽有五種住地。是卽無明。無明有通有別。如多羅有其通別。十二部經通名多羅。是爲通相。餘十一部之所不攝。直說蘊界處等法門。名修多羅。是爲別相。無明

186 이 인용은『勝鬘經』「一乘章」(T12, 220a10-15)에 의거한 것이다.

亦爾。四種住地通名無明。是爲通相無明住地。如上二經之所說故。其有愛數三所不攝。直迷一處生得住地。還愛[1]無明住地名者。是爲別相無明住地。如經言。無明住地其力㝡大。唯佛菩提智所能斷故。

1) 역 '愛'는 오초 교감본에 따라 '受'로 교정하는 것이 타당할 듯하다.

또는 직접적으로 유애수에 포섭되는 것과 관련하여 총괄한 것과 개별적인 것의 수를 합하여 4종 주지를 세웠다. 즉 개별적인 삼애수주지와 총괄적인 무명주지이다. 『(승만)경』에서 "성문과 연각은 무명주지를 끊을 수 없는 것이 아니다."[187]라고 하며, 또 "아라한과 벽지불이 유애수의 네 가지 주지를 끊는다."라고 설했다.

又直就有愛數所攝中。總別合數。立四住地。謂別三愛數住地。及總無明住地。如經言。非聲聞緣覺不斷無明住地。又言。阿[1]羅漢辟支佛。斷有愛數四住地故。

1) 역 '阿'는 저본에는 '何'이지만 『韓國佛教全書』 편자가 오초 교감본에 따라 교정한 것으로 보인다.

무엇 때문에 반드시 총·별을 합하여 건립해야 하는가? 삼애三愛를 일으키는 힘은 다르지만 그것이 어두움으로 특징지어지는 것에는 추·세의 (차이)가 없음을 나타내고자 하기 때문이다. 경에서 직접적으로 '4주지'라고 말한 것은 오직 개별적인 4종 주지를 말한 것이라고 알아야만 한다. 일체 주지가 모두 4종에 들어가며, 4종에 다시 '유애수의 4종 주지'라고 말한 것은 총·별을 합한 4종을 가리키며, 그 견일처주지는 4종에 들어가지 않는다. (따라서) '4'에 두 가지가 있다고 알아야만 한다.

187 『勝鬘經』(T12, 221a24–25)의 인용이다.

何以要須總別合立者。爲顯能起三愛力異。而其闇相無麤細故。當知經中直言四住地者。是說唯別四種住地。一切住地皆入四中。四中更言有愛數四住地者。是謂總別合立四種。其見一處住地不入此四中。四有二種應如是知。

또한 하나의 무명주지에 통·별의 2종을 세우는 이유는 그 (무명의) 힘이 강한 것 중에서도 가장 강하다는 것을 나타내기 위해서이다. 그 의미는 무엇인가? 4종 주지에 포함된 일체의 상심上心[188]이 의지하는 종자는 통상의 무명주지와 비교한다면, 종자는 비록 많지만 그 힘이 미약하고, 무명은 하나뿐이지만 힘이 강하다. 그 이유는 일체 종자는 오직 자신의 상심上心에서만 일어나고 나머지에 대해서는 힘이 없으나, 그 하나의 주지는 모든 상심의 종자를 일반적으로 보존하고 있기 때문에 강한 것이다. 마치 모든 초목의 종자를 하나의 대지의 힘과 비교하는 것처럼 이것도 마찬가지다. 『(승만)경』에서 "이 네 가지 주지의 힘 중에서 모든 상심의 번뇌가 의지하는 종자는 무명주지와 비교하면 산수算數의 비유로도 미칠 수 없다."[189]라고 말한 것과 같다.

---

188 상심上心 : 『分別緣起初勝法門經』(T16, 841c9ff.)은 무명을 특정한 변화의 관점에서 4종으로 구분한다. ① 수면전이무명隨眠轉異無明, ② 전박전이무명纏縛轉異無明, ③ 상응전이무명相應轉異無明, ④ 불공전이무명不共轉異無明이다. 이 구분은 『瑜伽師地論』(T30, 637a17ff.; D 148a6-7)에서 무명을 자성의 차이에 따라 나열한 것 중에서 처음 네 가지 항목에 해당된다. 그것은 순서대로 "有隨眠無明。有覺悟無明。有煩惱共行無明。有不共獨行無明。"에 대응한다. 그 의미는 잠재적인 무명, 현재 작용하는 무명, 다른 번뇌와 상응하는 무명, 그리고 단독적이고 섞이지 않은 무명이다. 진제의 『三無性論』(T31, 869c10-12) 등의 용어 사용에서 나타나듯이, 여기서 '상심'은 '익숙하게 반복해서 일어나는 것' 정도를 의미할 것이며, 그런 점에서 '전박전이무명' 또는 '유각오무명'에 해당될 것이다.

189 『勝鬘經』(T12, 220a6-8), "世尊。此四住地力。一切上煩惱依種。此無明住地。算數譬喩。所不能及。"

又復於一無明住地。所以通別立二種者。爲顯其力勝中最勝故。是義云何。如四住地中。所有攝持一切上心所依種子。以此種子比其通相無明住地者。種子雖多其力微劣。無明唯一而力殊勝。所以然者。一切種子。唯能各各生自上心。於餘無力。其一住地。通持一切上心種子。是故殊勝。猶如一切草木種子。比一大地力。此亦如是故。如經言。此四住地力中。一切上心煩惱依種。比無明住地。等[1)]數譬[2)]喩所不能及故。

1) ㉮ '等'은 '算'의 오기인 듯하다. 2) ㉮ '譬'는 저본에는 '辟'이지만 『韓國佛敎全書』 편자가 오초 교감본에 따라 교정한 것으로 보인다.

다시 이와 같은 통상의 무명주지의 힘 안에서 개별적으로 취한 유애수의 4종 주지를 유애에 포함되지 않는 별상의 무명주지(견일처주지)의 힘과 비교한다면, 비록 똑같은 심불상응이지만 별상의 무명주지가 그 힘이 가장 크다. 그 이유는 그 유애수의 4종 주지는 모두 작득作得으로서 미혹된 바가 협소하여, 따라서 작은 지혜로 없앨 수 있지만, 무명주지는 자체적으로 생득生得이며 미혹한 바가 평등한 진여(一處)[190]로서 광대하고 무변하여, 일체의 작은 지혜로는 끊을 수 없고, 대원경지에 의해 비로소 소멸시킬 수 있기 때문이다. 따라서 이 무명은 그 힘이 가장 세다. 비유하면 집 안의 어둠은 하나의 등으로 제거될 수 있지만, 천하에 가득 찬 어둠은 등불로는 없앨 수 없고, 오직 태양이 뜰 때 비로소 제거될 수 있는 것과 같다. 여기서 무명도 마찬가지라고 알아야만 한다. 『(승만)경』에서 "이와 같은 무명주지의 힘은 유애수의 4종 주지에 비하여 그 힘이 가장 커서,……아라한과 벽지불의 지혜로도 끊을 수 없고, 오직 붓다와 여래의 보리의 지혜로만 끊을 수 있다."[191]라고 말한 것과 같다. 이것이 주지住地

190 평등한 진여(一處) : 앞에서 '일처一處'는 '일상一相'으로서 능견과 소견의 차이가 없는 평등한 것으로 설명되었다. 그것은 진여에 다름 아닐 것이다.

191 이 인용은 『勝鬘經』 「一乘章」(T12, 220a11-15)을 축약한 것이다.

와 기起에 따른 두 가지 번뇌의 차별이다.

更就如是通相無明住地力。內取有愛數四住地。比於有愛所不攝別相無明住地力者。雖復同是心不相應。而无明住地其力最大。所以然者。其有愛數四種住地。皆是作得。所迷狹小。由是小智之所能滅。無明住地。體是生得。所迷一處廣大無邊。一切小智所不能斷。大圓鏡智方得除滅。故此無明其力最大。喩如舍內之闇一燈所滅。遍天下闇非燈所遣。唯日輪出方能除滅。當知此中無明亦爾。如經言。如是無明住地力。於有愛數四住。其力最大。阿羅漢辟支佛智所不能斷。唯佛如來菩提智之所能斷故。是謂住地及起二種煩惱差別。

이 두 가지 중에서 기번뇌는 현료문 안의 이장에 포함되고 은밀문의 번뇌애에 포함된다. 주지번뇌는 현료문에서는 이런 혹을 나타내지 못하고 오직 은밀문의 지애에만 포함된다.

此二之中起煩惱者。顯了門內二障所攝。及隱蜜門煩惱碍攝。住地煩惱者。顯了門中不顯此惑。唯隱蜜門智碍所攝。

(위에서 설명한 여섯 방식을) 총괄하여 말하면 요약해서 6구句가 있다.

摠[1]而言之略有六句。

1) ㉰ '摠'은 저본에는 '惣'으로 되어 있다.

(i) 번뇌의 설명 방식(門)이 있다. 오직 번뇌장에 포섭된다. (ii) 또는 (다른) 혹의 설명 방식이 있다. 오직 소지장에만 포섭된다. (iii) 또는 (다른) 혹의 설명 방식이 있다. 이장에 공통적으로 포섭된다. 이 3종 설명 방식

은 이미 앞에서 설한 바와 같다. (iv) 또는 (다른) 혹의 설명 방식이 있다. 오직 현료문 중의 이장에만 포함되고 습기에는 포함되지 않는 것으로, 세 개의 주住에서 끊는 여섯 가지 추중 등이다.[192] (v) 또는 (다른) 혹의 설명 방식이 있다. 이장의 정장과 습기에 공통적으로 포함되는 것으로, 즉 11개의 지地에서 끊는 11종의 장애의 설명 방식(障門)[193] 등이다. (vi) 또는 (다른) 혹의 설명 방식이 있다. 이장二障의 정장과 습기 및 이애二礙에 포함되는 것으로, 즉 22종 우치와 11종 추중 등이다.[194]

或有煩惱門唯煩惱所攝。或有惑門唯所知障所攝。或有惑門通二障所攝。

192 세 개의 주住는 극환희주極歡喜住와 무가행무공용무상주無加行無功用無相住, 최상성만보살주最上成滿菩薩住 혹은 여래주如來住를 말한다. 여섯 가지 추중은 이들 세 개의 단계에서 끊는 번뇌장의 세 가지 추중과 소지장의 세 가지 추중이다.

193 초지에서 여래지에 이르기까지 각각의 지에서 끊는 11개의 장애이다. 11종의 대치에 대해서는 다음 주석을 참조할 것.

194 22종 우치愚癡와 11종 추중麤重은『解深密經』(SNSS IX.5)에 제시되어 있다. 11종의 지地에 각기 2종의 우치가 있고, 또 대치되어야 할 추중이 하나씩 있기 때문에 11종의 추중이 있다. "초지에는 개아와 법에 집착하는 우치 및 악취에서 염오된 우치가 있으며, 그것의 추중이 대치의 대상이다. 제2지에는 미세한 잘못을 범하는 우치와 여러 가지 업의 이숙에 대한 우치가 있고, 그것의 추중이 대치의 대상이다. 제3지에는 욕탐의 우치와 청문한 원만한 다라니에 대한 우치가 있고, 그것의 추중이 대치의 대상이다. 제4지에서는 등지에 대한 탐착(等至愛)의 우치와 법에 대한 탐착의 우치가 있고, 그것의 추중이 대치의 대상이다. 제5지에서는 한결같이 작의하여 생사를 버리는 우치와 한결같이 작의하여 열반으로 향하는 우치가 있고, 그것의 추중이 대치의 대상이다. 제6지에서는 현전한 제행의 유전을 관찰하는 우치와 상이 자주 현행하는 우치가 있고, 그것의 추중이 대치의 대상이다. 제7지에서는 미세상이 현행하는 우치와 한결같이 무상無相을 작의하여 방편으로 하는 우치가 있고, 그것의 추중이 대치의 대상이다. 제8지에서는 무상에 대해 의욕하는 우치와 관념상에 대해 자재함의 우치가 있고, 그것의 추중이 대치의 대상이다. 제9지에서는 무량의 설법과 무량의 법구와 문자, 이어지는 반야와 변재辯才에 있어 다라니의 자재함에 대한 우치와 변재의 자재함에 대한 우치가 있고, 그것의 추중이 대치의 대상이다. 제10지에서는 대신통의 우치와 미세한 비밀에 깨달아 들어감에 대한 우치가 있고, 그것의 추중이 대치의 대상이다. 제11지인 여래지에서는 일체 소지所知의 경계에서 극히 미세하게 집착하는 우치와 극히 미세하게 장애하는 우치가 있고, 그것의 추중이 대치의 대상이다."

此三種門已如前說。或有惑門唯顯了門中二障所攝非習氣攝。如三住所斷六種麤重等。或有惑門通二障正及習氣攝。謂十一地所斷十一種障門等。或有惑門二障正習及二碍攝。謂二十二愚癡及十一種麤重等。

이들 나머지 모든 번뇌의 설명 방식은 이치에 따라 총체적으로 포함한다고 알아야 한다. 이와 같이 이장과 이애가 모두 혹의 설명 방식을 총체적으로 포함한다고 알아야 한다.

此餘一切諸煩惱門。隨其所應想[1]攝應知。當知[2]如是二障二碍總攝一切惑門旣盡。

1) ㉯ '想'은 '揔'인 듯하다. 2) ㉮ '當知'는 저본에는 없지만 『韓國佛敎全書』 편자가 방기에 따라 보충한 것으로 보인다.

여러 설명 방식에 따른 상호 포함 관계의 부분을 마친다.

諸門相攝分竟。

제5편 이장의 대치와 끊음

다섯 번째는 (이장의) 대치와 끊음(治斷)을 밝힌 것이다.

第五明治斷者。

제1장 현료문에 따른 이장의 대치와 끊음

요약하면 4종이 있다. 첫째는 대치의 구별, 둘째는 끊어야 할 (번뇌)의 확정, 셋째는 대치에 의한 끊음의 구별의 해명, 넷째는 대치에 의한 끊음의 계위의 구별이다.

略有四重。一簡能治。二定所斷。三明治斷差別。四辨治斷階位。

1. 대치의 구별

대치의 구별이다. 대치하는 수행도에는 총괄해서 세간도와 출세간도의 2종이 있다. 세간도의 의미는 일상적으로 이해할 수 있다. 출세간도에는 견도와 수도와 구경도의 3종이 있다. 이 세 수행도 내에 순서대로 5종, 4종, 3종의 구별이 있다고 알아야 한다.

簡能治者。能治之道總說有二。謂世間道乃[1]出世間道。世間道義如常可解。出世間道者有其二[2]種。謂見道修道乃[3]究竟道。此三道內有五四三。如其次第差別應知。

1) ㊈ '乃'는 오초 교감본에 따라 '及'으로 교정해야 한다. 2) ㊈ '二'는 저본에는 '三'으로 되어 있다. 『韓國佛教全書』의 오기일 것이다. 3) ㊈ '乃'는 오초 교감본에 따라 '及'으로 교정하는 것이 타당할 듯하다.

견도와 (관련된) 5종은, 첫째는 자량도資糧道, 둘째는 방편도, 셋째는 무간도, 넷째는 해탈도, 다섯째는 승진도이다. 수도와 (관련된) 4종은 자량도를 제외한 나머지 4종으로서, 앞서 이미 두 가지 자량[195]을 적집했기 때문이다. 구경도와 (관련된) 3종은 승진도를 제외한 나머지 3종으로서, 무상보리는 더 나아갈 곳이 없기 때문이다.

見道五者。一資粮道。二方便道。三無間道。四解脫道。五[1]勝進道。修道四者。除資粮道有餘四種。先已積集二資粮故。究竟道三者。除勝進道有餘三種。無上菩提無所進故。

1) ㊈ '五'는 저본에는 없지만 『韓國佛教全書』 편자가 방기에 따라 보충한 것으로 보인다.

처음의 5종 가운데 자량도란 모든 범부들의 계(尸羅, Ⓢ śīla)와 감관의 통로(根門)의 수호 내지 지관의 부지런한 수습과 정지를 갖고 주함이다.[196]

195 두 가지 자량 : 복덕의 자량(Ⓢ puṇya-saṃbhāra)과 지혜의 자량(Ⓢ jñāna-saṃbhāra)이다.

196 「聲聞地」에서 자량도에 속하는 수행은 13종이다. 본문에서 언급한 넷을 포함해 자원만自圓滿, 타원만他圓滿, 선법욕善法欲, 계율의戒律儀, 근율의根律儀, 어식지량於食

이러한 해탈분解脫分의 선근善根[197]을 자량도라 한다. 방편도란 자량으로 있는 것은 모두 방편이지만, 방편이지만 자량도가 아닌 것이 있다. 즉 순결택분順決擇分의 선근[198]이다. 무간도란 방편도의 최후 찰나인 세제일법 직후의 선정의 상태이다. 왜냐하면 이 수행도의 힘으로 인해 그 직후에 반드시 번뇌의 종자를 영원히 끊을 수 있기 때문이다. 해탈도란 견도의 자성을 올바로 통달하는 것이다. 이 견도는 자성적으로 해탈이기 때문에, 번뇌의 끊음이라는 해탈을 증득하는 것이다. 승진도란 후득지이다. 명名과 의義를 자세히 알아서 이전의 지혜보다 수승하기 때문이며, 또 (수도위라는) 이후의 상태로 나아가기 위한 가행을 일으키기 때문이다.

初五之中資粮道者。謂諸凡夫所有尸羅守護根門等。乃至懃[1)]脩止觀正知而住。諸如是等解脫分善根爲資粮道。方便道者。所有資粮皆是方便。復有方便非資粮道。所謂順決擇分善根。無間道者。謂方便道㝡後刹那世第一法無間定位。由此道力從此無間必能永斷惑種子故。解脫道者。謂正通達見道自性。以此見道自性解脫證斷煩惱之解脫。勝進道者。謂後得智。具知名義勝前智故。爲進後位起迦[2)]行故。

1) ㉮ '懃'은 '勤'의 오기인 듯하다. 2) ㉮ '迦'는 '加'인 듯하다.

知量, 상근수습각성유가常勤修習覺醒瑜伽, 정지이주正知而住, 선우성善友性, 문사정법聞思正法, 무장無障, 혜사惠捨, 사문장엄沙門莊嚴이다.

197 해탈분解脫分의 선근善根(Ⓢ mokṣabhāgīyaṃ kuśalamūlam) : 해탈을 불러일으킬 수 있는 선근으로, 원효는 여기서 「聲聞地」에서 설한 13종의 구체적 수행을 염두에 두고 있다고 보인다. 이에 대해 은정희(2004: 223)는 동아시아 전통에서 삼현위三賢位에서 수행해야 하는 오정심관五停心觀이나 별상념주別相念住, 총상념주總相念住를 거론하고 있다.

198 순결택분順決擇分(Ⓢ nirvedhabhāgīya)의 선근 : 난煖, 정頂, 인忍, 세제일법世第一法으로서, 출세간도가 시작하는 첫 번째 단계이다. 특히 인선근忍善根은 유식관의 수행에 있어서 소취의 비존재의 인식을 통해 능취의 비존재를 깨닫고, 이를 통해 양자의 비존재를 깨닫는 유식성에 들어가는 단계로 자리하고 있다. 세제일법은 세간법 중에서 가장 뛰어나기 때문에 그렇게 불린다. 순결택분에 대해서는 안성두(2003) 참조.

총체적인 특징은 비록 그렇지만, 이에 대해 구별하자면 여기서 나머지 4종 수행도에 대해서 자세한 것은『일도장一道章』[199]에서 설명했기에 지금은 네 번째 (해탈도) 하나에 대해서만 설명하겠다.

總相雖然。於中分別者。此中餘四種道具如一道章說。今且說其第四一種。

1) 견도의 확립

견도의 안립에는 두 가지 도리가 있다. 첫째는 성교聖敎를 안립하는 도리이고, 둘째는 내적으로 승의勝義를 증득하는 도리다.[200]

立此見道有二道理。一者安立聖敎道理。二者內證勝義道理。

(1) 교설에 의한 견도의 확립

처음 방식 가운데 먼저 이승을 밝히고, 후에 보살을 설명하겠다.

이승인이 견도에 들어갈 때의 관점에서, 십륙심[201]이 차례로 일어나서

199『일도장一道章』: 원효의 저술이다.『一道章』과『起信論一道章』이 있지만 모두 현존하지 않는다.

200 이와 같이 견도를 두 가지로 규정하는 것은 용어상으로 볼 때「攝決擇分」(T30, 625a6ff.)의 설명 방식에 따른 것이다. 여기서 견도의 규정은 (i) 광포성교도리廣布聖敎道理, (ii) 내증승의도리內證勝義道理로 설명되고 있다. 전자는 희론戱論, 즉 언어적 다양성을 수반한 것으로 9심 찰나로 규정되며, 후자는 희론을 여읜 방식으로서 진여를 대상으로 하는 지(眞如智)와 상응하는 설명이다. 이 두 가지 경우에「攝決擇分」은 모두 '일심一心'의 용어를 사용한다. 그런데 원효는 이 설명을 확대해서 (i)을 이승의 경우에는 유부가 설명하듯이 십륙심 찰나로 구분하는 방식과 보살의 경우는 3심 찰나로 설명하는 방식으로 나눈다. 그리고 (ii)의 설명의 경우에만「攝決擇分」이 사용하는 '일심一心'이란 용어를 사용하고 있다

201 십륙심 : 견도를 십륙심 찰나로 해석하는 것은 원효가 '이승인'에 해당한다고 말하듯

상계와 하계에 속한 8종의 (사)제와 관련된 혹을 점차적으로 끊는다고 설한다. 「성문지결택」에서 "견도의 법지품(Ⓢ dharmajñāna-pakṣya)에 수순하는 것은 욕계에 속한 견소단의 법[202]의 대치이며, 유지품(Ⓢ anvayajñāna-pakṣya)에 수순하는 것은 색계와 무색계에 속한 견소단의 법의 대치이다."[203]라고 말했다. 십륙심을 건립하는 이유는 이 견도로 인해서 십륙행상行相의 차이를 관찰하는 세속지를 일으킬 수 있기 때문이다. 그러므로 원인에 대해 그 결과의 상을 말한 것이다.

初門之中先明二乘後說菩薩。就二乘人入見道時。說十六心次第而轉。漸斷上下八諦下惑。如聲聞地決擇中言。若法智品見道。對治欲界見所斷法。若類智品見道。對治色無色界見所斷法故。所以安立十六心者。由此見道能生出觀十六行相差別世智。是故因中說其果相。

이 유부有部의 전형적인 관점이다. 견도의 십륙심을 구분하는 기준은 사제와 욕계·상이계上二界의 구분이다. 계界에 따른 구분은 각기 법지法智(Ⓢ dharma-jñāna)와 유지類智(Ⓢ anvaya-jñāna)의 구별에 대응하는데, 법지는 욕계에 있어 사성제의 직접적 인식이고, 유지는 색계, 무색계의 상이계에 있어서 사성제의 유비적 인식이다. 유부는 이들 지智를 다시 인忍(Ⓢ kṣānti)과 지智(Ⓢ jñāna)로 구분하는데, 인은 번뇌를 제거하는 기능을 하고 지는 번뇌가 제거되었다는 것을 확인하는 기능을 한다. 따라서 각각의 제諦에는 네 단계의 심이 있기 때문에 모두 십륙심이 된다. 이러한 분류를 통해 각각의 진리, 예를 들어 고제는 고법지인苦法智忍(Ⓢ duḥkhe dharmajñāna-kṣānti)과 고법지苦法智(Ⓢ duḥkhe dharmajñāna), 고류지인苦類智忍(Ⓢ duḥkhe anvayajñāna-kṣānti)과 고류지苦類智(Ⓢ duḥkhe anvayajñāna)의 4찰나로 이루어져 있는 것이다. 이것은 집제, 멸제, 도제의 경우도 마찬가지다. 다만 도제의 경우 마지막 찰나인 도류지道類智는 수도修道(Ⓢ bhāvanāmārga)의 단계에 해당된다. 유부의 십륙심 찰나에 대한 설명은 AKBh 350,13−351,6 참조. 사상사적 의미에 대해서는 후라우발너(2007) 및 안성두(2002) 참조.

202 견소단의 법(見所斷法) : 『瑜伽師地論』에는 '法'이 '惑'으로 되어 있다. 아래 문장 '對治色無色界見所斷法'에서도 마찬가지다.

203 『瑜伽師地論』「攝決擇分」[T30, 683b15−16 = VinSg(D) 258a6−7], "若法智品見道。對治欲界見所斷惑。若類智品見道。對治色無色界見所斷惑。" 원효는 '見所斷惑'을 모두 '見所斷法'으로 인용하고 있다.

만일 보살이 견도에 들어가는 때를 논한다면, 3종 심 (찰나)가 있어 차례대로 일어난다. 처음 (찰나)에는 인공人空을 관찰하여 인집을 대치하고, 다음 (찰나에는) 법공을 관찰하여 법집을 대치하며, 세 번째 심 (찰나)에서는 이공을 총체적으로 관찰하여 이집의 끊음을 증득한다. 『유가사지론』은 (다음과 같이) 말한다. "순결택분의 마지막 선근의 직후에 비로소 유정의 표식(有情假, Ⓢ sattva-saṃketa)을 제거하는 법을 대상으로 하고, 견소단의 번뇌품과 수순하는 약한 추중을 여읜 첫 번째 심이 생겨난다. 그 후에 각각의 자체에 법의 표식(法假, Ⓢ dharma-saṃketa)을 제거하는 법을 대상으로 하고, 견소단의 번뇌품과 수순하는 중간 정도의 추중을 여읜 두 번째 심이 생겨난다. 그 후에 모든 중생과 법의 표식을 제거하는 법을 대상으로 하고, 견소단의 번뇌품과 수순하는 일체의 추중을 여읜 세 번째 심이 생겨난다."[204] 그러므로 (보살의 견도에서) 이 3종 심을 건립한 이유는 방편도에 의해 차례대로 개별적으로 수습하여, 이 가행에 의해 견도에 들어가는 것이다. 따라서 결과에 대해 원인의 특징을 설한 것이다. 이것이 성교를 안립하는 도리에 의해 견도의 차별상을 건립한 것이라고 한다.

若論菩薩入見道時。有三種心次第而起。初觀人空對治人執。次觀法空對治法執。第三心時總觀二空證斷二執。如瑜伽說。從順決擇分邊際善根無間。有初內遣有情假法緣心生。能除耎[1)]品見道所斷煩惱麤重。從此無間第二內遣諸法假法緣心生。能除[2)]中品見斷麤重。從此無間第三遍遣一切有情諸法假法緣心生。能除一切見斷麤重故。所以安立此三心者。由方便道次第別修。由是加行得入見道。是故果中說其因相。是謂安立聖教道理建立見道差別相也。

---

204 이 인용은 『瑜伽師地論』「攝決擇分」[T30, 605c18-24 = VinSg(D) 69a5-b1]에 의거한 것이다.

1) ㉮ '耎'은 오초 교감본에 따르면 '輭'이고, 『瑜伽師地論』에 따르면 '軟'이다. 『瑜伽師地論』에 따라 교정해야 할 것이다. 2) ㉮ '除'는 저본에는 '降'이지만 『韓國佛敎全書』 편자가 오초 교감본에 따라 교정한 것으로 보인다.

(2) 내자증에 의한 견도의 확립

다음은 내적으로 승의를 증득하는 도리를 밝혔다. 삼승의 성인이 견도에 들어갈 때에 오직 일심一心에 내적으로 진여를 증득하는 것으로, (이승의) 십육심과 (보살의) 3심의 차이는 없다. 일심一心이란 관에 들어간 (심)에게는 오직 하나의 품류만이 있어 전후 유사하여 차이가 없기 때문에[205] '일심'이라고 부르는 것이지, 찰나의 관점에서 일심이라고 부르는 것은 아니다.

次明內證勝義道理者。三乘聖人入見道時。唯有一心內證眞如。無有十六及三差別。言一心者。入觀之內唯有一品前後相似無差別。故說名一心。非約刹那名爲一心。

『승만부인경』에서 "성문과 연각이 처음 사성제를 관할 때, 하나의 지혜

205 견도에서 승의를 증득하는 방식을 일심一心으로 설명하는 것은 바로 「攝決擇分」(T30, 625a14-16)의 용어를 따른 것이다. 여기서 일심은 진여를 증득하는 지智와 상응하는 심의 종류로서 불리며, 이것이 견도의 구경이라고 불린다고 설명하고 있다. 이런 설명은 형식적인 측면을 다룬 것이지만, 그런 견도의 내용을 고려할 때, 우리는 이런 설명이 견도를 '능연소연평등평등지能緣所緣平等平等智(Ⓢ samasamālambyālambakaṃ jñānam)'로 규정하는 『集論』과 매우 유사한 것임을 알 수 있다. 견도에서 무분별지를 얻은 수행자에게 의식의 흐름은 능취와 소취라는 일상적 지각의 파악 방식을 초월해 있기 때문에 매 찰나의 전후가 능소를 여읜 평등한 방식으로 나타난다. 이것이 선정의 상태에서 어떻게 수행되고 있는가에 대해서는 Schmithausen(1983과 2006)의 탁월한 해석을 보기 바란다. 여하튼 원효가 이러한 방식으로 일심을 이해했다면, 그것은 일심을 결코 하나의 초월적 의식이나 또는 포괄자의 방식으로 이해한 것이 아닐 것이다.

에 의해 모든 (무명)주지를 끊기 때문에 하나의 지혜에 의해 네 가지 주지를 끊는다."[206]라고 했으며, 또 『해심밀경』에서 "일체의 성문과 독각, 보살은 모두 함께 이 하나의 실재하는 청정한 도를 가지며, 모두 동일하게 이 하나의 궁극적인 청정을 가진다."[207]라고 설했다. 또 『현양성교론』에서 "중생에 대한 집착으로 인해 현기하는 전纏을 제거하기 위해 법의 진실성을 깨달아 법집을 영원히 끊는다. 법집이 끊어졌을 때 또한 중생에 대한 집착의 수면도 끊어진다고 알아야 한다."[208]라고 하고, 또 『유가사지론』도 같은 설명을 한다. 이러한 문장 등에 의하여 보살은 이공의 진여를 단박에 증득하고 또 이집의 종자의 수면도 단박에 끊는다고 알아야 한다.

如夫人經言。聲聞緣覺初觀聖諦。以一智斷諸住地。一智四斷。深蜜[1)]經言。一切聲聞獨覺菩薩。皆共此一妙淸淨道。皆同此一究竟淸淨故。又顯揚[2)]論云。除衆生執現起纏故。覺法實性永斷法執。法執斷時。當知亦[3)]斷衆生執隨眠。瑜伽論中亦同此說。依此等文。當知菩薩一時頓證二空眞如。頓斷二執種子隨眠。

1) ㊄ '蜜'은 '密'로 교정해야 될 것이다. 2) ㊄ '揚'은 저본에는 '揭'이지만 『韓國佛教全書』 편자가 방기에 따라 교정한 것으로 보인다. 3) ㊄ '亦'은 저본에는 '赤'이지만 『韓國佛教全書』 편자가 오초 교감본에 따라 교정한 것으로 보인다.

① 삼승의 견도의 차이

만일 (삼승이) 모두 일심에서 진여를 증득한다면, 삼승의 견도에 어떤 차이가 있는가?

206 이 문장은 『勝鬘經』(T12, 221a20-21)을 인용한 것이다.
207 이 문장은 『解深密經』(T16, 695a17-18 = SNS VII.14)의 온전한 인용이다.
208 이 문장은 『顯揚聖教論』(T31, 559c4-6)을 축약, 인용한 것이다.

(i) 이승은 오직 안립의 방식으로 특징지어지는 진여만을 관찰하니, (그것과) 진여의 차이는 마치 대나무 대롱을 통해 허공 속의 색을 보는 것과 같다. 보살은 안립제와 비안립제의 법문에 두루 의거하여 진여의 자성과 차별을 모두 관찰하니, 마치 청정한 천안통을 가진 사람이 안팎의 허공 속의 색을 두루 보는 것과 같다. 그러므로 (삼승은) 동일하게 진여를 보지만 차이가 있는 것이다.

『유가사지론』에서 "성문승과 상응하는 작의의 수습이란 무엇인가? 즉 안립제를 작의하는 방식에 의해 내적으로 진여를 관찰한 후에 한정되고 부분적인 개별적인 법을 인식대상으로 하는 것이다.……대승과 상응하는 작의의 수습이란 무엇인가? 안립과 비안립제를 작의하는 방식에 의해 내적으로 진여를 관찰한 후에 무량하고 구분되지 않는 개별적인 법을 인식대상으로 하는 것이다."[209]라는 등으로 널리 설명한 것과 같다.

若皆一心並證眞如。三乘見道有何異者。二乘唯觀安立門内所顯眞如。眞如[1)]差別如從竹管以見空色。菩薩通依安立非安立諦法門。通觀眞如自性差別。如有淸淨天眼通者。遍都見内外空色。是故同見眞如而有差別。如瑜伽說。云何聲聞乘相應作意修。謂由安立諦作意門。内觀眞如緣有量有分別法爲境。云何大乘相應作意修。謂由安立非安立諦作意門。内觀眞如緣無異[2)]無分別法爲境等。乃至廣說。

1) ㉮ '如'는 저본에는 '乘'이지만 『韓國佛教全書』 편자가 방기에 따라 교정한 것으로 보인다. 2) ㉮ '無異'는 저본의 '無量'을 『韓國佛教全書』 편자가 오기한 것으로 보인다.

---

209 이 인용은 『瑜伽師地論』「攝決擇分」[T30, 668c4–14 = VinSg(D) 223b2–7]을 내용에 따라 요약한 것이다. 여기서 성문승의 작의와 대승의 작의는 각기 '유량유분별법有量有分別法'과 '무량무분별법無量無分別法'으로 규정되고 있는데, 이 문장은 티베트 역에 따라 "유량/무량하고, 구분되고/구분되지 않는(yongs su chad pa/ yongs su ma chad pa) 개별적인 법" 정도로 풀이하는 것이 좋을 것이다.

(ii) 또한 이어지는 글에서는 (다음과 같이) 말한다. "요약하면 법계에는 2종의 상이 있다. 첫째는 차별상이고, 둘째는 자상이다. 차별상이란 상주상과 적정상이다. 상주상이란 본래 생기함이 없는 성질(法性)과 소멸함이 없는 성질이고, 적정상이란 번뇌와 고苦를 여읜 성질이다. 자상이란 상相·명名·분별分別·진여眞如·정지正智[210]에 포섭되는 일체의 법에 변계소집자성이 자성적으로 존재하지 않는 것으로서의 법무아성을 말한다. 이와 관련하여 성문은 차별상을 통해 법계에 통달한 것이지, 자상을 통해 그 (법계)에 통달한 것은 아니다. 그 이유는 무엇인가? (이승은) '소멸하지 않는다'는 생각과 '편안하다'는 생각에 의해 법계에 대해 적정하다는 생각을 획득하고, 일체의 유위행에 대하여 한결같이 싫어하는 생각을 일으키기 때문이다.……보살들의 경우에는 두 가지 상 모두에 의해 법계에 통달하여 보살의 정성리생正性離生[211]에 들어간 후에 법계의 자상을 대상으로 하는 작의에 안주한다. 그 이유는 무엇인가? 법계에 대하여 차별상을 대상으로 빈번히 작의할 때에는 열반에 속히 나아가려고 하기 때문에 이는 무상보리無上菩提에 대한 올바른 방편이 아니기 때문이다."[212] 이를 대승과 소승의 견도의 차별이라고 한다.

又下文言。略說法界有二種相。一差別相。二者自相。[1)] 差別相者。謂常住相

210 상相(Ⓢ nimitta)·명名(Ⓢ nāman)·분별分別(Ⓢ vikalpa)·진여眞如(Ⓢ tathatā)·정지正智(Ⓢ samyagjñāna) : 이 다섯 가지 요소는 오사五事(Ⓢ pañca-vastu) 또는 오법五法(Ⓢ pañca-dharma)의 범주하에서 심적 이미지와 언어, 의식작용과 의식을 벗어난 있는 그대로의 존재, 그리고 이를 인식하는 지혜의 관계를 설한 것이다. 오사의 범주는 「菩薩地」〈眞實義品〉에 대한 「攝決擇分」에서 조직적으로 설해지고 있으며, 유식학파의 삼성설의 선행이론으로 평가되고 있다. 이에 대해서는 Kramer(2005) 참조.

211 정성리생正性離生(Ⓢ samyaktvanyāma) : 수행자가 예류의 상태에 도달했을 때 최대한 7번의 재생을 끝으로 더 이상의 재생이 없는 상태를 말한다. 보살의 경우 사성제의 현관을 통해 견도를 획득한 상태를 말한다.

212 이는 『瑜伽師地論』 「攝決擇分」[T30, 738a19-b11 = VinSg(D) Zi 100b7-101b2]을 축약, 인용한 것이다.

及寂靜相。常住相者。謂本來無生法性及無盡法性。寂靜相者。謂煩惱垢[2]離繫法性。言自相者。謂於相名分別眞如正智所攝一切法中。由遍計所執自性故。自性不成實法無我性。此中聲聞由差別相通達法界。不由自相以通達彼。何以故。由無沒相及安隱相。於法界中得寂[3]靜相。於一切行一向發起厭背之想。若諸菩薩。俱由二相通達法界。入於菩薩正性離生已。當安住緣於法界自相作意。何以故。由於法界緣差別相當[4]作意時速趣涅槃故。於阿[5]菩提非正方便故。是謂大小見道差別。

1) ㊈ '相'은 저본에는 '性'이지만『韓國佛敎全書』편자가『瑜伽師地論』에 따라 교정한 것으로 보인다. 2) ㊈ '垢'는『瑜伽師地論』에 따라 '苦'로 교정하는 것이 타당하다. 3) ㊈ '寂'은 저본에는 '家'이지만『韓國佛敎全書』편자가 오초 교감본에 따라 교정한 것으로 보인다. 4) ㊈ '當'은『瑜伽師地論』에 따라 '多'로 교정하는 것이 타당하다. 5) ㊈ '阿' 다음에 방기에 따라 '耨'을 보완해야 한다.

(iii) 또한 삼승인이 견도에 들어갈 때에는 이치에 따라 평등성을 대상으로 하는, 마나스와 상응하는 평등성지가 생겨나서, 의식에 상응하는 지혜(妙觀察智)와 인식대상을 같이하여 생겨난다. 그 이유는 무루의 의식은 반드시 다른 (유루)와 공통되지 않는 무루의 근거(不共所依)를 가져야만 하기 때문이다.『현양성교론』에서 (다음과 같이) 설한다. "의란 알라야식의 종자로부터 생겨났지만 도리어 저 (알라야)식을 대상으로 하여 아치와 아애, 아·아소집과 아만과 상응한다. 또는 도리어 저 (네 혹)과 상응하여 모든 때에 (자신을) 높이면서 행하거나 혹은 평등하게 행하면서 그것과 함께 전변하는 것으로, 요별을 자성으로 한다. 세존께서 '내적으로 의처가 파괴되지 않고 외적으로 법처가 현전하며, 또 그것에 의해 생겨난 작의가 일어날 때, 이와 같이 일어난 의식이 생겨난다.'라고 설했다."[213]

又三乘人入見道時。末那相應平等智生。隨其所應緣平等性。與意識智同

213 이 인용은『顯揚聖教論』(T31, 480c23-27)에 의거한 것이다.

所緣轉。所以然者。無漏意識必有無漏不共所依故。如顯揚論云。意者謂從阿賴耶識種子所生。還緣彼識。我癡我愛我我所執我慢相應。或翻彼相應。於一切時恃舉爲行。或平等爲[1)]行。與彼俱轉了別爲性。如薄伽梵說。內意處不壞。外法處現前。及彼所生作意正起。如是所生意識得生故。

1) 역 '爲'는 『瑜伽師地論』 원문에 따르면 삭제하는 것이 타당할 듯하다.

『유가사지론』은 설한다. "문 만약 모든 때에 사량思量을 자성으로 하는 저 마나스(末那)가 지속적으로 생겨난다면, 세존께서 말씀하신 출세간의 마나스는 어떻게 건립되는가? 답 그것은 명칭뿐의 표식에 의해 시설된 것이지, 반드시 대상 그대로는 아니다. 또는 그 (마나스)를 대치함에 의해 전도를 떠나 바르게 사유하게 하기 위해서이다. 바로 마나스가 의식으로 하여금 분별하여 생겨나는 것을 유지시켜 주기 때문에, 따라서 그것이 의식의 근거가 된다고 설한 것이다."[214]

瑜伽論說。問。若彼末那於一切時思量爲性相續而轉。如世尊說出世末那云何建立。答。名假施設不必如義。又對治彼遠離顚倒正思量故。卽此末那任持意識令分別轉。是故說爲意識所依。

이 질문의 의도는 위에서처럼 마나스의 특징을 규정한다면, 이 의意는 네 가지 혹과 항시 상응하고, 모든 때에 사량思量을 자성으로 하는 것이며, 그렇다면 이것은 모든 때에 자아라고 사량하기 때문에 출세간의 마나스로서 건립될 수 없다고 말하는 것이다.

此問意言。如上施設末那相云。此意恒與四惑相應。於一切時思量爲性。是

214 이 인용은 『瑜伽師地論』 「攝決擇分」[T30, 651b29-c4 = VinSg(D) 182b2-4]에 의거한 것이다.

卽出世末那不可建立。以一切時思量我故。

답변한 의도에도 두 종류가 있다. 첫 번째는 우선 (마나스는) 세간에서 규정한 명名과 의義의 관점에서 모든 때에 사량을 자성으로 한다고 말했지만, 그 실질적 의미에 따르자면 모든 때에 자아를 대상(我塵)으로 사량하는 것은 아니다. 그러므로 명칭과 기호에 따른 개념적 규정(名假施設, Ⓢ nāmasaṃketaprajñapti)은 반드시 모두 실재하는 대상과 동일한 것은 아니다.

두 번째 (의미에서의) 의란 또한 이 마나스가 전도를 수반했을 때에는 자아를 대상으로서 사량하지만, 전도를 떠났을 때에는 무아라고 사량한다. (그것은) 항시 의식과 더불어 대상을 공유하면서 생겨나기 때문에, 의식과 공통되지 않은 근거를 갖고 있다고 말한다. 그러므로 (마나스는) 비록 모든 때에 사량을 자성으로 하지만, (이것이) 출세간의 마나스의 건립을 부정하는 것은 아니다. 마나스가 방편을 닦지 않고 곧바로 다른 수행에 의해 홀연히 전도를 여읠 수 있는 이유는 (의식과) 공통된 근거를 갖고 있지 않기 때문이며, 또 자성적으로 청정하기 때문이다. 마치 이숙식이 방편을 수습하지 않고도 의식 중에서 성스러운 수행도의 힘에 의해 저 이숙식이 홀연히 종자를 여의는 것과 같다. 왜냐하면 (이숙식은) 모든 전식과 공통적인 근거를 갖고 있기 때문이다. 마나스도 마찬가지로 방편을 수습하지 않아도 의식 중에서 무루도의 힘에 의해 상응하는 4종 번뇌를 홀연히 여의는 것이다. 왜냐하면 그것은 의식과 공통되지 않은 근거를 갖기 때문이다.

答意有二種。初者。且約世間施設名義。說一切時思量爲性。就其實義。非一切時思量我塵。是故名假施設未必一切皆如實義。後意者。又此末那。有顚倒時思量我塵。離顚倒時思量無我。恒與意識共境而轉。故說意識不共所依。是故雖一切時思量爲性。不廢[1]建立出世末那也。所以末那不脩方便。直由他脩忽離顚倒者。不共依故。自性淨故。如異熟識不脩方便。而由意識聖道勢力。彼異熟識忽離種子。由諸轉識通所依故。末那亦爾。不修方便而由意識無漏道力。忽離相應四種煩惱。以是意識不共依故。

1) ㉰ '廢'는 저본에는 '癈'지만 『韓國佛敎全書』 편자가 오초 교감본에 따라 교정한 것으로 보인다.

또한 마나스는 자성적으로 본래 청정하지만 오직 (4종 번뇌와의) 상응에 의해 염오되었을 뿐이다. 그러므로 전도를 여의었을 때에 바로 올바로 사량하는 것이다. 이에 대해 「사소성지思所成地」의 게송은 말한다. "염오의는 항시 여러 혹과 함께 생멸한다. (염오의에게 있어) 여러 혹으로부터의 해탈은 (따라서) 선후가 아니다. 저 (염오의라는) 요소가 청정한 요소로서 후에 생겨나는 것이 아니라, (후에 생기는 것은 청정한) 다른 의意이다. 이전에 염오되지 않았던 그 [다른 의意(Ⓢ manas)]를 모든 혹에서 벗어난 것이라고 설하는 것이다. 그 (염오의)는 염오되어 있지만 궁극적으로 자성적으로 청정하다."[215] 이하는 이 (게송)의 해석이다. "또한 설명했던 해탈의 상을 해설한다는 것은 그것이 생겨난 이후에 비로소 청정한 것이 별도로 있어 청정한 의가 생겨난다는 것이 아니라, 바로 그 (염오의)가 이전에 염오된 적이 없기 때문에 이를 해탈이라고 부른다."[216]라고 널리 설명했다.

215 이 게송은 Paramārthagāthā(勝義伽他)의 제39-41ab 게송으로서, Schmithausen(1987: 232-3)이 산스크리트문과 그 번역을 제시하였다. 여기서 번역은 그에 따랐다. sahotpannaniruddhaṃ hi kleśaiḥ kliṣṭaṃ manaḥ sadā/ kleśebhyas tasya nirmokṣo na bhūto na bhaviṣyati// na tad utpadyate paścāc chuddham anyat tu jāyate/ tac ca pūrvam asaṃkliṣṭaṃ kleśebhyo muktam ucyate// yat kliṣṭaṃ tad ihātyantāc chuddhaṃ prakṛtibhāsvaraṃ/; (=『瑜伽師地論』 T30, 364a6-10).

216 원효가 인용하는 문장은 『瑜伽師地論』 「思所成地」(T30, 365b28-c1)의 승의가타 제40송에 대한 해설로서, 대응하는 한역은 다음과 같다. "又顯所說解脫之相。謂非卽彼生已後方淸淨。別有所餘淸淨意生。卽彼先來無染汚故說爲解脫。" 한역만으로는 의미가 잘 통하지 않지만, 다행히 이에 대한 산스크리트 원문과 번역이 Schmithausen(1987: 241-2)에 제시되어 있다. yadā tarhi muktam ucyate/ tat

이러한 문장 등에 의거하여 출세간의 의식에는 반드시 출세간의 마나스가 있다고 알아야만 한다.

又末那自性本來淸淨。唯由相應旦[1]被染耳。故離倒時卽正思量。如思所成此[2]頌曰。染汚意恒時。諸惑俱生滅。若解脫諸惑。非先亦非後。非彼法生已。後淨異而生。彼先無染汚。說解脫諸惑。其有染汚者。畢竟性淸淨等。下卽釋言。又解所[3]說解脫之相。謂非卽彼生已後方淸淨。別有所餘淸淨意生。卽彼先來無染汚故說爲解脫。乃至廣說。依此等文。當知出世意識必有出世末那.

1) ㉮ '旦'은 저본 '且'의 오기로 보인다. 2) ㉯ '此'는 '地'인 듯하다. 3) ㉮ '解所'는 저본에는 '解'이지만『韓國佛敎全書』편자가 방기에 따라 교정한 것으로 보인다.『瑜伽師地論』에 따르면 '顯所'로 교정하는 것이 타당할 듯하다.

전체적인 특성은 비록 그렇지만 이에 대해 구별하자면, 보살은 견도에서 이공二空을 증득하기 때문에 마나스의 (인·법에 대한) 2종 집착도 모두 현행하지 않고, 바로 이공의 평등한 지혜와 함께한다. (그러나) 이승은 견도에서 다만 인공만을 증득하기에 마나스의 법집이 여전히 현행하며 오직 인공의 평등한 지혜와 함께한다. 마치 의식 중에서 인공 쪽을 증득하면 무루지를 이루지만, 고苦의 행상(相) 쪽을 취하면 이것이 바로 법집이 되는 것과 같다. 단지 하나의 혜심소(慧數)가 지혜이기도 하고 집착이기도 하면서 상대하는 것이 다르기 때문에 서로 방해하지 않는 것처럼, 평등성지도 마찬가지라고 알아야 한다. 견도에서의 보살과 이승의 차별은 그 특징이 이와 같다.

---

saṃdarśayati – na tad eva paścāc chuddham utpadyate, 'nyat tu śuddhaṃ mano jāyate/ tac ca pūrvam evāsaṃkliṣṭatvān muktam ity ucyate/ etam evārthaṃ punaḥ sādhayati yat kliṣṭaṃ tad ihātyantād ity anayā gāthayā〈/〉… 여기서 번역은 산스크리트에 의거했다.

摠[1]相雖然。於中分別者。菩薩見道證二空故。末那二執悉不現行。卽與二空平等智俱。二乘見道但證人空。末那法執猶得現行。唯與人空平等智俱。如意識中證人空邊成無漏智。取苦相邊卽是法執。唯一惠數亦智亦執而不相妨。所望別故。平等性智。當知亦爾。見道差別其相如是。

1) ⓔ '摠'은 저본에는 '惣'으로 되어 있다.

② 견도의 대치와 번뇌의 끊음

이 (의와 의식의) 두 가지 식의 지혜와 (자량도 등의) 5종 도에서 어떤 것이 대치하는 것이며, 어느 것을 끊을 수 없는가? 이와 같은 두 가지 지혜는 모두 번뇌의 추중을 대치할 수 있다. 왜냐하면 (지혜와 번뇌는) 자성이 상위하기 때문이며, 또 품류가 동일하기 때문이다. 또한 다섯 가지 도[217]도 모두 (번뇌를) 대치하는 것이다. 그 이유는 자량도의 염환대치厭患對治에 의해 번뇌의 종자의 세력을 점차 감소시키고, 방편도에 이르러 부분적으로 저 (번뇌)품의 추중을 점차 제거하며, 무간도에 의해 직후에 종자를 영원히 소멸시킨다. 그러므로 이 (방편도와 무간도의) 두 가지 도는 단대치斷對治가 된다. 해탈도는 번뇌를 전환시켜 해탈을 얻기 때문에 지대치持對治가 된다. 승진도는 번뇌로부터 벗어난 자로 하여금 (성자의 상태의) 획득을 성숙시키기 때문에 원분대치遠分對治이다.[218] 『대법론』에서 "(번뇌를 끊

217 다섯 가지 도 : 앞에서 설명한 자량도와 방편도, 무간도와 해탈도, 승진도이다.

218 염환대치(Ⓢ vidūṣaṇa-pratipakṣa)와 단대치(Ⓢ prahāṇa-pratipakṣa), 지대치(Ⓢ ādhāra-pratipakṣa), 원분대치(Ⓢ dūrībhāva-pratipakṣa)의 4종은 『瑜伽師地論』(T30, 603a3ff.)에서 15종의 대치 중에서 맨 처음으로 나열되었다. 그리고 AS 71,4ff.에서는 염환대치를 유위의 제행에 대해 단점을 보는 것으로, 단대치를 가행도와 무간도로, 지대치를 해탈도로, 원분대치를 그 이후의 수행도로 규정한다. VinSg 224b3–6(=『瑜伽師地論』T30, 669a14ff.)에서 이들 4종은 다음과 같이 정의된다. "염환대치란 사무량四無量에 속하지 않는 세간적인 모든 선한 수행도이며, 또 요가행자의 유희를 수반한 마음에서 생겨나는 것이다. 단대치란 진여를 대상으로 하는 작의이다. 지대치란 그 후에 획득된,

는) 단대치란 방편도와 무간도이다. 그것에 의해 모든 번뇌를 끊을 수 있기 때문이다."[219] 등으로 상세히 설명한 것과 같다. 이와 같은 다섯 가지 도와 두 가지 지혜의 여러 조건이 화합함에 의해 비로소 견혹의 수면을 영원히 떠나게 된다. 그러므로 (다섯 가지 도와 두 가지 지혜의) 모든 조건이 다 대치하는 것이라고 설한 것은 이들 조건을 떠나 (번뇌를) 끊을 수 있는 것은 없기 때문이다.

此二識智及五種道。何者能治。誰不能斷者。如是二智皆能對治煩惱麤重。性相違故。同一品故。又五種道亦悉能治。所以然者。由資糧道厭患對治。漸損煩惱種子勢力。至方便道隨分漸捨彼品麤重。由無間道能令無間永滅種子。故是二道爲斷對治。由解脫道能轉煩惱解脫之得故爲轉[1)]對治。由勝進道令遠煩惱成熟得故遠分對治。如對法論云。斷對治者。謂方便道及無間道。由彼能斷諸煩惱故。乃至廣說。由如是等五道二智衆緣和合。方得永離見惑隨眠。故說諸緣皆是能治。離衆緣外無能斷者故。

1) ㉧ '轉'은『瑜伽師地論』원문에 따라 '持'로 교정하는 것이 타당할 듯하다.

그러나 다시 (두 가지 지혜와 다섯 가지 도의) 여러 조건과 관련하여 그것이 (번뇌를) 대치한다는 점을 탐구하면, 끝내 유일한 올바른 끊음은 존재하지 않는다. 그 이유는 무엇인가? 앞의 (자량도와 방편도, 무간도의) 세 가지 수행도는 수면隨眠에 의해 수반되는 상박相縛[220]을 벗어나지 못했

세간도와 출세간도이며 해탈도이다. 원분대치란 번뇌를 이미 끊은 자가 그것을 대치하는 수행도를 자주 수습하는 것이며, 상지에 속하는 수행도를 자주 수습하는 것이다. 다른 설명 방식에 따르면 청문과 사유에서 생겨난 수행도는 염환대치이고, 출세간도는 단대치이며, 그것의 결과인 전의가 지대치이고, 세간적인 수도가 원분대치이다." 한역에서 밑줄친 부분은 '聞思修道'라고 번역되어 있어 수습에서 생겨난 도도 포함시키지만, 그럴 경우 염환대치도 번뇌를 끊는 효과가 있기 때문에 타당하지 않을 것이다.

219 이 인용은『雜集論』(T31, 738b3-4 = ASBh 83,22)에 의거한 것이다.

기 때문에 (번뇌를) 끊을 수 없고, 네 번째 해탈도는 자성적으로 이미 해탈해 있기에 끊어야 할 것이 없기 때문에 대치하는 것이 아니다. 하물며 승진도에서 끊어야 할 것이 어디에 있겠는가? 이와 같이 탐구해 보면, 일체의 법이 이미 작용을 떠났기 때문에 (번뇌의) 끊음을 얻을 수 없다. (이와 같이 5종 수행도 자체도) 스스로 머물지 않는데, 하물며 어떻게 다른 (번뇌)를 없앨 수 있겠는가?

然更就諸緣求其能治。終無有一正能斷者。何以故。如前三道。不離相縛隨眠所逐。[1] 故不能斷。第四一道自性解脫。無所斷故亦[2]能治。況[3]勝進道而有所斷。如是推求斷不可得。以一切法無作用故。尚不自住呪[4]滅他故。

1) ㊎ '逐'은 저본에는 '遂'이지만 『韓國佛敎全書』 편자가 오초 교감본에 따라 교정한 것으로 보인다. 2) ㊎ '亦'은 저본에는 '亦非'인데, 『韓國佛敎全書』의 오기로 보인다. 3) ㊎ '況'은 저본에는 '呪'이지만 『韓國佛敎全書』 편자가 오초 교감본에 따라 교정한 것으로 보인다. 4) ㊎ '呪'는 오초 교감본에 따라 '況'으로 교정하는 것이 타당하다.

그렇지만 비록 끊는 것도 없지만 끊지 않는 것도 아니다. 왜냐하면 전·중·후의 여러 조건이 화합했기 때문이다. 『십지경론』은 설한다. "이 지혜가 루漏를 소멸시킬 때, 처음의 지혜에 의해서 끊으며, 중간의 지혜에 의해서 끊으며, 나중의 지혜에 의해서 끊는다. 그러나 처음의 지혜가 (번뇌를) 끊는 것이 아니며, 중간과 나중의 지혜도 (번뇌를) 끊는 것이 아니다. 마치 등불의 빛에 전·중·후는 없지만, 전·중·후를 취하여 (등불의 빛이 되는 것과) 같다."[221]

220 상박相縛(Ⓢ nimitta-bandhana) : 유식문헌에서는 상박과 추중박麤重縛(Ⓢ dauṣṭhulya-bandhana)의 두 종류의 박縛이 쌍으로 제시되고 있다. 여기서 상박이란 관념상(Ⓢ nimitta)이 일으키는 장애이며, 추중박이란 이전의 습기가 아직 제거되지 못했기 때문에 남은 잔여인상이 일으키는 장애이다. 먼저 상박으로부터 벗어난 후에 추중박에서 벗어난다고 설해진다.

221 이 인용은 『十地經論』(T26, 133a28-b2)에 의거한 것이다.

雖無能斷而非不斷。由前中後衆緣和合故。如十地論云。此智盡漏。爲初智斷爲中爲後。非初智斷亦非中後。如燈炎非初非中後。前中後取故。

실제로는 비록 그렇지만, 여러 조건 중에서 가장 수승한 것을 뽑아 끊음의 작용을 부여한다면 오직 해탈도만이 올바른 끊음(正斷)이라고 말할 수 있다. 『유가사지론』은 (다음과 같이) 설한다.

"문 이들 모든 현관現觀 중에서 번뇌의 단대치斷對治는 (현관이) 생긴 후에 단대치가 되는가, 아니면 아직 (현관이) 생기기 이전에 단대치가 되는 것인가? 답 (현관이) 아직 생기기 이전에 (단대치인) 것은 아니다. 비록 (현관이) 이미 생겨났다고 해도 미래에서는 아니다. 왜냐하면 번뇌의 끊음과 대치對治의 생겨남은 바로 동시라고 보아야 한다. 그렇지만 바로 그때를 '대치가 생겨난 후에 모든 번뇌가 끊어진다'고 개념적으로 규정한 것이라고 알아야 한다."[222]

또한 아래 글에서 "만일 관품에 포함되는 지혜가 견소단의 수면을 좇아 생겨난다고 한다면, 이를 대치 자체라고 부를 수 없을 것이다."[223]라고 말한 것은 견도가 자성적으로 해탈이기 때문에 바로 단대치 자체가 됨을 밝힌 것이다.

其實雖然。於諸緣中拔其最勝與斷功者。唯解脫道說名正斷。如瑜伽說。問。此諸現觀。能爲煩惱斷對治者。爲生已作斷對治耶。爲未生耶。答。此非未生。雖言已生[1)]而非後時。當知煩惱斷時對治生時平等平等。卽於爾時假施設言對治生已諸煩惱斷。又下文言。若觀品所攝無漏聖道[2)]見斷隨眠隨逐生者。應不得名對治體性。是明見道自性解脫故。爲正斷對治體性。

---

222 이 문장은 『瑜伽師地論』 「攝決擇分」[T30, 691c13-17 = VinSg(D) 278a2-4]을 온전히 인용한 것이다.

223 이 문장은 『瑜伽師地論』 「攝決擇分」[T30, 625a20-22 = VinSg(D) 118b6]을 인용한 것이다.

1) ㉮ '已生'은 『瑜伽師地論』 원문에 따르면 '生已'이다. 2) ㉮ '聖道'는 『瑜伽師地論』 원문에 따르면 '諸智'이다.

2) 수도의 특징

수도위 중의 4종의 도의 특징은 대부분 앞과 동일하기에, 이에 준거해서 이해할 수 있다. 그중에서 차이는 (수도위에서의) 방편도는 성숙시키기 쉽다는 점이다. 이는 이전에 순결택분을 오랫동안 부지런히 닦아야 비로소 정관正觀(유식성)에 들어가는 것과는 같지 않다. 왜냐하면 전자는 이미 획득한 성도로 인해 이 세력을 타고서 그 다음 단계의 강화된 범주의 수행도에 진입하기 때문이다. 또한 무간도와 해탈도는 앞에서처럼 한결같이 구별되지 않는다. 마치 8지의 무상관에 들어가기 이전은 무간도의 심(찰나)이지 해탈도의 (심찰나)가 아니며, 10지의 마지막 심인 금강유정은 오직 해탈도이지 무간도가 아닌 것과 같다. 이들 양자의 중간에 있는 모든 심은 앞의 것과 비교해서는 해탈도이며, 뒤의 것과 비교해서는 무간도가 되는 것이다. 7지 이후의 수도위에서 그것이 더욱 미세해짐에 따라 이러한 뜻을 나누어 갖게 된다. 이것은 『(섭대승)론』에서 "찰나찰나마다 (일체) 추중의 근거인 법을 파괴한다."[224]라고 설하는 것과 같다.

修道位中四種道相。大分同前准之可解。於中差別者。方[1)]便道易得成熟。不如前時順決擇分長時懃修方入正觀。由前已得聖道乘此勢力進入其次增品道故。又無間道與解脫道未必如前一向別異。如將入八地無相觀前。無間道心非解脫道。十地終心金剛喩定。唯解脫道非無間道。此二中間所有諸心。望前爲解脫道。望後作無間道。七地已還修道位中。隨其增微分有

224 『攝大乘論』(T31, 126b13 = MSg V.4). 이에 대해 『攝大乘論釋』(T31, 225a20-21)은 "惑障爲麤。智障爲重。本識中一切不淨品薰習種子。爲此二障依法。"이라고 해석한다.

此義。如論說言。刹那刹那能壞麤重依法故。

1) ㉮ 오초 교감본에는 '方' 앞에 '其'가 추가되어 있다.

3) 구경도의 특징

(1) 방편도와 무간도

구경도 중의 방편도는 제10지의 승진분 중에서 근본무명을 뿌리 뽑기 위해 관에서 나오지 않고 계속해서 방편을 수습하는 것이다. 방편이 완성된 최후의 일념이 바로 무간도이다. 『대법론』에서 "구경도란 금강유정에 (의거한) 것이다. 이 정定에는 2종이 있다. 즉 방편도에 포섭되는 것과 무간도에 포섭되는 것이다."[225]라고 설했다. 최후의 금강유정은 수도에서 제거되어야 하는 (번뇌)의 관점에서 보면 한결같이 해탈도이고, 견도와 수도의 두 방식에 의해 제거되지 않는 (번뇌)의 관점에서 보면 한결같이 무간도라고 알아야만 한다. 또한 금강(유정) 이하부터 초지까지는 모두 구경도 중의 방편도이고, 승해행지의 선근은 모두 이 구경에 이른 자량도[226]이다. 예를 들면 제10회향의 승진분 중에서 견도에 근접한 방편(近方便)[227]을 별도로 수습하는 것과 같다. 일반적으로 말하면, 세제일법 이하에서 십승해행지의 첫 번째 심(찰나)까지는 모두 견제의 방편도가 되고, 십신위에서 수습한 선근도 역시 견제의 자량도가 되는 것이다. 구경도에서도

225 이 인용은 『雜集論』(T31, 742a13-b27 = ASBh 92,3ff.)을 축약한 것이다.

226 구경에 이른 자량도(究竟之資糧道) : 구경도에는 자량도가 포함되지 않기 때문에, '究竟'은 '최종적인' 정도의 의미일 것이다.

227 근접한 방편(近方便) : 근방편近方便은 『雜集論』(T31, 738b21-24 = ASBh 84,6-7)에서 삼십칠보리분법을 수행도에 배대하면서, 다섯 번째 오력五力을 견도 이전 단계인 인忍과 세제일법世第一法에 배대시키는 중에 한문 용어로서 나온다. 그 의미는 사제의 현관과 섞인, 인과 세제일법의 단계에서 수습하는 수행도로서 견도의 사성제의 현관과 근접해 있다는 의미일 것이다.

마찬가지라고 알아야만 한다.

究竟道中方便道者。於第十地勝進分中。爲欲拔除根本無明仍不出觀進修方便。方便[1]成滿最後一念是無間道。如對法論云。究竟道者謂金剛喩定。此定有二種。謂方便道攝及無間道攝故。當知最後金剛喩定。若望修道所斷一向是解脫道。若望非二所斷一向爲無間道。又復金剛以還乃至初地皆爲究竟道之方便道。勝解行地所有善根皆此究竟之資糧道。例如第十廻向勝進分中。別修見道之近方便。通而說之。世第一法以還乃至十解初心。皆爲見諦之方便道。十信位中所修善根。亦是見諦之資糧道。於究竟道當知亦爾。

1) ㉮ '方便'은 저본에는 없지만 『韓國佛教全書』 편자가 방기에 따라 보충한 것으로 보인다.

(2) 해탈도

구경도 중의 해탈도는 불지佛地에서 얻은 대원경지를 그 자체로 삼는다. 『(반야)경』에서 "무애도에서 행하는 자를 보살이라고 하고, 해탈도에서 일체의 장애를 떠난 자[228]를 여래라고 한다."[229]라고 설했다. 이들 2종 수행도의 계위에 동등하고 동등하지 않음이 있다. 그것은 무엇인가? 만일 수도에서 제거되어야 하는 번뇌와 비교하면 금강심의 계위에서는 이미 해탈을 얻은 것이다. 이것에 대한 지혜와 끊음을 붓다도 넘어서지 않기 때문에 (이를) 등각等覺 및 무구지無垢地라고 한다. 『(본업)경』에서 "십지를 초월해서 행하는 자의 이해는 붓다와 동일하다."[230]라고 말한 것과

228 일체의 장애를 떠난 자(離一切障) : 『摩訶般若波羅蜜多經』(T8, 411b25-27)에는 '離一切障'이 '無一切闇蔽'로 되어 있다.

229 이 문장은 『摩訶般若波羅蜜多經』(T8, 411b25-27)을 조금 바꾸어 인용한 것이다. "若菩薩摩訶薩。無礙道中行。是名菩薩。解脫道中無一切闇蔽名爲佛。"

같다.

究竟道中解脫道者。佛地所得大圓鏡智。以爲其體。如經云。無碍道中行名爲菩薩。解脫道中離一切障兮[1)]曰如來故。此二道位有等不等。何者。若望脩道所斷煩惱。金剛心位已得解脫。於此智斷佛不能過。故名等覺及無垢地。如經言。行過十地解與佛同故。

1) ㉮ '兮'는 저본의 '號'를 오기한 것으로 보인다.

만일 (견도와 수도) 양자에 의해 제거되지 않는 (번뇌)의 관점에서 보면, 이때에는 무명과 아직 분리되지 않았기 때문에, 다만 신해信解한 것일 뿐이지 아직 증견證見한 것은 아니다. 비록 그는 조적照寂을 얻었으나 적조寂照를 얻은 것은 아니기 때문에,[231] 다만 보살이라고만 부르지 아직 각자覺者라고 부르지는 않는다. 『(인왕)경』에서 "인忍(Ⓢ kṣānti)[232]으로부터 금강삼매에 이르기까지 관념상을 여읜(無相, Ⓢ animitta) 믿음을 통해 제일의제를 관조하지만, (이를 붓다의) 견見이라고 부르지는 않는다. (붓다의) 견이란 일체를 아는 것(薩般若, Ⓢ sarvajña)이기 때문이다."[233]라고 한 것과 같다.

---

230 이 인용은 『菩薩瓔珞本業經』(T24, 1018b2)에 의거한 것이다.

231 조적照寂과 적조寂照의 의미는 확실하지 않다. 다만 '적寂'이 선정과 관련되고, '조照'는 반야와 관련될 것이다. 이것이 보살과 붓다의 상태와 관련되어 해석되기 때문에, 보살의 인식으로서의 '조적照寂'은 '적멸의 관조'일 것이다. 반면 '적조寂照'는 '적멸 속에서 관조하는 것'으로 붓다의 인식을 가리킨다고 보인다. 또 다른 해석으로 은정희(2004: 229) 참조.

232 인忍(Ⓢ kṣānti) : 수행도의 맥락에서는 단순히 '참는 것'이 아니라 지적이나 정서적으로 '받아들이는 능력'을 의미한다. 예를 들어 유부에서 견도의 십육행상을 '인忍'과 '지智'의 두 측면을 통해 구분하고 있는 것이나 사선근위에서 인위忍位의 역할을 고려하면 분명할 것이다. 일반적으로 인忍은 사선근의 인을 의미하지만, 은정희(2004: 229)는 『仁王經』에서 '인' 개념이 13종으로 세분되어 논의되고 있다고 지적한다.

233 이 문장은 『仁王經』(T8, 832b6-9)을 축약, 인용한 것으로 특히 '金剛' 대신에 '頂'으로 되어 있다. "從習忍至頂三昧。皆名爲伏一切煩惱。而無相信。滅一切煩惱。生解脫智。照第一義諦。不名爲見。所謂見者。是薩婆若。"

若望非二所斷。無明此時未離。但是信解未能證見。雖得照寂而非寂照。是故但名菩薩未名覺者。如經言。從習忍至金剛三昧。以無相[1]信照第一義諦。不名爲見。所謂見者是薩般若故。

1) ㉠ '相'은 저본에는 '栢'이지만 『韓國佛敎全書』 편자가 방기에 따라 교정한 것으로 보인다.

보살이 아직 성불하지 않았을 때에는 18종의 공성[234]과 7종 진여[235]에 의지하여 오직 이 방식으로만 제일의제를 관조하기 때문에, 아직 독공獨空[236]을 적조함에 의해 무명의 껍질을 벗어나 진여의 평등성(一如)을 깨달을 수 없으며, 오직 붓다·여래만이 대원경지에 의해서 직접 독공을 통달하고 일법계一法界[237]를 체득하여 이제의 밖에서 무이無二의 (상태)에 홀로 머물게 된다고 알아야만 한다. 예를 들면 세제일법 이전에는 아직 관념상(Ⓢ nimitta)을 떠나 법공에 통달하지 못했기 때문에 능취와 소취의 두 상이 있지만, 만일 견도에서 무분별지를 얻어서 이공에 통달하면 능·

234 18종의 공성 : 진제의 『十八空論』(T31, 861a18ff.)에 따르면 ① 내공內空, ② 외공外空, ③ 내외공內外空, ④ 대공大空, ⑤ 공공空空, ⑥ 진실공眞實空, ⑦ 유위공有爲空, ⑧ 무위공無爲空, ⑨ 필경공畢竟空, ⑩ 무전후공無前後空, ⑪ 불사리공不捨離空, ⑫ 불성공佛性空, ⑬ 자상공自相空, ⑭ 일체법공一切法空, ⑮ 무법공無法空, ⑯ 유법공有法空, ⑰ 무법유법공無法有法空, ⑱ 불가득공不可得空으로 명명되고 있다.

235 7종 진여 : 『解深密經』에서 설해졌고, 『中邊分別論』 등의 다른 유식 논서에서도 설해지고 있다. 『解深密經』(SNS VIII.20.2)에서 이들 진여는 다음과 같이 정의되고 있다. ① 유전진여流轉眞如는 일체 제행에 선후가 없는 것이다. ② 실상진여實相眞如는 모든 법이 개아의 무아와 법의 무아라는 사실이다. ③ 요별진여了別眞如는 제행이 단지 유식唯識이라는 것이다. ④ 안립진여安立眞如는 사제 중에서 고제苦諦이다. ⑤ 사행진여邪行眞如는 집제集諦이다. ⑥ 청정진여淸淨眞如는 멸제滅諦이다. ⑦ 정행진여正行眞如는 도제道諦이다.

236 독공獨空 : 은정희(2004: 231)에 따르면, 일체법의 자성이 모두 공하며, 이런 공성의 이치는 유일무이하기 때문에 '독공' 또는 '일공一空'이라 부르는 것이다.

237 일법계一法界 : 『大乘起信論』에서 진여문眞如門을 "一法界。大總相。法門體。"라고 정의하는 데에서 보이듯이 자·타, 능·소의 대립을 초월한 평등한 진여를 의미한다. 은정희(2004: 231)는 이를 천태종의 제법실상諸法實相, 화엄종의 일진법계一眞法界와 같은 의미로 본다.

소를 영원히 떠나 (능·소의) 두 상 밖에서 홀로 무이의 (상태에) 머물 수 있다. 따라서 (이를) '붓다의 지견의 청정'이라고 말한다. 이와 관련해 부분적으로 비슷한 것은 이런 의미에 의지했기 때문이라고 알아야 한다.

當知菩薩未成佛時。依十八空七種眞如。唯由是門。照第一義諦。未能離令[1]寂照獨空。出無明聲。[2] 了達一如。唯佛如來大圓鏡智。直達獨空體一法界。二諦之外獨在無二。例如世第一法以前。未能離相通達法空。故有能取所取[2]二相。若得見道無分別智。通達二空永離能所。二相之外獨在無二。是故說名佛見淸淨。當知此中少分相似。依此義故。

1) ㉰ '令'은 저본에는 '苓'이지만 『韓國佛敎全書』 편자가 방기에 따라 교정한 것으로 보인다. 2) ㉰ '聲'은 오초 교감본에 따라 '縠'으로 교정하는 것이 타당할 것이다. 3) ㉰ '取'는 저본에는 없지만 『韓國佛敎全書』 편자가 방기에 따라 보충한 것으로 보인다.

『유가사지론』은 (다음과 같이) 설한다. "[문] 일체의 구경지에 도달한 보살의 지혜와 여래의 지혜 등에는 어떤 차이가 있는가? [답] 마치 눈 밝은 사람이 가벼운 명주를 사이에 두고서 여러 색상을 보는 것처럼, 구경 단계에 이른 보살의 일체의 대상에 대한 정묘한 지혜도 마찬가지라고 알아야 한다. 마치 눈 밝은 사람이 장애됨이 없이 여러 색상을 보는 것처럼, 여래의 일체의 대상에 대한 정묘한 지혜도 마찬가지라고 알아야만 한다. 마치 그림 그리는 일에서 여러 색깔을 두루 칠했지만, 오직 마지막의 정묘한 색깔을 아직 깨끗하게 다스리지 못했거나 또는 이미 깨끗하게 다스린 것과 같이, 보살과 여래의 두 지혜도 마찬가지다. 마치 눈 밝은 사람이 약간 어두운 곳에서 색을 보거나 어두운 곳을 벗어나 색을 보는 것과 같이, 두 지혜도 마찬가지다. 그리고 마치 색을 멀리서 보는 것과 같고, 색을 가까이에서 보는 것과 같으며, 또는 가벼운 눈병을 갖고 보는 것과 매우 깨끗한 눈으로 보는 것과 같이, 두 지혜의 차이도 마찬가지라고 알아야 한다."[238]

瑜伽論說。問。一切安住到究竟地菩薩智如來智等。云何差別。答。如明眼人隔於輕縠[1)]覩衆色像。到究竟地菩薩妙智於一切境當知亦爾。如明眼人無所障隔覩衆色像。如來妙智於一切境當知亦爾。如盡[2)]事業圓布衆采。唯後妙色未淨修治已淨修治。菩薩如來二智亦爾。如明眼人微闇見色離闇見色二智亦爾。如遠見色如近見色。輕翳眼觀極淨眼觀。二智差別當知亦爾。

1) ㉯ '縠'은 글자체가 불명확하다. ㉰『瑜伽師地論』 원문에 따라 '縠'으로 보는 것이 타당할 듯하다. 이하도 마찬가지다. 2) ㉰ '盡'은『瑜伽師地論』 원문에 따라 '畫'로 교정하는 것이 타당할 듯하다.

여기서 다섯 가지 비유에는 어떤 차이가 있는가? (보살이) 본식과 상응하는 가장 미세한 망상인 무명에 의해 인지될 때 금강안을 가로막는다. 이 때문에 그는 가벼운 명주를 사이에 둔 것과 같이, 만행이 모두 갖추어지고 세 가지 지혜를 이미 얻었지만 다만 대원경지를 아직 얻지 못했을 뿐이다. 여래는 최후의 미묘한 색을 청정하게 하셨고, 이장二障에서 해탈하셨기 때문에 청정한 눈을 얻으셨다. (보살은) 가장 미세한 무명주지를 아직 여의지 못했기 때문에 약간 어두운 곳에서 색을 보는 것과 다르지 않다. (그에게) 혹장의 습기는 존재하지만, 법공을 관찰하는 지혜를 직접 장애하지는 않기 때문에 색을 멀리서 보는 것과 같다. 그에게 지장의 습기는 비록 미약하지만 가까이에서 지혜의 눈을 가리니, 그 일은 가벼운 눈병과 같다. 다섯 가지 비유의 차이는 이와 같다고 알아야 한다.

此中五喩有何異者。本識相應微[1)]細妄想無明所識隔金剛眼。是故似彼隔

238 이 인용은『瑜伽師地論』「菩薩地」(T30, 574b19−c5 = BoBh 406,3ff.)를 축약한 것이다. 이 구절의 번역은 안성두(2015: 429) 참조.

於輕翳。萬行皆修[2]三智已得。而唯末[3]得大圓鏡智。如來淨治最後妙色。解脫二障故得淨眼。未離極微無明住地。是故不異微闇見色有惑障習。而非親[4]障法空觀智。故如遠見色。其智障氣。雖是微薄近弊[5]惠眼。事同輕翳。五喩差別應如是知。

1) ㊂ '微'는 저본에는 '最'로 되어 있다. 2) ㊂ '修'는 저본의 '備'의 오기인 듯하다. 저본에 따라 번역했다. 3) ㊂ '末'은 저본의 '未'의 오기이다. 4) ㊂ '親'은 '觀'인 듯하다. ㊂ '親'으로 보는 것이 타당할 듯하다. 5) ㊂ '弊'는 오초 교감본에 따라 '蔽'로 교정하는 것이 타당할 것이다.

이상의 설명으로 (번뇌의) 대치의 구별을 마쳤다.

上來所說簡能治竟。

2. 끊어야 할 대상의 확정

다음은 두 번째 끊어야 할 대상을 정함을 밝힌 것으로, 요약하면 네 가지 주제가 있다. 첫째는 주主·반伴에 의거한 것이고, 둘째는 기起·복伏에 의거한 것이며, 셋째는 통通·별別에 의거한 것이고, 넷째는 시세時世에 의거한 것이다.

次第二明定所斷者。略有四句。一依主伴。二據起伏。三約通別。四就時世。

1) 주主·반伴 관계에 의거한 끊음

처음은 주·반 관계에 의거하여 끊어야 할 것을 정하는 것이다. 만일 생멸문의 관점에서 그것과의 상응을 밝힌다면, 심과 심소법은 상응박相應縛

으로부터 벗어나지 못하기 때문에 모두 끊어져야 할 것이다. 『무상론無相論』에서 "견제의 육번뇌肉煩惱[239]의 식과 심소법은 십육심 (찰나)에 완전히 끊어진다."[240]라고 설한 것과 같다. 만일 이 의미에 의거한다면, 윤회하는 심과 심소법을 소멸시킨 후에 다시 불지에 속한 심과 심소법을 얻는 것이다. 이 중에서 붓다가 되지 못한 자에게는 오직 오온만이[241] 이전 (찰나)에서 멸한 후에 이후 (찰나)에서 생겨난다. 이러한 의미에 의거해서 『(대반열반)경』에서 "무상한 색을 버리고 상주하는 색을 얻으며, 수·상·행·식도 마찬가지다."[242]라고 설했다.

初依主伴定所斷者。若就生滅門。明其相應者。心及心法並是所斷。彼[1)]相應縛無離別故。如無相論說。若見諦无[2)]煩惱識及心法。十六心時究竟斷盡故。若依是義。除滅生死心及心法。更得佛地心及心法。此中無有得作佛者。唯有色有[3)]蘊前滅後生。依此義故。佛經中說捨無常色獲得常色。受想行識亦復如是。

1) ㉮ '彼'는 저본에는 '被'이지만 『韓國佛敎全書』 편자가 교정한 것으로 보인다.
2) ㉮ '无'는 저본의 '肉'의 오기이다. 3) ㉯ 방기에 따르면 '色有'는 '五蘊'인 듯하다.

239 육번뇌肉煩惱 : 『三無性論』(T31, 878a3-5)에서 피번뇌皮煩惱, 육번뇌肉煩惱, 심번뇌心煩惱로 제시된 것 중 하나로, 여기서 첫 번째 것은 세간도의 관찰에 의해 범부의 장애를 제거할 때, 두 번째 것은 사성제의 관찰을 통해 이승의 장애를 제거할 때, 그리고 마지막 것은 비안립제의 관찰을 통해 보살의 장애를 제거할 때 소멸되는 것으로 설명된다. 3종 추중과 관련해서는 SNS IX. 29의 설명을 참조.

240 『轉識論』(T31, 62a18-19), "若見諦害(內·肉)煩惱識及心法。得出世道十六行。究竟滅盡。" 『無相論』은 『轉識論』을 가리킨다.

241 오직 오온만이 : 'vijñaptimātra'를 '唯有識'으로 번역하는 진제와 현장의 용례에 따르면, 'pañcopādānaskandha' 정도에 해당되는 의미일 것이다. 즉, '오직 오온뿐이 있는 것'이 아니라 '오직 오온뿐'의 의미이다.

242 이 문장은 『大般涅槃經』(T12, 590c6-8)의 다음 문장을 요약한 것이다. "色是無常。因滅是色。獲得解脫常住之色。受想行識亦是無常。因滅是識。獲得解脫常住之識。"

만일 상속문에 의거하여 그 자성을 구별한다면, 심은 혹惑의 성질을 갖지 않기에 끊어야 할 (번뇌)가 없다. 비록 다른 것에 의해 염오되지만 자성적으로 청정하기 때문이다. 마치 탁한 물이 맑음을 자성으로 하는 것과 같다. 『유가사지론』은 (다음과 같이) 설명한다. "[문] 염오된 마음이 생길 때 자성적으로 염오된 것인가, 아니면 상응 때문인가, 또는 수면隨眠 때문인가? [답] 상응과 수면 때문에 (염오된) 것이지, 자성적으로 (염오된 것은) 아니다.……저 (심은) 자성적으로 염오된 것이 아니기 때문에 (염오된) 심이 생겨날 때에도 자성적으로 청정하다고 설한다."[243] 또한 "[문] 모든 법은 무엇과 상응하며, 어떤 의미에서 상응이라고 건립하는가? [답] 자성이 아니라 다른 (심소법의) 자성과 상응하기 때문이며, 또 자성청정한 심에 의지해서 염오되고 염오되지 않은 법들이 증·감된다는 것을 변지하기 위해서 (상응을) 건립한 것이다."[244]라고 하였다.

만일 이 설명 방식에 의거한다면, 청정하지 않은 상태에서 팔식의 심왕이 모든 염오된 심소와 분리되어 마침내 불지에 이르러 곧 네 가지 청정한 지혜와 상응한다. 이 의미에 의거하기 때문에 『(대반열반)경』에서 "모든 마음을 가진 자들은 (위없는) 보리를 얻게 될 것이다."[245]라고 설했다.

若據相續門簡其自性者。心非惑性不在所斷。雖被他染自性淨故。猶如濁[1)] 水澄自性故。如瑜伽說。問。[2)] 染心生時自性故染。爲相應故。爲隨眠故。答。相應故。隨眠故。非自性故。由彼自性不染汚故。說心生時自性淸淨故。又

---

243 이 인용은 『瑜伽師地論』「攝決擇分」[T30, 601b17-19 = VinSg(D) 58a4-6]을 요약한 것이다.

244 이 문장은 『瑜伽師地論』「攝決擇分」[T30, 608c29-609a2 = VinSg(D) Zi, 76b7-77a1]에 의거한 것이다.

245 이 인용은 『大般涅槃經』(T12, 524c8-9)에 의거한 것이다.

問。諸法誰相應。爲何義故建立相應。答。他性相應。非自性。爲遍了知依自性清淨心。有染不染法若增若滅。[3] 是故建立。若依此門。不淨位中八識心王。離諸染數終至佛地。卽與四種淨智相應。依此義故。佛經中說。凡有心者當得菩提。

1) 역 '濁'은 저본에는 '獨'이지만『韓國佛教全書』편자가 오초 교감본에 따라 교정한 것으로 보인다. 2) 역 '問'은 저본에는 '間'이지만『韓國佛教全書』편자가 오초 교감본에 따라 교정한 것으로 보인다. 3) 역 '滅'은 저본의 '减'을 오기한 것으로 보인다.

2) 현기現起와 복단伏斷의 관점에서 끊음

두 번째는 (번뇌의) 현기現起와 복단伏斷의 관점에서 끊을 대상을 결정하는 것이다. 일반적으로 말한다면 전纏과 수면이 모두 복단되어야 하고, 또 끊어져야 한다. (그렇지만) 근접해서 논한다면 전은 복단되어야 하지만 바로 끊어지는 것은 아니다. 오직 그 (번뇌의) 수면만이 바로 끊어져야 하는 것이다.『현양성교론』에서 "수면[246]을 영원히 제거하는 것을 번뇌의 끊음이라고 한다."[247]라고 말한 것과 같다.

二據起伏定所斷者。通相而說。纏及隨眠。皆是所伏並爲所斷。約近而論。纏是所伏而非正斷。唯其隨眠正爲所斷。如顯揚論云。永害隨眠說煩惱斷故。

3) 통通·별別의 관점에서 끊음

세 번째는 통通·별別의 관점에서 끊어야 할 것을 정하는 것이다. 대략 말한다면 통·별의 두 가지 집착이 모두 끊어야 할 것이지만, 철저히 말한

246 수면隨眠 :『顯揚聖教論』(T31, 496b26)에는 '隨眠'이 '麤重'으로 되어 있다.
247 이 문장은『顯揚聖教論』(T31, 496b26)에서 축약, 인용한 것이다.

다면 그 별상의 혹이 바로 끊어야 할 것이면서 또한 대치되어야 하는 것이다. 마치 병의 뿌리를 끊는 것을 또한 병의 치료라고 말하는 것과 같다. (반면) 통상通相의 법집은 오직 대치되어야 할 것이지 끊어야 할 것은 아니다. 왜냐하면 그 (법집은) 이해도 (일으키고) 집착도 (일으키기에) 한결같은 혹은 아니기 때문이다. (법집은) 오직 수습이라는 대치에 의해서만 청정을 얻을 수 있으니, 비유하면 마치 깨끗하지 않은 거울을 닦아 밝고 깨끗하게 만드는 것을, 다만 거울을 닦는다고 부르지 거울을 끊는다고 말하지 않는 것과 같다.

三約通別定所斷者。一往而言通別二執皆是所斷。窮而說之其別相惑正是所斷亦爲所治。如斷病本亦名治病故。通相法執唯是所治而非所斷。由其亦解亦解[1]執非一向惑故。唯修治令得淸淨。喩如治不淨鏡令成明淨。但名治鏡不言斷鏡故。

1) ㊟ 저본에는 '解'에 삭제 표시가 있는데, 이와 같이 교정하는 것이 타당할 듯하다.

4) 시간의 관점에서 끊음

네 번째는 시간의 관점에서 끊어야 할 것을 정하는 것이다. 여기서 먼저 삼세를 살펴보고, 뒤에 끊어야 할 것을 정하겠다.

四就時世定所斷者。此中先簓三世。後定所斷。

만일 모든 삼세의 특징을 완전히 나타내고자 한다면, 요약해서 아홉 구절로써 그 차이를 설명할 수 있다. 아홉 가지란 무엇인가? 첫째는 과거의 과거이고, 둘째는 과거의 미래이고, 셋째는 과거의 현재이며, 넷째는 미래의 과거이고, 다섯째는 미래의 현재이고, 여섯째는 미래의 미래이며, 일곱째는 현재의 미래이고, 여덟째는 현재의 과거이고, 아홉째는 현재의 현재이다. 『화엄경』에서 (다음과 같이) 말한 것과 같다. "보살은 10종으로 삼세를 설한다. 10종이란 무엇인가? 즉 과거세에서 과거세를 말하고, 과거세에서 미래세를 말하고, 과거세에서 현재세를 말하며, 미래세에서 과거세를 말하고, 미래세에서 현재세를 말하고, 미래세에서 끊이지 않는(無盡) 세를 말하며, 현재세에서 미래세를 말하고, 현재세에서 과거세를 말하고, 현재세에서 평등하다고 말하고, 현재세에서 삼세가 즉 일념이라고 말하는 것이다. 이를 보살이 10종으로 삼세를 설명하는 것이라고 설한다. 이 10종으로 삼세를 설하기 때문에 바로 일체의 삼세를 널리 설명할 수 있다."[248]

若欲究竟顯諸三世相。略以九句明其差別。其九是何。一過去過去。二過去未來。三過去現在。四未來過去。五未來現在。六未來未來。七現在未來。八現在過去。九現在現在。如花嚴經言。菩薩有十種說三世。何等爲十。所謂過去世說過去世。過去世說未來世。過去世說現在世。未來世說過去世。未來世說現在世。未來世說無盡世。現在世說未來世。現在世說過去世。現在世說平等。現在世說三世卽一念。是謂菩薩十種說三世。因此十種說三世。故卽能普說一切三世。

이 가운데 여섯 번째를 '끊이지 않는(無盡)'이라고 말한 것은 모든 법의 미래의 미래는 후의 끝이 없다는 의미를 드러내기 위하여 '무진'이라 부르는 것이다. 아홉 번째를 '평등'이라고 말한 것은 이 가운데 현재의 현재는 앞의 과거의 현재와 비교하거나 후의 미래의 현재와 비교하여, 그 현재 작동하는(現起) 상이 동등하여 차이가 없음을 밝히려 한 것이지, 지금의

248 이 인용은 『華嚴經』(T9, 634a27-b3)에 의거한 것이다.

현재에 다시 현재의 상을 덧붙이기 위함은 아니다. 그러므로 지금의 현재의 관점에서 그것의 평등을 말한 것이다.

此中第六說無盡者。爲顯諸法未來未來。無後邊義。故名無盡。第九中言說平等者。欲明此中現在現在。望前過去現在。望後未來現在。其現起相等無差別。不由今現更增現相。故約今現說其平等。

마지막 구절에서 '삼세가 즉 일념'이라고 말했다. 여기서 '일一'이라는 말에는 요약하면 두 가지 의미가 있다.

㝡後句中言三世卽一念者。此一言內略有二義。

첫째, 비록 현재의 법에 과거세와 미래세가 있다고 말하지만, 과거는 현재가 지나간 이후에 있는 것도 아니고, 미래는 아직 현재화되기 이전에 있는 것도 아니다. 다만 현재의 일념 속에 이전과 비교하면 미래이고, 이후와 비교하면 과거이지만, 그것의 자상과 관련하여 현재라고 말할 뿐이다. 소승에서 아직 현재화되지 않았을 때 불명확하게 있는 것은 미래이고, 현재가 소멸한 이후 잠복해 있는 것은 과거이며, 과거는 현재 생각이 (지나간) 이후이고, 미래는 현재 생각이 (오기) 이전이라고 하는 (주장을) 부정하기 위해서 '삼세는 오직 일념'이라고 말한 것이다.

一者。雖於現法說有過未世。然過未[1]不在現過已後。未來不居未現之前。但於現在一念之內。望前爲未來。望後爲過去。當其自相說爲現在。破小乘未現[2]之時冥在未來。現滅已後伏居過去。過去是現念之後。未來是現念前。故言說三世唯一念也。

1) ㉮ '未'는 오초 교감본에 따라 '去'로 교정하는 것이 타당할 듯하다. 2) ㉮ '現'은

저본에는 '顯'이지만『韓國佛敎全書』편자가 방기에 따라 교정한 것으로 보인다.

둘째, 앞의 아홉 구절에서 설한 삼세는 일체의 끝없는 삼세를 총괄적으로 포함한 것이다. 이와 같이 삼세는 장구하고 원대하고 끝이 없지만, 모두 현재 일념의 순간에 들어간다. 또는 저 삼세가 바로 일념이기 때문에 '삼세가 즉 일념'이라고 설한 것이다. 비록 장구하고 원대한 겁이 바로 일념이지만, 이를 압축한 후에 비로소 일념이 되는 것은 아니다. 비록 일념이 무량겁이지만, 그 찰나가 궁극적으로 장구하고 원대한 것도 아니다. 그러므로 저 게송에서 "무량하고 무수한 겁이 바로 일념의 순간으로서, 겁을 짧게 해서 궁극적인 찰나의 법으로 만드는 것은 아니다."[249]라고 하였다. 그 의도는 "미래는 아직 존재하지 않고, 과거는 이미 소멸했으며, 일체의 찰나는 짧게 끊어진 것이고, 삼세의 겁은 긴 것이다."라고 하는 대승의 일면적인 집착을 부정하려는 것이기 때문에 '삼세가 즉 일념'이라고 말했다.

二者。如前九句所說三世。總攝一切無邊三世。如是三世長遠無邊。皆入現在一念之頃。或彼三世卽是一念。故言三世卽一念也。雖長遠劫卽是一念。而非成短方在[1)]一念。雖卽一念是無量劫。而非刹那究竟長遠。故彼偈言。無量無數劫卽是一念頃。亦不令劫短竟究[2)]刹那法。此意爲破大乘一向執言。未來未有。過去已无。[3)] 一切刹那是爲短斷。[4)] 三世劫是爲長。故言說三世卽一念。

1) ㉻ '在'는 방기에 따르면 '爲'라고도 읽는다. 2) ㉸ '竟究'는『華嚴經』원문에 따라 '究竟'으로 교정하는 것이 타당할 듯하다. 3) ㉸ '无'는 저본에는 '元'이지만『韓國佛敎全書』편자가 오초 교감본에 따라 교정한 것으로 보인다. 4) ㉸ '斷'은 오초 교감본에서는 연문衍文으로 보지만, 이 단어가 있어야 의미가 통한다.

249 이 문장은『華嚴經』(T9, 610a13-14)의 게송을 발췌, 인용한 것이다. "無量無數劫。解之卽一念。知念亦非念。世間無實念。不動於本座。一念遊十方。無量無邊劫。當化諸衆生。不可說諸劫。卽是一念頃。亦不令劫短。究竟刹那法。"

비록 삼세에 대하여 10종으로 설했지만, 그 (삼)세의 차이를 논한다면 앞의 아홉 가지를 벗어나지 않기 때문에, 이 아홉 구절과 관련하여 끊어야 할 것을 정한다.

이 구세에서 어떤 세의 혹을 끊는가? 과거의 삼세의 (혹은) 모두 끊어야 할 것이 아니다. 대치하는 수행도가 생겨났을 때에 모두 이미 소멸했기 때문이다. 현재의 삼세의 (혹도) 끊어야 할 것이 아니다. 대치하는 수행도가 현재 (작동하고) 있을 때에 현재의 혹은 존재하지 않기 때문이다. 미래의 미래의 (혹도) 대치되어야 할 것이 아니다. (혹을) 끊는 수행도가 생겨난 후에 (혹의) 상으로 변경되지 않기 때문이다. 미래의 과거의 (혹도) 끊어야 할 것이 아니다. (혹을) 끊는 수행도가 생겨날 때에 (혹의) 세력은 미치지 못하기 때문이다. 미래의 현재의 (혹이) 바로 끊어야 할 것이다. 그 이유는 가령 이때에 대치하는 수행도가 생기지 않는다면 바로 그 때에 수면이 나타나야만 하기 때문이다. 나타나야만 하는 (수면이) 바로 미래의 현재의 (혹)이다. 그 순간에 대치하는 수행도가 현전하기 때문에, 이때에 나타나야만 하는 수면이 성취되어야만 하지만 영원히 성취되지 않기 때문에 '끊음'이라고 말한 것이다. 이 때문에 미래의 현재의 (혹이) 바로 끊어져야 할 것이고, 나머지 8세世의 (혹은) 바로 끊어져야 할 것이 아니다. 『현양성교론』에서 "미래의 현재의 번뇌는 끊을 수 있으니, 수면이 영원히 제거된 것을 번뇌의 끊음이라고 한다."[250]라고 한 것과 같다.

雖於三世十種而說。論其世別不出前九。故就此九句以定所斷。於此九世斷何世惑者。過去三世皆非所斷。治道生時皆已滅故。現在三世亦非所斷。治道現時無現惑故。未來未來亦非所治。斷道生已相不改故。未來過去亦非所斷。斷道生時勢不及故。未來現在正爲所斷。所以然者。設於此時治道

250 이 인용은 『顯揚聖教論』(T31, 496b26)에 의거한 것이다.

不生。卽於此時隨眠當現。當現正是未來現在。由於此念治道現前。於此隨眠當現應成而永不成說名爲斷。是故未來現在正被所斷。其餘八世非正所斷。如顯揚論云。未來現在煩惱可斷。永害隨眠名煩惱斷故。

비록 이런 방식에 의거하여 이와 같이 끊음을 설하지만, 이러한 끊음의 탐구도 역시 지각될 수 없는 것이다. 그 이유는 무엇인가? 대치하는 수행도가 생길 때 저 수면과 대조하여 미래의 현재의 (혹은) 존재하는 것인가, 아니면 존재하지 않는 것인가? (i) 만일 (혹이) 여전히 존재한다면 그 (미래의 현재의 혹)은 끊어져야 할 것이 아니다. (ii) 만일 (혹이) 이미 존재하지 않는다면 곧 끊어져야 할 것도 없을 것이다. (iii) 만일 저 미래의 현재의 (혹이) 앞에서 끊어졌기 때문에 후에 비존재한다고 한다면, 곧 저 미래의 현재의 (혹이) 아직 끊어지지 않았을 때에 이 (혹)은 존재한다. 그런데 오직 일념뿐인 것이 이전에 존재한 후에 나중에 비존재하는 미래의 현재의 (혹)이라고 한다면 도리에 맞지 않는다. 왜냐하면 한 찰나에는 전후가 없기 때문이다. (iv) 또한 바로 이 일념이 존재하기도 하고 비존재하기도 하는 미래의 현재의 (혹)이라고 한다면 역시 도리에 맞지 않는다. 왜냐하면 하나의 법에 두 가지 자성은 없기 때문이다. 이러한 도리로 말미암아 끊어져야 할 (번뇌는) 없는 것이다. 이것은 일체 삼세의 (혹이) 모두 끊어져야 할 것이 아니라는 것이다. 그럼에도 이 대치하는 수행도는 자성적으로 해탈해 있고, 삼세를 거치면서도 항상 속박을 떠나 있는 것이다. 그러므로 일반적으로 삼세의 (번뇌를) 끊는다고 설하는 것이다. 『유가사지론』에서 (다음과 같이) 설한다. "문 수면을 끊을 때는 과거인가, 미래인가, 현재인가? 답 과거와 미래와 현재에 끊는 것은 아니지만, 삼세에 끊는다고 말할 수 있다."[251]

---

251 이 문장은 『瑜伽師地論』「攝決擇分」[T30, 623b22-24 = VinSg(D) 114a5]을 축약, 인용

끊어져야 할 (번뇌)의 확정을 마친다.

雖依此門說如是斷。而求此斷亦不可得。何以故。治道生時望彼隨眠未來現在爲有爲無。若猶是有卽非所斷。若已是無卽無可斷。若彼未來現在。二[1]由斷故後無者。卽彼未來現在。未斷之前是有。唯是一念未來現在。先有後無不應道理。一刹那頃無前後故。又卽是一念未來現在。卽有卽無亦不應理。無有一法二自性故。由此道理故无可斷。是卽一切三世並非所斷。但是治道自性解脫。逕歷三世恒離繫縛。是故得說通斷三世。如瑜伽說。問。斷隨眠時爲去未來現。答。非斷去來今然說斷三世。乃至廣說故。定所斷竟。

1) ㉠ '二'는 뒤따르는 문장의 '後'와 대비시켜야 하기에 '先'으로 수정하는 것이 타당할 듯하다.

3. 대치에 의한 끊음의 차이

세 번째는 대치에 의한 끊음의 차이를 설명한 것으로, 요약하면 세 주제가 있다. 첫째는 복伏과 단斷의 차이이고, 둘째는 박縛을 끊음의 차이이며, 셋째는 계박을 떠남의 차이이다.

三明治斷差別者。略有三句。一伏斷差別。二斷縛差別。三離繫差別。

1) 복과 단의 차이

복伏과 단斷의 차이이다.

한 것이다.

伏斷差別者。

(1) 복伏의 구별

복伏(Ⓢ viṣkambhaṇa)이란 무엇인가? 모든 혹惑의 조건을 떠나기 위해 그것의 대치를 수습하여 근본적 혹 위에서 부수적인 혹을 일으키지 않는 것이다. 손복損伏의 의미도 마찬가지라고 알아야 한다. 손복의 구별에는 세 종류가 있다. 첫째는 원리遠離에 의한 손복이다. 금계를 수지하여 악연惡緣을 멀리 떠나 이 힘으로 인해 악을 일으키지 않기 때문이다. 둘째는 염환厭患에 의한 손복이다. 문혜聞慧·사혜思慧의 두 가지 지혜에 의해 모든 욕망의 허물을 알고, 그 단점에 대하여 싫어하는 생각을 수습하여 그 힘으로 인해 집착을 일으키지 않기 때문이다. 셋째는 샤마타에 의한 손복이다. 세간적인 수혜修慧로 인해 상계上界를 좋아하고 하계下界를 싫어하며, 그 종류에 따라 임시적인 대치를 수습하여, 그것의 끊음에 따라 (혹을) 일으키지 않기 때문이다. 이에 관한 상세한 설명은 『유가사지론』에서 말한 바와 같다.[252]

何謂爲伏。離諸惑緣修其對治加惑本上令末不起。損伏之義當知亦爾。損伏差別有其三種。一遠離損伏。謂如愛[1)]持禁戒遠離惡緣。由是勢力不起惡故。二厭患損伏。謂以聞思二惠知諸欲過。於彼過患修厭逆想。由是勢力不起著故。三奢摩他損伏。謂由世間脩惠欣上厭下。隨其品別脩假對治。隨其所斷不現起故。於中委曲如瑜伽說。

1) ㉠ '愛'는 저본의 '受'의 오기이다.

---

252 원효의 설명은 이하 『瑜伽師地論』「攝決擇分」[T30, 583c16–584a2 = VinSg(D) 14a4–b3]에 나오는 3종의 손복(Ⓣ nyams pa)을 요약, 해설한 것이다.

(2) 단斷의 구별

단斷(Ⓢ prahāṇa)에 세 가지 구별이 있다. 첫째는 복단伏斷이고, 둘째는 영단永斷이며, 그 세 번째는 남김없이 소멸시키는 단(無餘滅斷)이다.

所言斷者有三差別。一者伏斷。二者永斷。其第三者無餘滅斷。

(i) 복단이란 비유하면 마치 돌 위에 풀뿌리를 놓고 다시 날카로운 호미로 그 뿌리를 고르게 끊어 영원히 그 외부로 줄기가 나올 수 없게 하는 것과 같다. (그러나) 뿌리가 아직 없어지지 않았기 때문에 '복'이라고 하고, 뿌리가 자라지는 않기 때문에 '단'이라고도 한다. 이와 같이 이미 욕망을 벗어난 사람이 견도에 들어갔을 때 욕계의 수도에서 끊어져야 할 (번뇌의) 종자를 끊었을 때, 이러한 것 일체를 모두 '복단'이라고 부른다. (욕계의 수도에서 끊어져야 할 종자가) 아직 소멸되지 않았기 때문이며, 또 (그 종자의) 힘과 작용이 (더 이상) 지속하지 않기 때문이다.

言伏斷者。譬如於石所加草根。更以利釼[1]枰[2]斷其根。永令不能生其外莖。根未滅故說名爲伏。根不續故亦名爲斷。如是已離欲人入見道時斷於欲界脩斷種子。此等一切皆名伏斷。以未滅故。勢用無續故。

1) ⓔ '釼'은 저본에 따라 '鋤'로 교정하는 것이 타당할 것이다. 2) ⓔ '枰'은 오초 교감본에 따라 '秤'으로 교정하는 것이 타당할 것이다.

(ii) 영단이란 비유하면 마치 불에 그릇을 놓고 곡식의 종자를 태우는 것과 같다. 비록 그릇에 의해 격리되기 때문에 곡식의 형태를 잃지는 않지만, 불의 힘 때문에 영원히 종자의 (작용을) 수행하지는 못한다. 이와 같이 금강(유정) 이전부터 이승에 이르기까지 종자를 끊는 의미는 마찬가지라

고 알아야 한다. 무명에 의해 격리되었기 때문에 이숙식의 형태를 잃지는 않지만, 무루의 세력 때문에 영원히 종자의 (작용을) 수행하지는 못한다. 그러므로 이러한 것 등을 '영단'이라고 한다. 『유가사지론』에서 "끊음의 작증에 대략 두 종류가 있다. 첫째는 종자를 복단하는 작증이고, 둘째는 종자를 영단하는 작증이다."[253]라고 설했다. 그러나 이 영단을 무여멸단과 비교하면 다만 영원히 (종자의 작용을) 억압하는 것이지 영원히 끊는 것은 아니다.

言永斷者。譬如於火鎗燋䴬[1)]麥。雖由鎗隔不失䴬相。而由火勢永不成種。如是金剛以還乃至二乘。斷種子義當知亦爾。由無明隔故不失異熟識相。由無漏勢故永不得成種子。是故此等說名永斷。如瑜伽說。略有二種於斷作證。一於種子伏斷作證。二於種子永斷作證故。然此永斷。望無餘斷但爲永伏未成永斷。

1) ㉮ '䴬'은 저본의 '穀'의 오기로 보인다.

(iii) 무여멸단이란 마치 겁이 다할 때에 일곱 개의 태양이 함께 나타나서 공계를 모두 불살라 큰 바다와 대지가 다 말라 버려 남음이 없으며, 원자에 이르기까지 완전히 남김이 없는 것과 같다. 이와 같이 세 무수대겁이 완전히 지났을 때에 네 가지 지혜가 함께 나타나서 법계를 두루 비추어 장식藏識의 큰 바다와 무명의 대지가 남김없이 말라 버리고, 이장의 미세하게 남아 있는 습기까지도 영원히 소멸하는 것이다. 이 때문에 '무여멸단'[254]이라고 말한 것이다.

253 이 문장은 『瑜伽師地論』「攝決擇分」[T30, 675b6-7 = VinSg(D) 239b1-2]의 온전한 인용이다.

254 무여멸단無餘滅斷 : 유식 문헌에 종자의 복단과 영단의 구별은 사용되지만, '무여멸단'은 앞의 양자와 구별되어 사용되고 있지 않다. 원효가 이를 독립된 세 번째의 '단斷'으로 구분한 이유는 습기 개념을 종자 개념과 구분하는 데에서 나왔다고 보인다.

이것을 세 가지 끊음에 대한 의미의 구별이라고 한다.

所言無餘滅斷者。如劫盡時七日竝現通然空界。巨海大地散[1]盡無遺。乃至微塵永無餘殘。如是三種無數大劫滿時。四智竝現圓照法界。藏識巨海無明大地。散盡無遺。乃至二障微細殘氣永滅無餘。是故說名無餘殘斷。是謂三種斷義差別。

1) ㉮ '散'은 오초 교감본에 따라 '歇'로 교정하는 것이 타당할 듯하다. 아래 글자도 마찬가지다.

2) 두 종류의 박縛의 끊음의 차이

둘째는 박縛(Ⓢ bandhana)의 끊음의 차이를 밝힌 것이다. 박에 상응박과 소연박[255]의 2종이 있다. 하나의 혹을 일으킬 때에 바로 두 가지 박을 갖추고, 이 두 가지 박에 의해 중생의 마음을 결박한다. 그 의미는 무엇인가? 번뇌는 심과 동시에 상응하여 그 마음을 결박하여 해탈하지 못하게 하기 때문에 상응박이라고 한다. 바로 이 번뇌가 인식대상에 집착하여 그의 심으로 하여금 인식대상에 집착하게 하기 때문에 소연박이라고 한다. 마치 하나의 끈을 소에게 연결시켜 그 소의 얼굴을 묶어서 벗어날 수 없게 하고, 바로 끈의 끝을 기둥에 묶기 때문에 그 소로 하여금 기둥에 붙어 있게 하는 것과 같다. 두 가지 박이 심을 결박하는 것도 그와 같다고 알아야 한다.

255 상응박相應縛과 소연박所緣縛 : 『大毘婆沙論』(T27, 442c9ff.)에 따르면 "소연박이란 유루의 수면에 있어서 그것을 대상으로 하는 것이 반드시 증대하기 때문이다. 무루를 대상으로 하더라도 증대되지 않는다면 결박의 의미가 없다. 상응박이란 그 (수면)과 상응하는 번뇌가 아직 끊어지지 않은 것이다. 번뇌가 이미 끊어졌다면, 비록 상응함이 있다고 해도 결박의 의미는 없다."라고 한다.

二明斷縛差別者。縛有二種。謂相應縛及所緣縛。隨起一惑卽具二縛。以此二縛縛衆生心。是義云何。煩惱與心一時相應。能縛此心令不得脫。故名相應縛。卽此煩惱執所緣境。能令其心隨着所緣。名所緣縛。如以一繩與牛相應。面縛其牛令不能脫。卽以繩端緣縛於柱。能令其牛隨著彼柱。二縛縛心當知亦爾。

이 두 가지 박을 끊는 것은 실제로 동시이지만, 그 의미를 순서대로 논한다면 또한 전후가 있다. 어떤 (순서)인가? 심왕에게 "왕은 지금 무슨 인연으로 인식대상에 대한 집착에서 벗어나게 되었습니까?"라고 묻는다면, 심왕은 "하나의 혜심소(慧數)가 홀연히 이르러서 나와 상응하는 박을 끊었기 때문에 인식대상에 대하여 집착하지 않게 되었을 따름이다. 그러나 그것에 의해 무엇이 끊어졌는지는 모르겠다."라고 대답한다. 그리고 혜심소에게 묻는다. "경은 무슨 방책을 갖고 상응박을 끊었는가?" 혜심소가 설명하기를, "신에게 별다른 방책은 없고, 다만 자성이 밝고 예리하여 인식대상의 상에 대하여 거친 상을 깨뜨려서 영원히 집착을 떠났습니다. 이로 인해 저 (인식대상)과 상응하는 법을 끊을 수 있었습니다."라고 하였다.

斷此二縛實在一時。論其義次第又有前後。何者。問心王。王今何緣於所緣境得離着乎。心卽答言。有一惠數忽然而至。斷除與我相應之縛。故於所緣無所着[1]耳。而不自知彼何所斷。卽問惠數。卿有何術斷相應縛。惠數釋言。臣無異術。但性明利破遣麤相。於所緣相永離執著。由是能斷彼相應法。

1) ㉮ '着'은 저본에는 '著'이다. 의미의 차이는 없다.

즉, 혜심소의 말에 의거한다면, 먼저 소연박을 끊은 후에 상응박을 끊는 것이다. 이 의미에 의거하기 때문에 『현양성교론』에서 "따르는 것을 끊는다는 것은 인식대상에 따르는 모든 번뇌를 끊는다는 것이다. 인식대상에 대한 번뇌를 끊은 후에, (그것과) 상응하는 모든 법도 다시 따라서 끊는다."[256]라고 하였다. 만일 심왕의 말에 의거한다면, 먼저 상응박에서 벗어나고 뒤에 소연박에서 벗어나는 것이다. 이 의미에 의거하기 때문에 『유가사지론』에서 "또한 상응과 소연으로부터 번뇌를 끊을 수 있다. 그 이유는 무엇인가? 대치하는 도가 생겨났다면, 번뇌는 일어나지 않고 생겨나지 않는 성질을 가진 것으로 되기 때문에 그런 상응으로부터 끊어진 것이다. 상응으로부터 끊어졌다면 대상을 반연하지 않기 때문에, 소연으로부터도 역시 끊어졌다고 설한다."[257]라고 한 것과 같다. 두 가지 박을 끊는 뜻은 이와 같이 알아야 한다.

是卽依惠數言。先斷所緣縛。後斷相應縛。依此義故顯揚論云。斷所從者。謂從所緣境斷諸煩[1)]惱。於所緣境斷煩惱已諸相應法亦復隨斷。若依心王言。先離相應縛。後離所縛。[2)] 依此義故瑜伽論說。復次從相應及所緣故煩惱可斷。所以者何。對治道生煩惱不起得無生法。是故說名斷彼相應。相應斷已不復緣境。故從所緣亦說名斷故。斷二縛義應如是知。

1) ㉮ '煩'은 저본에는 '須'이지만 『韓國佛敎全書』 편자가 오초 교감본에 따라 교정한 것으로 보인다. 2) ㉮ '所縛'은 오초 교감본에 따르면 '所緣縛'이다.

3) 계박을 벗어남의 차이

셋째는 계박을 벗어남에 대한 차이를 설명한 것이다.

三明離繫差別者。

256 이 인용은 『顯揚聖敎論』(T31, 496b24-26)을 축약한 것이다. "建立斷所從者。從所緣境斷諸煩惱。於所緣境。斷煩惱已。無繫縛故。諸相應法。亦復隨斷。"

257 이 문장은 『瑜伽師地論』 「攝決擇分」[T30, 628c11-14 = VinSg(D) 127b4-5]의 온전한 인용이다.

(1) 계박의 종류

계박에 두 종류가 있다. 두 가지란 무엇인가? 첫째는 두 가지 박에 의해 종류에 따라 계박되는 것으로, 그 의미는 앞에서 말한 것과 같다. 둘째는 능연에 의해 여러 종류의 계박을 받는 것이다. 그 의미는 무엇인가? 즉, 저 혹이 구품九品을 갖추고 있는 것과 같이, 그 상상품上上品의 심과 심법은 모두 구품의 능연에 의하여 결박되는 것으로, 마치 한 기둥에 아홉 개의 끈으로 묶여 있는 것과 같다. 소연이라는 사태에 계박되는 것도 마찬가지다. 상상품(의 심과 심법)이 9종 계박을 받는 것처럼, 나머지 8품도 모두 마찬가지다. 왜냐하면 구품이 모두 서로를 대상으로 할 수 있기 때문이며, 또 수면의 상태에 있어서도 항상 자성적으로 소연이 되기 때문이다.

繫有二種。其二是何。一由二縛隨品被繫。義如前說。二由能緣被多品繫。是義云何。且如彼惑具有九品。其上上品心及心法。通爲九品能緣所縛。如於一柱繫以九繩。所緣之事猶[1]亦爾。如上上品被九種繫。其餘八品皆亦如是。九品悉能互相緣故。在隨眠位恒性緣故。

1) ㉮ '猶'는 저본에는 '被'이지만『韓國佛教全書』편자가 교정한 것으로 보인다. 오초 교감본에서는 '繫'를 보충해 '被繫'로 교정하고 있는데, 이것이 타당할 듯하다.

(2) 계박에서 벗어남의 종류

그 계박으로부터 벗어남을 논한다면 곧 두 종류가 있다. 즉, 앞의 (상응박과 소연박의) 두 가지 박으로부터는 종류에 따라 계박으로부터 벗어남이며, 뒤의 하나의 (능연)박으로부터는 상관 관계에 있는(相屬) 계박으로부터 벗어남[258]이다. 상관 관계에 있는 계박에서 벗어남이란 비록 초품의 두 가지 박을 끊었지만 8품의 능연에 의하여 계박되어 있으며, 8품의 두 가지 박에 이르기까지 이미 끊은 것이다. 이 8품의 심이 일품 (즉, 제9품)에 계박되어 있기 때문에 앞의 여덟 가지가 모두 아직 계박에서 벗어나지 못했으며, 아직 계박에서 벗어나지 못했기 때문에 이미 끊은 것이라고 말할 수 없다. 제9품의 두 가지 박을 완전히 끊었을 때, 앞의 8종과 이 아홉 번째가 한꺼번에 계박에서 벗어난다. 이 때문에 상관 관계에 있는 계박에서 벗어난다고 말한다. 마치 한 무더기의 갈대 묶음이 아홉 개의 풀끈으로 묶여 있을 때, 비록 여덟 개의 풀끈을 끊더라도 아직 흩어지지 않다가 아홉 번째의 계박을 끊을 때에 한꺼번에 흩어지는 것과 같다. 상관 관계에 있는 계박을 떠나는 것도 마찬가지라고 알아야 한다. 『유가사지론』에서 "계박에서 벗어남에 또한 두 종류가 있다고 알아야 한다. 첫째는 모든 번뇌의 종류로부터 벗어남이고, 둘째는 모든 번뇌의 사태라는 결박에서 벗어남이다."[259]라고 한 것과 같다.

論其離繫卽有二種。謂於前二縛品別離繫。於後一縛相屬離繫。相屬離繫者。雖斷初品二種之縛。而被八品能緣所繫。乃至已斷八品二縛。此八品心被一品繫。是故前八皆未離繫。未離繫故不名已斷。斷第九品二縛盡時。前八此九一時離繫。是故說名相屬離繫。如一蘆束繫以九葪。雖斷八葪而未離散。斷第九繫一時離散。相屬離繫當知亦爾。如瑜伽說。當知離繫亦有二種。一於諸煩惱品別離繫。二於諸煩惱事相屬離繫故。

---

258 상관 관계에~계박으로부터 벗어남(相屬離繫) : 아래 『瑜伽師地論』의 티베트어 번역에서 분명히 드러나듯이, 그 의미는 번뇌의 사태라는 계박으로부터의 벗어남이다. 즉 심리적 작용으로서의 번뇌가 아니라 번뇌의 토대 역할을 하는 심신의 복합체로부터의 이계離繫를 의미할 것이다. 하지만 여기서 원효는 '상속'이란 번역어에 기초하여 이 단어의 의미를 '번뇌와 그 토대 사이의 상호 포섭 관계'를 함축하는 것으로 이해했다고 생각되기에 그 의미를 살리기 위해 이와 같이 번역했다.

259 이 인용은 『瑜伽師地論』「攝決擇分」[T30, 675b7-9 = VinSg(D) 239b2]에 의거한 것이다.

대치에 의한 끊음의 차이를 마친다.

治斷差別竟。

4. 대치에 의한 끊음의 계위의 구별

네 번째는 대치하는 (수행도에 의해) 끊음의 계위를 설명한 것이다. 전체적으로 3종이 있다. 첫째는 범부에 대한 설명이고, 둘째는 이승에 대한 설명이며, 셋째는 보살에 대한 설명이다.

四明治斷階位者。惣有三重。一明凡夫。二辨二乘。三說菩薩。

1) 범부의 계위에서의 대치에 의한 끊음

모든 범부의 계위에서 세간적인 대치도는 오직 삼공三空[260] 이전의 수도에서 끊어져야 할 번뇌를 조복하여 그 추중을 제거하지만 그 종자를 뿌리 뽑지는 못한다. 나머지 일체 (번뇌)는 그 (세간적인 수도에 의해) 끊어져야 할 것이 아니다. 『유가사지론』에서 (다음과 같이) 설한다. "만일 모든 범부가 욕계의 탐욕이나 색계의 탐욕을 떠났다면, 이는 다만 수도로 인한 것이지 견도로 인한 것은 아니다. 그가 욕계의 탐욕을 떠날 때는 탐욕과

---

260 삼공三空 : 『仁王經疏』(367c8ff.)에 따르면 삼공이란 공空·무상無相·무원無願의 삼해탈문으로 설명되고 있다. 또 다른 설명 방식으로 바로 직전에서 『仁王經疏』는 "대품반야와 상응하는 삼공이란 (『解深密經』에서 설하는) 삼무자성"이라고 설명한다. 은정희(2004: 233f)는 삼공을 무성공無性空·이성공異性空·자성공自性空으로 간주하면서 각기 변계소집성·의타기성·원성실성과 관련시키고 있다.

진에 및 그들 요소를 뒤따르거나 (그것들과) 인접해 있는 아만(Ⓢ māna) 및 이들 (번뇌와) 상응하는 무명이 더 이상 현행하지 않기 때문에 끊어진다고 불린다. 그렇지만 견도에서 끊어져야 할 살가야견 등은 이와 같지 않다. 그에게 혹들이 이 신체 속에 머물러 있기 때문에, 그가 선정에서 깨어난 후에 때때로 현행한다. 상계에 재생한 자에게 그것들은 다시 현행하지 않는다. 이와 같이 범부가 색계의 탐욕을 떠났을 때, (수소단의) 번뇌, (즉) 진에를 제외한 나머지 번뇌들도 이치에 따라 마찬가지라고 알아야 한다."[261] 만일 마나스와 상응하는 네 가지 혹을 논한다면, 비록 이것은 수도에서 끊어져야 하는 것이지만, 매우 미세하기 때문에 세간적인 수도에 의해서 조복되는 것은 아니다.

諸異生位世間治道。唯伏三空已還修道所斷煩惱。捨其麤重不拔種子。自餘一切非其所斷。如瑜伽說。若諸異生離欲界欲或色界欲。但由修道無有見道。彼於欲界得離欲時。貪欲瞋恚及彼隨法隣近憍慢。若諸煩惱相應無明。不現行故皆說名斷。非如見道所斷薩迦耶見等。由彼諸惑住此身中。從定起已有時現行。非生上者彼復現起。如是異生離色界欲。如其所應除瞋恚。餘煩惱當知亦爾故。若論末那相應四惑。雖是修斷。極微細故世間修道所未能伏。

2) 이승의 계위에서의 대치도에 의한 번뇌의 끊음

다음은 이승이 대치하는 수행도의 계위를 밝힌 것이다. 여기에 두 가지 의미가 있다.

---

261 이 문장은『瑜伽師地論』「攝決擇分」[T30, 625b7–13 = VinSg(D) 119a7–b4]의 인용이다.

次明二乘治道位者。此有二義。

(1) 번뇌장의 끊음의 경우

만일 인집과 법집의 두 가지 집착이 본말의 (관계로서) 서로 의존하여 생겨나는 방식의 관점에서는, 일체의 이승은 번뇌장을 단지 조복하지만 영원히 끊지는 못한다. 그 까닭은 광대한 마음이 없어서 법공을 증득하지 못하고, 이로 인해 번뇌의 근본을 뿌리 뽑지 못하기 때문이다. 만일 그들이 직접 인집 내에서 전과 수면이 서로 생겨나는 방식에 의거한다면, 이것은 모두 영원히 끊는 것이지 잠정적으로 끊는 것은 아니다. 인공에 의해 특징지어지는 진여를 증득함에 의해 인집 등의 종자를 영원히 손상시키기 때문이다. 『미륵소문론』에서 "일체의 성문과 벽지불은……여실하게 사무량을 수습할 수 없으며, 모든 번뇌를 궁극적으로 끊을 수 없고, 다만 일체 번뇌를 조복할 수 있을 뿐이다."[262]라고 한 것과 같다. 이것은 첫 번째 방식에 의거하여 설명한 것이다. 또한 『유가사지론』에서 "만일 성스런 제자가 출세간도를 통해 욕계의 탐욕을 여의거나 내지 삼계의 탐욕을 모두 여읜다면, 그때에 그는 일체 염오법의 종자를 모든 방식으로 영원히 손상시킨다. 마치 쌀이나 보리 등 모든 외부의 종자를 빈 곳이나 건조한 그릇에 두면, 비록 싹이 나지는 않지만 종자가 아닌 것은 아니다. 그러나 바로 그것들이 불에 의하여 손상될 때에는 모든 방식으로 종자의 (작용을) 수행하지는 못하는 것처럼, 임시적 억압(損伏)과 영구적 손상의 도리도 마찬가지다."[263]라고 하였다. 이것은 뒤의 방식에 의거해서 설명한 것이다.

---

262 이 문장은 『彌勒菩薩所問經論』(T26, b17-21)을 축약, 인용한 것이다.
263 이 문장은 『瑜伽師地論』「攝決擇分」[T30, 584a2-10 = VinSg(D) Zi, 14b3-7]을 축약, 인용한 것이다.

若就人法二執本末相依生門。一切二乘於煩惱障唯是折伏。而非永斷。所以然者。無廣大心不證法空。由是不[1]拔煩惱本故。如其直當人執之內纏及隨眠相生門者。皆是永斷。而非伏斷。由證人空所顯眞如。永害人執等種子故。[2] 如彌勒所問論云。一切聲聞辟支佛人。不能如實修四無量。不能究竟斷諸煩惱。但能折伏一切煩惱。此依初門作是說也。又瑜伽說。若聖弟子由出世道離欲界欲。乃至具得離三界欲。爾時一切染法種子皆悉永害。如鷇[3]麥等諸外種子安置空逈或於乾器。雖不生死。[4] 非不種子。若火所損。爾時畢竟不成種子。損伏永害道理亦爾。此依後門而作是說。

1) 역 '不'은 저본에는 없지만『韓國佛教全書』편자가 방기에 따라 보충한 것으로 보인다. 2) 역 '故'는 저본에는 없지만『韓國佛教全書』편자가 방기에 따라 보충한 것으로 보인다. 3) 역 '鷇'은『瑜伽師地論』에서 보이듯 '穀'의 오기이다. 4) 역 '死'는 '外'의 오기인 듯하며, 이는『瑜伽師地論』에 따라 '芽'로 교정하는 것이 타당할 듯하다.

이 두 방식으로 인해 복단과 영단은 모두 서로 모순되지 않는다. 지금은 우선 영단에 의거하여 그 단계를 설명하겠다.

由是二門伏斷永斷皆不相違。今且依永斷明其階降。

① 견소단의 번뇌의 영단의 관점

견혹을 끊는 자에 세 종류의 사람[264]이 있다. 구박具縛[265]으로서 견도에

264 세 종류의 사람 : ① 탐욕을 가진 상태에서 견도에 들어간 자, ② 대부분의 탐욕을 여읜 상태에서 견도에 들어간 자, ③ 이미 탐욕을 여읜 상태에서 견도에 들어간 자이다. 견도는 전통적으로 성자의 단계로서 수신행자隨信行者와 수법행자隨法行者의 두 종류의 성자들의 수행의 결과로 간주되었다.『雜集論』은 이들 두 성자가 수혹을 갖추었는가의 정도에 따라 세 가지의 '향向', 즉 예류향預流向·일래향一來向·불환향不還向의 셋으로 구분한다. ①의 경우는 욕계에 속한 구품 번뇌 중에서 5품의 번뇌를 끊었거나 아직 끊지 못한 수행자가 견도에 들어가는 경우로서 그는 예류에 들어간 자라고 한다. ②의 경우는 배리욕인倍離欲人(Ⓢ yadbhūyo vītarāgaḥ)이라는 단어의 의미가

들어간 자는 견혹을 끊은 후에 예류과를 증득한다. 대부분의 탐욕을 여읜 자(倍離欲人)로서 견도에 들어간 자는 대부분의 탐욕을 여의고 (번뇌를) 끊은 후에 일래과를 증득한다. 이미 탐욕을 여의고 견도에 들어간 자는 구품(의 번뇌)를 끊은 후에 불환과를 증득한다. 『유가사지론』에서 "견도에 들어간 자에 3종이 있으니, 이치에 따라 3종의 (사문)과를 증득하기 때문이다."[266]라고 말한 것과 같다.

斷見惑者有其三人。若從具縛入見道者。斷見惑已證預流果。倍離欲人入見道者。兼斷信欲[1)]證一來果。已離欲人入見道者。兼斷九品證不還果。如瑜伽說。入見道者有其二[2)]種。隨其所應證三果故。

1) ㉰ '信欲'은 『瑜伽師地論』 및 오초 교감본에 따라 '倍離欲'으로 교정하는 것이 타당할 듯하다. 2) ㉰ '二'는 『瑜伽師地論』 원문에 따라 '三'으로 교정하는 것이 타당할 듯하다.

총괄하여 말하면 비록 그렇지만, 이에 대해 구별한다면 견혹을 끊을 때에 세 가지 '단박(頓)'의 의미가 있다. 첫째는 일심一心으로써 삼계를 단박에 끊는 것이며, 둘째는 일관一觀으로써 4종을 단박에 끊는 것이며, 셋째는 일품一品으로써 구품을 단박에 끊는 것이다. '일심으로써 삼계를 단번에 끊는 것'이란 삼계의 심작용에 비록 추·세의 (차이는) 있지만 이치에 미혹한 정도는 계에 따라 다르지 않기 때문에, 동일한 심으로써 삼계를 단박에 끊는 것이다. '한 번의 관찰(一觀)로써 4종을 단박에 끊는 것'이란

보여 주듯이 '대부분의 번뇌를 여읜' 자로서 욕계에 속한 구품의 번뇌 중에서 8품의 번뇌를 끊었다는 의미로서, 그는 일래에 들어간 자이다. ③의 경우는 이미 모든 구품의 번뇌를 끊은 자로서 다시 욕계에 떨어지지 않는 불환에 들어간 자이다. 이에 대해서는 권오민(2002: 1066 이하) 참조.

265 구박具縛(Ⓢ sakala-bandhana) : 9종의 결박을 전혀 끊지 못한 상태이다.

266 이 인용은 『瑜伽師地論』 「聲聞地」[T30, 436b14-19 = SrBh(T-ed.) II.134,9-14]의 내용을 가리킨다.

괴연제작의壞緣諦作意[267]와 상응하는 것으로 사제를 무아의 이치에 따라 총체적으로 관찰하기 때문이다. '같은 종류(一品)로써 구품을 단박에 끊는 것'이란 견도의 일심(찰나)에 구품을 대치하니, 그 가벼운 것을 끊을 때에 무거운 것도 따라서 소멸하기 때문이다. 견도는 이미 처음부터 무루인데, 제9품의 (번뇌를) 홀연히 대치하는 이유는 처음으로 난법煖法에서부터 하·하의 관법을 수습하여 견도에 이르러 상·상의 (관법을) 성취하기 때문에, 무간도 이하에서 이미 8품을 대치했지만 그 (제9품에 속한 번뇌의) 종자를 끊지 못한 이유일 것이다. 만일 그가 8품의 종자를 끊지 못했으면서 상·상품에 속한 수행도를 일으킬 수 있는 이유는, 8품에 속한 추중을 점차 버리고 이를 통해 상·상품에 속한 수행도를 이끌어 내었기 때문이다. 그가 인공의 진여를 아직 증득하지 못했기 때문에 저 (8품의) 종자를 완전히 제거할 수 없는 것이다. 이러한 도리로 인하여 삼승의 성인이 처음으로 (견도라는) 성도聖道에 들어갈 때 이것에 의해 구품의 종자를 단박에 끊는데, (이는) 추품麤品을 대치하는(對)[268] 수행도에 의해 (끊는다고) 하는 것이 아니며, 또한 비록 (견도에서) 나머지 미세한 품류의 혹을 끊었지만 단지 한 종류의 도가 예리하기 때문에 구품을 대치한다는 것도 아니다.

惣說雖然於中分別者。斷見惑時有三頓義。一以一心頓斷三界。二以一觀

267 괴연제작의壞緣諦作意 : CBETA 검색에 따르면, 동아시아 찬술 주석을 제외하면 「攝決擇分」(628c17)에서 번뇌의 돈단과 점단의 맥락에서 한 번 나온다. 그 의미는 '섞인 것을 대상으로 하는 사성제의 작의' 정도일 것이다. 여기서 '괴연壞緣(Ⓢ saṃbhinnālambana)'이란 표현은 SrBh 428,4f.와 AKBh 343,2f.와 관련되어 있다고 보인다. AS 52,18에 따르면, 번뇌의 단은 섞인 것을 대상으로 하는 작의에 의해 성취되는데, 그것은 '일체 법은 무아이다'라는 형태로서, 무아를 제법의 공통된 특징(共相)으로 파악하는 것이다.

268 대치하는(對) : 여기서 '대對'라는 단어가 '상대하다', '대비되다', '의존하다' 등의 의미로 사용되었는지, 아니면 '대치'의 의미로 사용되었는지 불명확하다. 여기서는 '대치'의 의미로 번역했다.

頓斷四種。三以一品頓斷九種。所以一心頓斷三[1]者。三界心行雖有麤細迷理輕重。不隨界別。是故一心頓斷三界。所以一觀頓斷四者。由壞緣諦作意相應。通觀四諦無我理故。所以一品頓斷九品者。見道一心對第九品。斷其輕時重隨滅故。見道既是最初無漏。所以忽對第九品者。始從懦[2]法脩下下觀。迄至見道成上上故。無間道下既對八品。所以不能斷彼品種子。若不能斷八品種子。何由能生上上品道者。漸捨八品所有麤重。由是能引上上品道。此皆未證人空眞如。故不能拔[3]彼品種子。由是道理三乘聖人。初入聖道並是頓斷九品種子。非謂對麤品道。雖斷餘細品惑。亦非唯一品道猛利。故對九品。

1) ㉯ '三' 다음에 '界'가 탈락한 것으로 보인다. 2) ㉰ '懦'는 저본의 '煗'를 오기한 것으로 보이는데 사선근의 용어에 따르면 '煖'으로 교정하는 것이 타당할 듯하다. 3) ㉰ "此皆未證人空眞如。故不能拔"의 12자는 저본에는 없지만『韓國佛敎全書』편자가 방기에 따라 보충한 것으로 보인다.

② 수소단의 번뇌의 끊음

수도위에서는 이전의 힘에 올라타서 점차적으로 방편의 수습에 의해 바로 더욱 강력한 품류로 들어가기에, 앞의 (견도)처럼 많은 품류의 가행을 필요로 하지 않는다. 수혹에 대해서는 품류에 따라 점차 끊는 것이지, 수혹의 얽힌 실타래가 끊기 어렵기 때문에 일시에 구품을 단박에 끊지 못한다는 말은 아니다. (대부분의 탐욕을 여읜 자와 이미 탐욕을 여읜 자라는) 마지막 두 종류의 사람이 수혹의 종자를 끊는 이유는 견도의 품류가 실제로 수혹의 품류를 대치할 수 없기 때문에, 따라서 (수도위에서는) 종자를 영원히 끊지는 못하지만 이 종자가 앞서 이미 조복되었고, 지금 다시 견도의 날카로운 칼날을 거듭 가함에 의해 그 종자에 대한 복단을 증득할 수 있기 때문이다. 이로 인해 그들은 (수혹의) 종류를 대치하는 수행도를 수습함에 의해 욕계의 재생을 다시 받지 않는다. 그러므로 그 공로로 불환위를 얻게 된다. 대부분의 탐욕을 여읜 사람(倍離欲人)은 이에 준하여 해석하면 이해할 수 있을 것으로, 초월超越의 도리[269]도 마찬가지라고 알아야 한다.

脩道位中乘前勢力。漸脩方便卽入增品。不須如前多品加行故。於脩惑隨品漸斷。非謂脩惑纏綿難斷。故不一時頓斷九品。後二種人。所以能斷脩惑種子者。見道之品實不能對脩惑之品。是故不能永斷種子。但此種子先已被伏。今更重加見道利鋤故。於彼種伏斷作證。由是得脩彼品治道。於欲界生不復還受。是故賞功加不還位。信欲[1)]人唯[2)]釋可解。超越道理應如是知。

1) ㉻ '信欲'은 오초 교감본에 따라 '倍離欲'으로 교정하는 것이 타당할 듯하다. 2) ㉻ '唯'는 오초 교감본에 따라 '准'으로 교정하는 것이 타당할 듯하다.

다음은 수혹의 관점에서 끊음의 단계를 밝힌다. 수도에 나아간 사람에 두 종류가 있다. 첫째는 점차적으로 (윤회로부터) 벗어나는(出離) 자라는 의미로, 일반적인 설명과 같다. 둘째는 단박에 벗어나는 자로서, 삼계의 모든 법을 총괄해서 대상으로 하여 무루도에 들어가서 구품을 점차 수습하여 삼계(의 혹)을 단박에 끊지만 점차적으로 구품을 제거하는 것이다. 이때에 곧바로 아라한과를 증득한다. 삼계의 혹을 단박에 끊는 이유는, 앞에서 설명한 것과 같이 품수의 다·소의 정도가 행상의 추·세를 따르지 않기 때문이다. 만약 (단박에 끊는다고) 한다면, 무엇 때문에 점차적으로 끊는 자가 있겠는가? (그는) 삼계의 법을 단박에 대상으로 하지 않기

269 초월超越의 도리 : 앞에서 설명한 순차적인 방식에 따른 차제증次第證과는 달리 범부의 상태에서 유루의 세속도에 의해 욕계의 수혹修惑을 부분적으로 끊은 후에 견도와 수도에 들어가서 견혹과 나머지 수혹을 끊는 방식을 말한다. 초월증超越證의 방식으로 수행하는 자는 견도 십육심에 이르러 견혹을 끊을 때 예류과를 뛰어넘어 일래과나 불환과를 증득하기 때문이다. 이에 대해서는 『俱舍論』에서 상세히 설명하고 있다. 권오민(2002: 1066, 각주 86) 참조.

때문이다. 『대법론』에서 (다음과 같이) 널리 설한다. "단박에 벗어나는 자란 사제의 현관에 들어간 자가 미지정未至定[270]에 의거한 후에 출세간도를 발현함에 의해 삼계의 모든 번뇌를 단박에, 즉 품류의 측면에서 끊는 것이다. (그것에) 예류과와 아라한과라는 두 (사문)과만이 인정된다. 이 해석의 근거는 무엇인가? 『지단경指端經』(Ⓢ Aṃgulyāgrasūtra)에서 '과거 · 미래 · 현재이거나, 멀거나 가깝거나 간에 색 내지 식에 이르기까지 일체를 총괄적으로 일분一分 · 일단一團 · 일적一積 · 일취一聚로 압축한다. 이와 같이 압축한 후에 일체가 무상이며, 일체가 고라고 관찰해야만 한다'고 널리 설한 것과 같다. 또한 이에 의거하기 때문에 여래께서 『분별경』에서 예류과 직후에 바로 아라한과를 건립하셨다고 알아야 한다."[271] 위에서 설명한 대치도와 끊음의 구별은 육식이 일으킨 번뇌에 대해 설한 것이다.

次約脩惑明斷位者。進脩道人有其二種。一漸出離義如常說。二頓出離者。謂惣緣三界所有諸法。入无漏道漸修九品。頓斷三界漸除九品。此時直證阿羅漢果。所以頓斷三界惑者。如前所說。品數輕重不隨行相之麤細故。若爾。何故有漸斷者。於三界法不頓緣故。如對法論云。頓出離者謂入諦現觀已。依止未至定發出世道。頓斷三界一切煩惱。品品別斷唯立二果。謂預流果阿羅漢果。此義以何爲證。如指端經說。諸所有色乃至識。若過去未來現在。若遠若近。總此一切略爲一分一團一積一聚。如是略已。應觀一切皆是無常一切皆苦乃至廣說。又依此故如來於分別經中。預流果無間卽建立阿羅漢果故。上來所明治斷差別。是說六識所起煩惱。

마나스와 상응하는 네 가지 혹惑은 행상과 종류가 가장 미세하기 때문

270 미지정未至定 : 사선정이라는 본 선정에 들어가기 이전의 집중 상태를 말한다.
271 이 인용은 『雜集論』(T31, 756b9-25 = ASBh 121,25ff.)을 축약한 것이다.

에 삼계 중에 동등하며 차이가 없다. 따라서 오직 비상비비상처[272]의 탐욕을 여읠 때에만 일시에 단박에 끊어진다. 『유가사지론』에서 "마나스와 상응하는 임운의 번뇌는 오직 비상비비상처의 탐욕을 여읠 때에만 일시에 단박에 끊어지며, 다른 혹처럼 점차적으로 끊어지는 것은 아니다."[273]라고 말하며, 또 『무상론』에서도 "제2의 집식執識(마나스식)과 그에 상응하는 법은 아라한위에 이르러 완전히 소멸된다. 만일 견제의 육번뇌[274]의 식과 심소법인 경우에는 출세간도의 십륙심[275]을 얻을 때에 궁극적으로 끊어져 소멸된다. 나머지 아직 소멸하지 않고 잔존하는 것은 다만 수도(思惟)의 상태에 속한 것으로, 이를 제2의 집식이라 부른다."[276]라고 말한다. 그 중에서 2종의 끊음의 의미를 구별했다. 의식 중에 있는 육번뇌의 경우에는 십륙심 찰나에 모두 완전히 끊어지기 때문에 견제에 속한다. 이 제2의 (집)식은 그것이 끊어진 후에 잔존한 것으로 오직 아라한의 상태에서 비로소 완전히 소멸된다. 따라서 이 (집)식은 다만 수도위에 속한다. 이러한 종류의 글에 의거해서 마나스는 견도에 의해 제거되어야 하는 것이 아님을 알 수 있다.

若其末那相應四惑。行相與品最爲微細。於三界中等無差別。是故唯離非想欲時。一時頓斷。如瑜伽說。末那相應任運煩惱。唯離非想處欲故一時頓斷。非如餘惑漸次而斷。無相論云。第二執識及相應法至羅漢位究竟滅盡。若見諦實[1)]煩惱識及心法。得出世[2)]道十六心時畢竟斷滅。餘殘木[3)]盡但屬

272 비상비비상처 : 무색계 선정의 제4단계로서, 이 선정에서 수행자는 관념도 아니고 관념이 아닌 것도 아닌 것을 대상으로 해서 명상하기에 그렇게 불린다.

273 이 문장은 『瑜伽師地論』「攝決擇分」[T30, 651c20-652a4 = VinSg(D) 183a3-7]을 축약, 인용한 것이다.

274 육번뇌肉煩惱 : 『轉識論』 원문은 '해번뇌害煩惱'이다.

275 십륙심十六心 : 『轉識論』 원문에는 '心'이 '行'으로 되어 있어, 사제 십륙행상의 의미로 이해한 것을 알 수 있다.

276 이 인용은 『轉識論』(T31, 62a17-20)에 의거한 것이다.

思惟。是名第二執識。此中簡別二種斷義。若意識中實[4]煩惱者。十六心時皆悉斷盡。故屬見諦。此第二識彼斷所餘。唯羅漢位方究竟滅。是故此識但屬思惟也。依此等文故知末那非見所斷。

1) ㉠ '實'은 저본의 '肉'의 오기이다. 2) ㉠ '世'는 저본에는 없지만『韓國佛教全書』편자가 방기에 따라 보충한 것으로 보인다. 3) ㉠ '木'은 '末'의 오기이다. 4) ㉠ '實'은 저본의 '肉'의 오기이다.

이상은 이승이 번뇌장을 끊는 것을 설명한 것이다.

是明二乘斷煩惱障。

(2) 소지장의 경우

소지장 중에 끊는 것과 끊지 못하는 것이 있다. 반야를 통해 해탈한 자(慧解脫人)에게는 끊어져야 할 것이 전혀 없다. (심과 반야의) 두 방식으로 해탈한 자[277]에게는 부분적으로 끊어져야 할 것이 있다. 즉, 8종 해탈[278]의 장애는 염오되지 않은 무지이므로 8종 승해[279]의 수습에 의해 대치된다.

277 두 방식으로 해탈한 자 : 심과 혜의 두 방식 모두에 의해 해탈한 자를 가리킨다.

278 8종 해탈 : 8종 승해의 다른 번역어라고 보인다. 각각에 대해서는 은정희(2004: 236-7) 참조.

279 8종 승해勝解(Ⓢ adhimokṣa) : 승해란, Schmithausen(2006)의 설명에 따르면 의도적으로 'visualization'을 사용하여 명상대상을 마음속에 산출하는 방식의 명상기법이다.『瑜伽師地論』(T30, 355c7-16)에서 승해를 8종으로 구별하면서, 그것들이 불환不還과 아라한의 신통과 최고의 선정의 상태로 이끈다고 말한다. ① 내적으로 색이라는 관념을 제거하지는 못했지만 외적으로 염오된 색이 없는 승해, ② 내적으로 색이라는 관념을 억제한 승해, ③ 색에 대한 최고의 평정으로서의 승해, ④ 공무변승해, ⑤ 식무변승해, ⑥ 무소유승해, ⑦ 비상비비상승해, ⑧ 미세한 자발적으로 생겨나는 심의 승해. 여기서 ①~③의 색에 대한 승해를 통해 일체의 색에 대한 자재를 얻기 때문에 신통을 낳게 하며, ④~⑧의 승해는 순차적으로 잘 닦는다면 상수멸정이라는 최고의 상태로 이끈다.

『유가사지론』에서 "또한 모든 해탈은 소지장으로부터의 해탈에 의해 특징지어진다. 따라서 성문과 독각 등은 소지장으로부터 심해탈을 얻었다."[280] 라고 한 것과 같다. 위에서 설명한 것은 현료문에서 심과 상응하여 일어나는 번뇌를 끊는다는 의미이다.

所知障中有斷不斷。惠解脫人都無所斷。俱解脫者分有所斷。謂八解脫障不染無知。修八勝解所對治故。如瑜伽說。又諸解脫由所知障解脫所顯。由是聲聞及獨覺等於所知障心得解脫故。上來所說。是顯了門斷心相應起煩惱義。

(3) 은밀문의 경우

만일 은밀문 내의 주지번뇌를 논한다면, 일체의 이승에게는 부분적으로 끊어져야 할 (주지번뇌)가 있다. 그 의미는 무엇인가? 삼계의 주지(번뇌)와 통상通相의 무명에서 이와 같은 유애수有愛數의 4종 주지는 견도위에서 부분적으로 끊어진다. 왜냐하면 삼계에서 사태(事) 쪽에 미혹한 (번뇌)는 이 (견도)위에서 아직 끊을 수 없기 때문에 그중에서 오직 일부분만을 끊는 것이다. 『(승만)경』에서 "성문과 연각이 처음으로 사성제를 관찰할 때 하나의 지혜(一智)[281]를 갖고 모든 (4종) 주지를 끊는다. 하나의 지혜에 의해 4종 (주지번뇌를) 끊기 때문이다."[282]라고 한 것과 같다. 그러므로 아라한의 상태에 이르러 유애수의 4종 주지(번뇌)가 끊어져 소멸된다. 또

---

280 이 문장은 『瑜伽師地論』「攝決擇分」[T30, 645c10–11 = VinSg(D) 169a2–3]의 인용이다.

281 하나의 지혜(一智) : '일지一智'란 은정희(2004: 237)에 따르면 '一有作諦智'의 줄임말로서, 유작有作은 무작無作과 대비되는 단어이다. '一有作諦智'는 범어로는 'sābhisaṃskāraṃ ekasatyajñānam' 정도가 될 것이며, 그 의미는 '의욕작용을 수반한 사성제의 동질적인 인식' 정도일 것이다.

282 이 문장은 『勝鬘經』(T12, 221a20–21)의 인용이다.

한 『(승만)경』에서 “성문과 연각이 무명주지를 끊지 못하는 것은 아니다. 무이無二인 사성제의 지혜에 의해 모든 주지를 끊기 때문이다.”[283]라고 한 것과 같다.

若論隱蜜門內住地煩惱。一切二乘分有所斷。此義云何。三界住地及通相無明。如是有愛取[1)]數四住地。在見道位斷其少分。於三界中迷事境邊。於此位中未能斷故。是故於中唯斷少分。如經言。聲聞緣覺初觀聖諦。以一智斷諸住地。以一智四斷。故至羅漢位。有愛數四住地斷之已盡。如經言。非聲聞緣覺不斷無明住地。以無二聖諦智斷諸住地故。

1) ㉮ 저본에는 ‘取’에 삭제 표시를 하고 있는데, 이를 따르는 것이 맞을 듯하다.

3) 보살의 계위에서의 끊음의 구별

세 번째는 보살의 끊는 계위를 밝힌 것으로, 역시 두 가지 의미가 있다.

三就菩薩明斷位者。亦有二義。

(1) 은밀문에 따른 설명

만일 은밀문에서 본·말이 서로 일으키는 방식에 의거한다면, 금강(유정) 이전의 일체 보살은 모든 번뇌를 다만 복단할 뿐 아직 영단하지는 못한다. 그 이유는 일법계에 대하여 오직 믿기만 하고 이해하지 못한 자는 모든 혹의 근본을 뿌리 뽑을 수 없기 때문이다. 『인왕경』에서 “습인習忍으로부터 금강삼매에 이르기까지 모두 다 일체의 번뇌를 복단하지만, (이

283 이 문장은 『勝鬘經』(T12, 221a24-26)을 축약, 인용한 것이다.

는) 무상無相에 대한 믿음에 의해 제일의제를 비추기 때문에 (여실한) 봄(見)이라고 하지는 않는다."[284]라고 하였으며, 또 『승만부인경』에서 "만일 무명주지가 끊어지지 않고 다하지 않는다면, 갠지스강의 모래 수보다 많은 끊어져야 할 법도 끊어지지 않고 다하지 않는다."[285]라고 한 것과 같다.

若依隱蜜門中末[1)]相生義者。金剛已還一切菩薩。於諸煩惱但能伏斷。未能永[2)]斷。所以然者。於一法界唯信未見。不能拔諸惑定[3)]根本故。如仁王經言。從習仁[4)]至金剛三昧。皆悉伏斷一切煩惱。以無相信照第一義諦不名爲見。夫人經言。若無明住地不斷不究竟。過恒沙等所應斷法不斷不究竟故。

1) ㊒ '末'는 '末'의 오기로 보이며 오초 교감본과 맥락에 따라 '本'을 더해 '本末'로 읽는 것이 타당할 것이다. 2) ㊒ '永'은 저본에는 '末'이지만 『韓國佛敎全書』 편자가 오초 교감본에 따라 교정한 것으로 보인다. 3) ㊒ '惑定'은 저본에는 '或定'이고 오초 교감본에는 '惑之'인데 『韓國佛敎全書』 편자가 교정한 것으로 보인다. 4) ㊒ 『仁王經』에는 '仁'이 '忍'으로 되어 있다.

(2) 현료문에 따른 설명

① 총체적 설명

만일 현료문에 의거하여 전과 수면이 서로 일으키는 의미를 직접적으로 말한다면, 처음 초지로부터 무구지[286]에 이르기까지 이장의 종자를 모두 영단했다. 그 이유는 비록 일법계라는 대상을 보지는 못하였으나,

284 이 문장은 『仁王經』(T8, 832b6-9)을 축약, 인용한 것이다. "善男子。從習忍至頂三昧。皆名爲伏一切煩惱。而無相信。滅一切煩惱。生解脫智。照第一義諦。不名爲見。" 이에 따라 '習仁'을 '習忍'으로 수정해서 번역했다.

285 이 문장은 『勝鬘經』(T12, 220b12-14)의 인용이다.

286 무구지無垢地 : 보통 두 번째 보살지를 가리키지만, 앞의 개소에서 여래지로 간주한 것에 따랐다. 은정희(2004: 237)는 이 단계가 51번째 단계인 등각위等覺位에 해당된다고 주석한다.

10종 법계[287]를 보고 증득했기 때문이다.

若依顯了門直說纏及隨眠相生義者。始從初地至無垢地。於二障種子皆是永斷。所以然者。雖未能見一法界義。而得證見十重法界故。

② 돈오보살과 점오보살의 구별에 따른 이장의 끊음

총괄해서 말하면 비록 그렇지만, 그것을 구별하자면 보살에는 2종이 있다. 만일 이승의 무학과로부터 점오를 성취한 보살이 초지에 들어갈 때, 오직 소지장만 끊는 것이지 번뇌장은 앞에서 이미 끊었기 때문에 끊지 않는다. 『능가경』에서 "소지장은 법무아의 수승한 인식 때문에 청정하게 되며, 반면 번뇌장은 먼저 인무아의 인식을 숙달함에 의거해서 끊어진다. 칠식이 소멸되었기 때문에 법의 장애로부터 벗어난다."[288]라고 한 것과 같다. 만일 돈오의 보살이라면 삼현위[289]에서는 다만 이장의 현행을 점차 조복하고, 또 견도에서는 끊어져야 하는 이장의 추중을 점차 제거할 수 있지만, 종자를 끊지는 못한다. 『본업경』에서 "이전의 삼현위에서 삼계의 무명을 조복했지만 여전히 거친 업의 작용이 있다. 그 이유는 무엇인가? 재생을 받을 때에 선업이 (증상)연이 되고, 갈애가 업을 윤택하게 하기 때문이다."[290]라고 하였으며, 또 『화엄경』에서 "네 번째 생귀生貴[291]의

287 10종 법계 : 6종의 존재 영역에 삼승과 붓다의 영역을 합친 것이다.

288 여기서 원효는 구나발다라求那跋多羅가 번역한 4권본 『楞伽經』(T16, 513a20–22)을 인용한다. 여기서는 'manoviñāna'를 칠식이라고 하지만, 보리류지菩提留支가 번역한 10권본(T16, 560c12)에서는 '轉意識故斷法障'으로 되어, 산스크리트문과 동일하다. LAS 241,10–13 : jñeyāvaraṇaṃ punar mahamate dharmanairātmyadarśanaviśeṣād viśudhyate/ kleśāvaraṇaṃ tu pudgalanairātmyadarśanābhyāsapūrvakaṃ prahīyate/ manovijñānanivṛtteḥ/ dharmāvaraṇavinirmuktiḥ.

289 삼현위三賢位 : 선근을 수습하는 세 단계로서, 대승의 경우 화엄의 52 수행도와 대비시키면 십주十住, 십행十行, 십회향十廻向의 세 단계에 해당된다.

참된 불제자는 모든 현성賢聖의 정법으로부터 생겨나 유·무의 모든 법에 집착함이 없이 생사를 버리고 삼계를 벗어난다."[292]라고 한 것과 같다. 이는 삼계에 계박된 업을 받지 않는다는 점에서 '벗어났다(出)'고 한 것이지, 종자를 끊었기 때문에 '벗어났다'고 한 것은 아니다.

惣說雖然。於中分別者。并[1)]有二種。若從二乘無覺[2)]果。成漸悟菩薩。入初地時唯斷智障。非煩惱障。先已斷故。如楞伽經言。智障者。見法無我殊勝淸淨。煩惱障者。先習見人無我。斷七識滅故。若其頓悟菩薩。三賢位中但能漸伏二障現行。亦能漸捨見道所斷二障麤重。未斷種子。如本經[3)]言。前三賢位伏三界無明。而用麁□。[4)] 何以故。當受生時善爲緣子。受爲閏[5)]業故。花嚴經言。第四生貴眞佛子從諸賢聖正法生。有無諸法無所着。[6)] 捨離生死出三界者。是就不受繫業三界故爲出。非斷種故名爲出也。

1) ㉰ '并'은 '菩薩'의 오기이다. 2) ㉰ '覺'은 오초 교감본에 따라 '學'으로 교정하는 것이 타당할 듯하다. 3) ㉰ '經' 앞에 '業' 자가 빠진 것으로 보인다. 4) ㉰ □는 저본에는 '業'이지만 『菩薩瓔珞本業經』에 의거해 '業'으로 교정하는 것이 타당할 듯하다. 5) ㉰ '受爲閏'은 『菩薩瓔珞本業經』과 맥락에 의거해 '愛爲潤'으로 교정하는 것이 타당할 듯하다. 6) ㉰ '着'은 저본에는 '著'이다. 의미 차이는 없다.

③ 견도위에서의 이장의 돈단

가. 돈단의 방식

만일 보살이 견도위에 들어갈 때에는, 이장 중의 분별기의 종자를 단박

290 『菩薩瓔珞本業經』(T24, 1016c14-15), "佛子。前三賢伏三界無明。而用麤業。何以故。當受生時。善爲緣子愛爲潤業故。"; 『本業經疏卷下』(H1, 503a8-10), "善爲緣子者。報因種子。爲增上緣故。愛爲潤業者。以現行愛。潤業種子故。"

291 생귀生貴 : 십주 중에서 제4 생귀주生貴住를 가리킨다.

292 이 문장은 『華嚴經』(T9, 448a10-11)의 인용이다.

에 끊는다. 이에 관해 총체적으로 5종의 '단박에 끊음'의 의미가 있다. 그중에서 3종은 이승의 견도 중에서 이미 설명했다.[293] 네 번째 이장을 단박에 끊음이란 이공을 두루 증득했기 때문이다. 다섯 번째는 번뇌장 안의 견혹과 수혹의 두 가지 혹을 단박에 끊는 것이다. 그 이유는 보살이 보살지 이전에 있을 때에는 견도에서 제거되어야 할 일체의 번뇌가 중생의 이익을 행하는 것을 장애하지만, 방편도에서 모두 다 조복하여 소멸시켰다. 이제 (견)도를 얻어 다시 그 (방편도)에 더하기 때문에 그 종자의 복단을 증득한다. 이러한 도리로 인해 '단박에 끊음'이라고 명명하는 것이지, 수혹에 대해서 이것을 영원히 끊는 것이라고 말하는 것은 아니다.

若入菩薩見道位時。頓斷二障分別起種。此中惣有五種頓義。三如二乘見道中說。第四頓斷二障者。通證二空故。第五頓斷煩惱障內見脩二惑。[1] 所以然者。由是菩薩在地前時。見道所斷一切煩惱。能障利益衆生行者。於方便道皆悉伏滅。[2] 今得道更加其上。故於彼種伏斷作證。由是道理說名頓斷。非於修惑[3]亦是永斷。

1) 역 '惑'은 저본에는 '或'이지만 『韓國佛教全書』 편자가 오초 교감본에 따라 교정한 것으로 보인다. 2) 역 '滅'은 저본에는 없지만 『韓國佛教全書』 편자가 방기에 따라 보충한 것으로 보인다. 3) 역 '惑'은 저본에는 '或'이지만 『韓國佛教全書』 편자가 오초 교감본에 따라 교정한 것으로 보인다.

『미륵소문론』에서 (다음과 같이) 설한다. "문 만일 성문인이 먼저 견도에서 제거되어야 하는 번뇌를 끊었고, 그 이후에 수도에서 (제거되어야 하는) 번뇌[294]를 점차 끊는다면, 보살은 왜 성문과 같지 않은가? 답 보살

293 본서 제5편 중 '견소단의 번뇌의 영단의 관점' 참조.

294 수도에서 제거되어야 하는 번뇌 : 견도에서 제거되어야 하는 번뇌(見道所斷煩惱)와 대구를 맞추면 '수도소단번뇌修道所斷煩惱'가 되기 때문에 이 의미를 보완하여 번역하였다. 『彌勒菩薩所問經論』 원문에는 '견도번뇌見道煩惱'와 '수도번뇌修道煩惱'로 쓰고 있다.

은 한량없는 때로부터 모든 중생을 위해 이익 되는 일을 행했으며, 또 진여의 감로법계를 보면서 그들 일체 모든 중생의 몸이 실제로 자신이 추구하는 것과 다르지 않다고 관찰한다. 그러므로 보살은 견도와 수도에서 제거되어야 할 일체 번뇌가 중생을 이익 되게 하는 행위를 장애하기 때문에 바로 견도에서 일시에 함께 끊는다."[295] 여기서 제거되어야 할 수도의 혹이란 다만 상품과 중품의 것으로서, 중생을 이익 되게 하는 행위를 장애하는 것이다. 그 하품의 (혹)이 (중생을 이익 되게 하는) 행위를 방해하지 않는다고 논하는 것은 (하품의 혹은) 7지 이후에도 현행하기 때문이다. 이와 같이 금강유정에 이르기까지 미세한 이장을 남김없이 단박에 끊는다.

如彌勒所問論云。問。若聲聞人。先斷見道所斷煩惱。然後漸斷修道煩惱。菩薩何故不同聲聞。答。菩薩之人無量世來爲諸衆生作利益事。復見眞如甘露法界。觀彼一切諸衆生身。而實不異我所求處。是故菩薩見修道中一切煩惱能障利益衆生行故。卽見道中一時俱斷故。此中所斷修道惑[1)]者。但說上中能障利益衆生行者。論其下品不妨行者。七地以還亦現行故。如是乃至金剛喩定頓斷微細二障皆盡。

1) ㉠ '惑'은 저본에는 '或'이지만 『韓國佛敎全書』 편자가 오초 교감본에 따라 교정한 것으로 보인다.

나. 수행 단계에 따른 이장의 돈단

그것을 구별하자면, 두 가지 측면이 있다.

於中分別卽有二行。

295 이 인용은 『彌勒菩薩所問經論』(T26, 239b19-c4)을 축약한 것이다.

(i) 첫째, 만일 세 종류의 이장에 의거하여 능연의 측면에서의 결박을 끊는 의미를 말한다면, 오직 3지에서 이장을 단박에 끊으며, 그 나머지의 하지에서는 (이장을) 모두 끊을 수 없다. 다만 저 (이장)을 끊기 위한 자량을 수습할 수 있으니, 이것이 상관 관계의 측면에서 계박을 떠나는 방식이기 때문이다. 『유가사지론』에서 (다음과 같이) 설한다. "세 무수대겁의 시간 동안에 이장의 추중[296]을 끊을 수 있다. 그중에서 극환희주에서 일체 악취로 이끄는 모든 번뇌품의 추중을 모두 다 영단하며, 일체의 상품과 중품의 모든 번뇌품은 모두 현전하지 않는다. 또한 무가행무공용무상주에서 한결같이 청정한 무생법인[297]을 장애하는 일체의 번뇌품을 모두 영단하며, 일체의 번뇌가 모두 현전하지 않는다. 최상의 완성된 보살주에서 일체 번뇌의 습기와 수면의 장애를 모두 영단하여 여래지에 들어간다고 알아야 한다. 소지장에도 또한 세 가지 (추중)[298]이 있다. 그중에서 겉껍질에 있는(Ⓢ tvag-gata) 추중은 극환희주에서 모두 다 이미 끊어졌으며, 살에 있는(Ⓢ phalgu-gata) 추중은 무가행무공용무상주에서 모두 다 이미 끊어졌고, 골수에 있는(Ⓢ sāra-gata) 추중은 여래주에서 모두 다 이미 끊어져 일체

296 이장二障의 추중麤重 : 이하 BoBh의 인용에서 보듯이 번뇌품에 속한 추중과 소지장에 속한 추중을 가리킨다.

297 무생법인無生法忍(Ⓢ anutpattika-dharma-kṣānti) : 제법이 본래 생겨난 바가 없다는 사실을 인지하는 것이다.

298 세 가지 추중 : 피추중皮麤重·부추중膚麤重·골추중骨麤重으로서 초기 유식 문헌에서 종종 발견되는 표현이다. 3종의 추중을 현장은 『瑜伽師地論』(T30, 562b9-10)에서 재피추중在皮麤重, 재부추중在膚麤重, 재육추중在肉麤重으로 번역한다. SNS IX. 29에서 이들 각각의 추중은 재피추중(Ⓣ lpags shun la yod pa), 재부추중(Ⓣ khri la yod pa), 재골추중(Ⓣ snying po la yod pa)으로 제시되어 있다. 마지막 추중이 '육肉' 대신에 '골骨'로 번역되어 있는 것을 제외하면, 용어와 내용상 보살지의 이 3종 추중의 분류와 같다. 『三無性論』(T31, 878a3-5)에서는 이 3종 추중의 분류에 의거했다고 보이지만, 피번뇌皮煩惱, 육번뇌肉煩惱, 심번뇌心煩惱라는 약간 다른 용어가 사용되고 설명도 차이가 난다. 여기서 첫 번째 것은 세간도의 관찰에 의해 범부의 장애를 제거할 때, 두 번째 것은 사성제의 관찰을 통해 이승의 장애를 제거할 때, 그리고 마지막 것은 비안립제의 관찰을 통해 보살의 장애를 제거할 때 소멸되는 것으로 설명된다.

종류의 매우 청정한 지혜를 얻는다고 알아야 한다. 세 (보살)주에서 번뇌장과 소지장은 영단되고, 나머지 모든 주를 차례대로 끊음의 자량으로 삼는다."[299]

一者。若據三重二障說斷能緣繫義。唯在三地頓斷二障。其餘下地皆未能斷。但能[1)]修習彼斷資糧。[2)] 以是相屬離繫門故。如喩伽說。經三無數大劫時量。能斷二障所有麤重。謂極歡喜住中。一切惡趣諸煩惱品所有麤重皆悉永斷。一切上中諸煩惱品皆不現前。於無加行無功用無相住中。一切能障一向清淨無生法忍諸煩惱品皆悉永斷。一切煩惱皆不現前。於最上成滿菩薩住中。當知一切煩惱習氣隨眠障碍皆悉永斷。入如來地。所知障者亦有三種。當知此中在忮[3)]麤重極歡喜住皆悉已斷。在膚麤重無加行無功用無相住中皆悉已斷。在完[4)]麤重如來住中皆悉已斷。得一切種極淸淨智。於三住中煩惱所知二障永斷。所餘諸住如其次第脩斷資粮[5)]故。

1) ㉰ '能'은 저본에는 없지만 『韓國佛教全書』 편자가 방기에 따라 보충한 것으로 보인다. 2) ㉰ '糧'은 저본에는 '粮'이지만 『韓國佛教全書』 편자가 오초 교감본에 따라 교정한 것으로 보인다. 3) ㉰ '忮'는 저본에는 '彼'이지만 『瑜伽師地論』 원문에 따라 '皮'로 교정하는 것이 타당할 듯하다. 4) ㉰ '完'은 『瑜伽師地論』에 상응하게 '肉'으로 교정하는 것이 타당할 듯하다. 5) ㉰ '粮'은 오초 교감본에 따라 '糧'으로 교정하는 것이 타당할 듯하다.

그중에서 가장 미세한 소지장은 알라야식에 있기 때문에 오직 여래주에서만 끊을 수 있고, 가장 미세한 혹장은 오로지 전식에만 있기 때문에 보살주에서 끊어 없앨 수 있다. '습기'라는 말은 8지 이상에서 영구히 현행하지 않기 때문에 '습기'라고 말한 것으로, 이것은 종자의 의미에서 습기이지 남아 있는 의미에서 습기를 가리킨 것은 아니다. 이것은 상관 관계의 측면에서 계박을 떠나는 의미를 설한 것이다.

299 이 문장은 『瑜伽師地論』(T30, 562a28-b14 = BoBh 356,13-357,4)을 축약, 인용한 것이다.

此中最細所知障。是在阿賴耶識故唯如來住之所斷。最細惑障唯在轉識故菩薩住所能斷盡。言習氣者八地已上永無現行故言習氣。此是種子習氣。非謂餘殘習氣。是謂相屬[1)]離繫義也。

1) ㉮ '屬'은 저본에는 없지만 『韓國佛敎全書』 편자가 방기에 따라 보충한 것으로 보인다.

(ii) 둘째, 만일 10종의 이장[300]에 의거하여 상응박을 끊는 의미를 말한다면, 곧 각각의 지地에서 모두 이장을 끊는다. 이는 품류에 따라 별도로 계박을 떠나는 방식이기 때문이다. 『해심밀경』은 설한다. "세존이시여, 이 모든 지地에 우치는 몇 개이며, 대치의 대상인 추중은 몇 개입니까? 선남자여, 22종의 우치와 11종의 추중이 대치의 대상이다. 즉 초지에 두 가지 우치가 있다. 첫째는 개아(보특가라)와 법에 집착하는 우치이고, 둘째는 악취와 잡염의 우치 및 그것들의 추중이 대치의 대상이다. 여래지에 이르기까지 두 가지 우치가 있다. 첫째는 모든 인식되어야 할 것에 대한 극히 미세한 집착의 우치이고, 둘째는 극히 미세한 장애의 우치 및 그것들의 추중이 대치의 대상이다. 이들 22종의 우치와 11종의 추중에 의해 모든 지地를 안립한다."[301] 이것은 품류에 따라 별도로 계박을 떠나는 방식을 밝힌 것이다.

二者。若依十重二障。說斷相應縛義。卽於地地皆斷二障。以是品別離繫門故。如深蜜[1)]經言。世尊。於此諸地有幾愚癡。有幾麤重爲所對治。善男子。有二十二愚癡十一麤重爲所對治。謂於初地有二愚癡。一者。執著補特伽羅及法愚癡。二者。惡趣雜染愚癡及彼麤重爲所對治。乃[2)]至於如來地。有

300 10종의 이장二障 : 이하 『解深密經』의 설명과 관련시키면, 보살 십지에서 끊는 이장을 가리킨다.

301 이 문장은 『解深密經』(T16, 704b4-c4 = SNS IX.5)을 축약, 인용한 것이다.

二愚癡。者。[3] 於一切種所知境界極微細着愚癡。二者。極微細碍愚癡及彼麤重爲所對治。由此二十二種愚癡及十一種麤重安立諸地故。是明品別離繫門也。

1) ㉮ '蜜'은 '密'로 교정하는 것이 타당할 것이다. 2) ㉮ '乃'는 저본에는 '及'이지만 『韓國佛敎全書』 편자가 방기에 따라 교정한 것으로 보인다. 3) ㉮ '者' 앞에 '一'을 보충하는 것이 필요할 것이다.

④ 수도위에서의 이장의 끊음

그러나 (보살은) 이 십지의 수도위에서 진여의 자상에 대한 작의에 주로 머물고 진여의 차별상에 대한 작의를 수습하지는 않지만, 관에 들어갈 때에는 이공에 의해 특징지어지는 진여를 두루 증득한다. 이 때문에 이장의 종자를 쌍으로 끊는다. 인집의 대치를 별도로 수습하지 않는다고 해서 인집의 수면을 끊을 수 없는 것은 아니다. 『유가사지론』에서 "법의 자성에 대한 집착으로부터 아집이 일어나게 된다. (이것을 깨달았기 때문에) 저것도 깨닫게 된다. 이것을 깨달았기 때문에 또한 (법에 대한 집착을) 소멸시킨다."[302]라고 하였으며, 또한 『대법론』에서도 "또한 모든 보살은 십지의 수도위에서 오직 소지장을 대치하는 수행도만을 수습하지 번뇌장을 (대치하는 수행도를 수습하지) 않는다. 그가 보리를 얻을 때, 번뇌장과 소지장을 단박에 끊어서 아라한과 여래를 단박에 성취한다."[303]라고 하였다. 이것은 이장을 단박에 끊어서 (아라한과와 여래과라는) 두 과보를 단박에 얻는 것임을 밝힌 것이지, 구품과 비교하여 단박에 끊는다고 말한 것은

302 이 인용은 『瑜伽師地論』(T30, 663a27-28)과 비교하면 결락된 부분이 있다. 『瑜伽師地論』에 따르면 "執法自性故。執我性而轉。覺此故覺彼。由覺故還滅。"이며, 한역은 티베트 역에 의해 지지된다. VinSg(D) 209b7-210a1 : chos kyi ngo bo nyid du 'dzin pa las bdag tu 'dzin pa 'byung bar 'gyur la/ de rtogs pas de yang rtogs par 'gyur ro// de rtogs na de ldog par 'gyur ro zhes gsungs so//. 그에 따라 번역을 보완했다.

303 이 문장은 『雜集論』[T31, 763c26-29 = AS(D) 116a7-b2]을 축약, 인용한 것이다.

아니다.

然此十地脩道位中。多住眞如自相作意。不脩眞如差別作意。而入觀時通證二空所顯眞如。是故雙斷二障種子。非不別修人執對治故不能斷人執隨眠。如瑜伽說。法執自性執我自性而轉。覺彼由覺故還滅。對法論云。又諸菩薩於十地脩道位中。唯脩所知障對治道非煩惱障。得菩提時頓斷煩惱障及所知障。頓成阿羅漢及如來。是明頓斷二障頓得二果。非望九品說頓斷也。

제2장 은밀문에 따른 이애의 끊음

이상에서 밝힌 견도위와 수도위에서 끊는 이장은 모두 기혹起惑과 관련되어 있고, 아직 주지번뇌를 설명하지는 않았다. 만일 주지번뇌와 관련하여 그 대치에 따른 끊음의 계위를 설한다면, 이승이 끊는 네 가지 주지를 보살도 이치에 따라 역시 끊을 뿐 아니라, 그 이외에도 또한 공통적인(通相) 무명주지의 일부를 끊을 수 있다. 왜냐하면 8종 망상[304]이 반연하는 경계 쪽에 미혹해 있는 것은 망상을 끊을 때에 또한 끊을 수 있기 때문이다. 『기신론』에서 "일법계의 의미를 깨닫지 못했다는 것은 신상응지로부터 관찰하여 끊음을 훈련하고, 정심지에 들어가서 부분적으로 여의게 되며, 여래지에 이르러 완전히 여의기 때문이다."[305]라고 말하고 있다. 이는

304 8종 망상에 대해서는 본서 제4편 참조.
305 이 인용은 『大乘起信論』(T32, 577c15-17)에 해당한다.

공통적인 무명주지에 대해서 말한 것이다.

上來所明見脩位中所斷二障。皆在起惑未明住地。若就住地煩惱說其治斷位者。二乘所斷四種住地隨其所應菩薩亦斷。除此以外亦能更斷通相無明[1)]地少分。迷八妄想所緣境邊。妄想斷時亦能斷故。如起信論云。不了一法界義者。從信相應地觀察學斷。入淨心地隨分得離。乃至如來地究竟離故。此就通相無明而說。

1) 역 '無明' 다음에 '住' 자를 보충해서 '無明住地'로 보는 것이 타당할 듯하다.

만일 개별적인(別相) 무명주지에 대해 논한다면, 일체의 보살이 끊을 수 있는 것이 아니며, 오직 붓다의 대원경지에 의해서만 단박에 끊어지는 것이다. 이러한 의미에 의거하기 때문에 『인왕경』에서 "오직 단박에 깨닫는 여래만 있고, 점차 깨닫는 붓다는 없다."[306]라고 했으며, 또 『승만부인경』에서도 "무명주지는 그 힘이 가장 커서 오직 붓다의 보리지에 의해서만 끊을 수 있다."[307]라고 하였다. 또한 이숙식은 극히 미세한 집착으로서, 이것에 의거해서 무명이 가장 미세하게 장애하며, 모든 전식 중의 이장의 습기는 이숙식을 따라서 분리되지 않고 생겨난다. 이들 모두는 보살이 여읠 수 있는 것이 아니고, 오직 여래만이 끊을 수 있는 것이다. 이것은 구경도에서 끊음의 차이를 말한 것이다.

若論別相無明住地。一切菩薩所不能斷。唯佛鏡智之所頓斷。依此義故仁王經言。唯有頓覺如來無有漸覺諸佛。夫人經言。無明住地其力最大。唯佛菩提智所能斷故。又異熟識極微細著。依此無明最微細碍。諸轉識中二障

306 이 인용은 추정컨대 『仁王經』(T8, 832b11-13)의 다음 문장에 대응할 것이다. "唯佛頓解不名爲信。漸漸伏者。"

307 이 인용은 『勝鬘經』(T12, 220a9-15)에 내용상 대응할 것이다.

習氣隨異熟識不離而轉。皆是菩薩所不能離。唯有如來之所能斷。是謂究竟道中所斷差別。

제3장 여래에게 있어 끊음의 의미

이상에서 설명한 장애와 대치의 구별은 잡염과 청정이 다르다는 의미의 방식에 의거한 것이기 때문에, 장애는 수행도를 방해하고 수행도는 장애를 제거할 수 있다고 설명한 것이다.

만일 잡염과 청정이 (서로) 무장애하다는 방식에 의거한다면, 장애는 수행도를 막지 않고 수행도는 장애를 벗어난 것이 아니기 때문에, 장애는 수행도와 다르지 않다. 여래는 이미 이와 같은 도리를 체득하였기 때문에 일체의 법을 곧 자체로 삼는다. 이미 모든 것이 (여래) 자체라면, 끊어야 할 어떤 대상이 있겠으며, 어떤 끊는 (수행도)가 있을 수 있겠는가? 이제를 벗어난 밖에서 얻을 수 있는 무엇이 있겠으며, 그럼에도 환하게 홀로 주할 수 있겠는가? 『(본업)경』에서 "생사는 수행도와 합치되니, 수행도가 바로 생사이기 때문이다."[308]라고 하였으며, 또 『(대승장엄경)론』에서도 "자아를 여읜 것에 대해 자아라고 보며, 고통 받는 (대상)이 없지만 극히 괴로워한다."[309]라고 말했다.

---

308 이 문장은 『菩薩瓔珞本業經』(T16, 126a6)의 인용이다.

309 이는 MSA XIV.31송의 전반부이다. nirātmatāyāṃ duḥkhārthe kṛtye niḥpratikarmaṇi/; 『大乘莊嚴經論』「教授品」(T31, 626a10), "無我復我見。無苦亦極苦。" MSA의 게송과 한역은 매우 상이하다.

上來所說障治差別。是約染淨非一義門故。說障能尋[1)]道。道能除障。若就染淨無障碍門。障非碍道。道不出障。障無異障。[2)] 如來旣體如是道理故。一切諸法卽爲自體。旣皆自體有何[3)]所斷。有何能斷。何得有出二諦外。而灼然獨住者乎。如經言。生死與道合。道卽是生死故。又論云。無苦亦極苦。無我亦我見故。

1) ㊊ '尋'은 문맥상 '碍'로 교정하는 것이 타당할 듯하다. 2) ㊊ '障'은 문맥상 '道'로 교정하는 것이 타당할 듯하다. 3) ㊊ '何'는 저본에는 없지만『韓國佛敎全書』편자가 방기에 따라 보충한 것으로 보인다.

일체법과 일체 종류의 방식이 장애도 없고 장애하지 않음도 없으며, 모두 그러한 것이면서 모두 그러한 것도 아님을 알아야 한다. 붓다께서는 이와 같은 자성을 체득하셨기 때문에, 모으지도 않았지만 흩트리지도 않았다. 얻고 얻지 못함도 없기 때문에 끊음과 끊지 않음은 있지만, 관념상을 떠나서 궁극적인 데로 가시기 때문에 '선서善逝'라고 불리며, 여여함에 올라타서 온전히 돌아오시기 때문에 '여래如來'라고 불린다.『(본업)경』에서 "모든 붓다가 도리어 범부가 되기 때문에 공한 것이 아니며, 무의 무이기 때문에 있는 것도 아니다. 법은 바로 법이 아니기 때문에 둘이 아니고, 법이 아닌 것도 아니기 때문에 같은 것도 아니다."[310]라고 설했다. 이러한 도리로 말미암아 끊음과 끊지 않음이 모두 장애되지 않는다.

當知一切法及一切種門。無障無有[1)]碍。悉然悉不然。佛會如是性。不集亦不散。由無得不得故。有斷不斷。離相而窮往。故號爲善逝。乘如而盡還。故稱曰如來。如經言。諸佛還爲凡夫故不空。無無故不有。法非法故不二。非非法故不一。由是道理斷與不斷皆無障碍。

1) ㊊ '有'는 문맥상 '不'로 교정하는 것이 타당할 듯하다.

310 이 문장은『菩薩瓔珞本業經』(T24, 1018b28-c1)을 축약, 인용한 것이다.

이상에서 네 방식을 총괄해서 다섯 번째 대치와 끊음의 부분을 종결한다.

上來四門合爲第五治斷分竟。

제6편 총괄적인 결택

다음은 여섯 번째, 총괄하여 결택한다.

次第六總決擇。

제1장 문답 1 : 욕계의 혹의 영단과 불환과의 증득의 여부

문 만일 이미 욕계의 혹을 영단한 자는 모두 불환과를 증득하는가? 불환과를 증득한 자는 이미 욕계의 혹을 영단한 것인가?

問。若已永斷欲界惑者。一切皆證不還果耶。設其證得不還果者。皆已永斷欲界惑耶。

답 사구四句로 말해야 할 것이다. (제1구는) 이미 욕계의 혹을 영단했다고 해도 불환과를 증득하지 못하는 자가 있다. 즉, 아나함(불환)을 초월한 자가 색계의 구품九品의 혹을 끊기 위해 나아갈 때에 욕계에서 조복되어야 할 종자를 겸하여 끊는 것 등이다. (제2구는) 욕계의 종자를 아직 영단하지 못했지만 이미 불환과를 증득한 자가 있다. 즉, 이미 탐욕을 여윈 자가 견도에 들어갈 때 그 종자의 복단을 증득하는 것 등이다. 제3구는 점차적으로 출리하는 자가 불환과를 증득할 때이다. 제4구는 위의 경우를 제외한 것이다.

答。應作四句。有已永斷欲界惑盡。而非證得不還果者。謂超越那含進斷色界九品惑時。兼斷欲界被伏種子等。有未永斷欲界種子。而已證得不還果者。謂如已離欲人入見道時。於彼種子伏斷作證等。第三句者。漸出離人證不還時。第四句者。除上爾所事。

제2장 문답 2 : 상계의 번뇌로부터 이욕한 자의 구별

문 만일 색계의 탐욕을 영원히 여읜 자들은 모두 무색계정에 들어가는가? 아니면 무색계의 해탈에 들어간 자들은 모두 색계의 탐욕을 여의었는가?[311]

問。若永離色界欲者一切皆入無色定耶。設入無色解脫定者一切皆離色界

311 두 번째의 질문과 답변은 ASBh 81,25-82,5(=『雜集論』T31, 737b12-21)에 의거한 것이다. 원문을 번역하면 다음과 같다. "색계에서 이욕離欲한 모든 자는 무색계의 적정과 해탈에 들어갔거나 또는 무색계의 적정과 해탈에 들어간 자 모두는 색계에서 이욕한 자라는 데에 네 가지 점이 있다. 첫 번째 점은 미지정에 의거한 후에 색계에서 이욕했지만, (무색계의) 적정과 해탈에 들어가지 못한 자이다. 두 번째 점은 제4선을 획득한 성자가 무색계에서의 재생을 바라지 않을 때, 그는 단결도를 일으키지 않고 승진도에 의거해서 무색계의 적정과 해탈에 들어간다. 세 번째는 이욕을 원하는 바로 그가 단결도에 의거한 후에 무색계의 적정과 해탈에 들어간다. 네 번째는 이런 행상들을 제외한 것이다."

欲耶。

답 사구四句로 말해야 할 것이다. (제1구는) 이미 색계의 탐욕을 여의었지만 아직 무색계정에 들어가지 못한 자가 있다. 즉, 미지정未至定에 의거하여 색계의 탐욕 등을 여읜 자이다. (제2구는) 이미 무색계정에 들어갔지만 아직 색계의 탐욕을 여의지 못하는 자가 있다. 즉, 이미 (색계의) 제4정려를 얻은 성자가 색계에 태어나기를 원하지 않고 네 번째 정려의 (상태를) 싫어함에 의해 (번뇌를) 끊는 수행도(斷結道)[312]를 버리고 승진도에 의거하여 점차로 공무변처정 등에 들어가는 것이다. 제3구는 (번뇌를) 끊는 수행도에 의거하여 공무변처정에 들어가는 것이다. 제4구는 위의 경우를 제외한 것이다.

答。應作四句。或有已離色界欲未入無色定。謂依未至定。離色界欲等。或有已入無色定未離色界欲。謂聖者已得第四靜慮。不求生色界。而由猒背第四靜慮。捨斷結道。依勝進道。漸次能入空處等定。第三句者。依斷結道入空處定。第四句者。除上爾所事。

이러한 도리로 말미암아 멸진정도 또한 색계에 중복해서 현전한다고 말한다. 『대법론』에서 "멸진정은 반드시 인간의 존재형태(人趣)에서 인발시킬 수 있지만, 인취나 색계에서도 현전할 수 있다. 먼저 생기한 후에도 거듭 현전하기 때문이다."[313]라고 설한 바와 같다. 이것은 아직 알라야식

312 번뇌를 끊는 수행도(斷結道) : 단결도(S prahāṇa-mārga)는 실제로 번뇌를 끊는 수행도를 말한다. 『俱舍論』에 따르면 16찰나의 심에서 8종의 인忍이 바로 무간도無間道에 해당된다. 번뇌의 득을 끊는 데 어떤 간격과 장애가 없기 때문이다. 반면 8지가 해탈도인데, 이미 번뇌의 득에서 해탈하여 이계離繫의 득과 동시에 일어나기 때문이다. 이 부분의 번역은 권오민, 『阿毘達磨俱舍論 3』(2002: 1062) 참조.

313 이 문장은 『雜集論』(T31, 737b5-8 = ASBh 81,21-24)의 축약, 인용이다.

을 건립하기 이전의 성교聖教에 의거하여 말한 것이다. 여실한 의미의 관점에서 말하면 (멸진정은) 무색계에도 중복해서 현전한다. (왜냐하면 멸진정에도) 이숙식과 종자가 있으며, 색을 의지처로 하며, 또 명근이 주하기 때문이다. 이 의미는 자세히『유가사지론』에서 설했다.[314]

由是道理說滅盡定亦於色界重現在前。[1] 如對法論云。滅盡三摩鉢底。要於人趣方能引發。或於人趣或色界能現在前。先已生起後重現前故。此是依未建立阿賴耶識聖教而說。就如實義。於無色界亦重現前。有異熟識及種子。色爲所依止。命根得住。此義具如瑜伽論說。

1) ㊅ '前'은 저본에는 없지만『韓國佛教全書』편자가 방기에 따라 보충한 것으로 보인다.

제3장 문답 3 : 삼계 밖에 중생의 존재 여부

[문] 삼계의 밖에 중생이 존재하는가 또는 존재하지 않는가? 이에 대해 어떤 의심할 바가 있는가? 존재한다고 하거나 아니라고 하거나 성언에 어긋나기 때문이다.

問。三界之外爲有衆生爲無衆生。此何所疑。若有若無違聖言故。

314 이들 설명은『瑜伽師地論』의 여러 개소에서 개별적으로 설해졌다. 종합적인 언급은「攝決擇分」앞부분에 나오는 알라야식 논증 부분을 참조할 것. 이에 대한 상세한 연구는 Schmithausen(1987: 제2장)을 볼 것.

답 여기에 두 가지 의미가 있다. 만일 옛이야기처럼 중생의 근원이 원래 식이라는 동굴[315]에 있으며, 그곳으로부터 나와 삼계로 들어왔다고 한다면, 이것은 비불교도의 경전에서 말하는 주장과 같은 것으로, 불법 안에는 이러한 해석이 없다. 그러므로 만일 과거와 관련하여 중생의 근본을 구한다면, (중생들은) 무시이래로 삼계에 유전한다. 만일 그 후에 도를 수습함에 의해 장애를 제거하여 삼계를 벗어난다고 하는 것과 관련하면, 이에 대해서는 바로 구별해야만 할 것이다. 그 이유는 무엇인가? 만일 현재의 사태에 의거한다면, 많은 중생이 삼계의 밖으로 벗어났으나 아직 생사를 떠나지 못했기 때문이다. 만일 자성의 관점에서라면, 삼계의 밖으로 벗어나는 것은 오직 불지佛地에서만이다. (여기서는) 다시 유전하지 않기 때문이다.

答。此有二義。若如古說。衆生之厚[1)]厚在識窟。從彼流來來入三界。是同外道經所說宗。佛法之內無如是義。是故若望過去求衆生本。無始[2)]世來流轉三界。若望其後修道除[3)]障出三界者。卽當分別。何者。若據現事。有多衆生出三界外未離生死。若就自性。出三界外唯有佛地更無流轉。

1) 역 '厚'는 오초 교감본에 따라 '原'으로 교정하는 것이 타당할 듯하다. 다음 글자도 마찬가지다. 2) 역 '始'는 저본에는 '垢'이지만 『韓國佛教全書』 편자가 오초 교감본에 따라 교정한 것으로 보인다. 3) 역 '除'는 저본에는 '降'이지만 『韓國佛教全書』 편자가 방기에 따라 교정한 것으로 보인다.

'(현재의) 사태에 의거한다'는 것에 자세히는 4종이 있다. 첫째는 적정

315 식이라는 동굴(識窟) : CBETA 검색에 따르면 '식굴識窟'은 『入楞伽經』(T16, 523b11)에서 알라야식의 비유로서 나온다.(種種稠林阿梨耶識窟) 하지만 LAS 45,11-12에서 이 표현은 'vanagahana-guhālayāntargatair'로서 '숲의 깊은 곳의 동굴이라는 알라야 속에 있는'으로 표현된다. 또한 길장의 『法華義疏』(T34, 539b)에서도 성론사成論師를 인용하여 "衆生從無明識窟流來"라고 표현하고 있어, 당시 불교에서 알라야식을 장식藏識의 해석에 따라 하나의 동굴로 비유했다는 것을 알 수 있다.

으로 향한 이승[316]은 이미 삼계를 벗어나 의생신을 받는다. 경에서 "삼계의 밖으로 벗어난 자에게 3종 의생신이 있다."라고 설한 것과 같다. 둘째는 직접적으로 간 보살은 십주 가운데 제4주 (생귀주)의 지위에서 이미 삼계를 벗어나 계박되지 않은 몸을 받는다. 『(화엄)경』에서 "네 번째 생귀주의 참된 불제자는 생사를 버리고 삼계를 벗어난다."[317]라고 한 것과 같다. 셋째는 십지 가운데 제3지 (발광지發光地에 주하는) 보살은 원력으로 인해 번뇌를 조복하고, 삼계의 밖으로 벗어나 정토에서의 몸을 받는다. 만일 원력에 의거하지 않는다면 곧바로 (삼계로부터) 벗어나지는 못하기 때문이다. 예를 들면 범부가 하지下地의 혹을 조복하여 상계의 재생을 받는 것과 같이, 이것도 마찬가지다. 경에서 "삼계를 벗어난 청정한 국토가 있다."[318]라고 한 것과 같으니, 제3지 보살은 원력으로 인해 그곳에 태어날 수 있지만, 모든 범부와 범부가 아닌 이승 등은 (그곳에 태어날 수) 없기 때문이다. 넷째는 십지 가운데 제7지 보살이 수행의 힘으로 인해 종자를 복단하여 이 몸을 버린 후에 의생신을 받는 것이다. 예를 들면 아나함으로 초월한 자가 무루의 힘 때문에 종자를 복단하여 욕계에 태어나지 않는 것과 같이, 이들도 마찬가지다. 『(본업)경』에서 "초지에서 제7지까지는 삼계의 업과가 모두 다 남김없이 조복되며, 제8지에서라야 완전히 소멸한다."[319]

---

316 적정으로 향한 이승 : 아래 인용에서 아라한과 벽지불의 3종 의생신을 가리킬 것이다. 『勝鬘經』(T12, 220a16-18), "如是無明住地緣無漏業因。生阿羅漢辟支佛大力菩薩。三種意生身。"; 그들이 네 가지 성질의 바라밀을 갖춘 붓다와 다른 이유에 대해서는 『無上依經』(T16, 472a24-b2), "一切阿羅漢。辟支佛大地菩薩。爲四種障。不得如來法身四德波羅蜜。何者爲四。一者生緣惑。二者生因惑。三者有有。四者無有。…何者有有。緣無明住地。因無明住地。所起無漏行。三種意生身。" 3종 의생신의 구체적 양태에 대해서는 제3편 제2장 『楞伽經』(T16, 497c19-20)에 대한 주석 135 참조.

317 이 문장은 『華嚴經』(T9, 448a10-11)의 축약, 인용이다.

318 『大智度論』(T25, 714a11-12), "有淸淨土。出於三界。" 이 문장은 CBETA 검색에 따르면 오직 『大智度論』에만 나타난다.

319 이 문장은 『本業經』(T24, 1016c17-18)의 인용이다.

라고 말한 것과 같다.

言據事者曲有四重。一趣寂二乘已出三界受意生身。如經言。出三界外有三種意生身故。二直往菩薩。於十住中第四住位已出三界受不繫身。如經言。第四生貴眞佛子。捨離生死出三界故。三者於七[1]地中三地菩薩。由願力故損伏煩惱。出三界外受淨土[2]身。若不依願力非直出故。例如異生。伏下地惑受上生等。此亦如是。如經言。有清淨土出於三界。三地菩薩由願力故得生於彼。非諸異生及非異生二乘等故。四者於十地中七地菩薩。由行勢力故伏斷種子。捨此身已受意生身。例如超越那含。無漏力故伏斷種子不生欲界。此亦如是。如經言。初地乃至七地。三界業果俱伏盡無餘。八地乃盡故。

1) ㉮ '七'은 문맥에 따라 '十'으로 교정하는 것이 타당할 듯하다. 2) ㉮ '土'는 저본에는 '立'이지만『韓國佛敎全書』편자가 오초 교감본에 따라 교정한 것으로 보인다. 아래도 마찬가지다.

이러한 (설명) 등은 모두 현재 사태인 삼계의 관점에서 그들이 (업과를) 받지 않기 때문에 벗어난다고 말한 것이다. 그렇지만 자성적인 삼계에서 이들 네 가지 지위의 (수행자들) 및 금강(유정)에 이르기까지의 (수행자들은) 모두 (삼계로부터) 벗어나지 못한 것이다.

此等皆約現事三界。說其不受故得出也。而於自性三界如是四位乃至金剛皆未能出。

무엇을 자성적인 삼계라고 하는가? 삼계에서 8종 분별에 의해 작동되고 훈습된 것을 본질로 하는 연생(법)이다. 여기에 삼계에 포함된 번뇌와 업과 과보인 십팔계가 갖추어져 있다. 저 삼승인으로서 삼계를 벗어난 자는 삼계의 증상연의 종자를 영단하며, 이로 인해 삼계를 현재의 사태로서 받지는 않지만, 그에게 삼계는 자성적으로 모두 갖추어져 있다. 왜냐하면 (그는) 여전히 그 인연을 끊지 못했기 때문이다. 만일 인연의 종자를 끊는다는 관점에서 자성적인 삼계를 벗어날 수 있음을 밝힌다면, 초지에서 비로소 거친 범주의 삼계의 인연을 끊으니, 곧 거친 범주의 자성적인 삼계를 벗어나는 것이다. 이와 같이 점차적으로 (삼계에서) 벗어나 금강(유정)에 이르렀을 때, 가장 미세한 범주의 삼계의 인연을 끊어 가장 미세한 범주의 자성적인 삼계를 벗어나지만, 아직 습기(의 측면에서) 삼계를 떠난 것은 아니다.

何等名爲自性三界。謂三界內八種分別之所業薰發自性緣生。此中俱有三界所攝煩惱業報十八界性。彼三乘人出三界者。永斷三界增上緣種。由是不受三界現事。而其自性三界悉具有。猶未能斷其因緣故。若就能斷因緣種子。以明能出自性三界者。於初地中。始斷麤品三界因緣。卽出麤品自性三界。如是漸出乃至金剛。斷最細品[1)]三界因緣。出最細品自性三界。而由未離習氣三界。

1) ㉮ '品'은 저본에는 없지만 『韓國佛敎全書』 편자가 방기에 따라 보충한 것으로 보인다.

이러한 의미로 인해 일체 중생은 자성적으로 삼계장三界藏 안에 있고, 오직 붓다, 여래만이 홀로 삼계를 벗어난 것이다. 『(인왕)경』에서 "일체 중생의 번뇌는 삼계장을 벗어나지 않았고, 일체 중생의 과보인 이십이근[320]은 삼계를 벗어나지 않았으며, 또한 모든 붓다의 응신과 화신, 법신도 삼계를 벗어나지 않았다. 삼계의 밖에 중생장이 없는데, 붓다가 어느 곳에

320 이십이근(Ⓢ indriya) : 안근 등의 육근六根과 남근男根, 여근女根, 명근命根, 5종의 수근受根, 5종의 선근 및 미지당지근未知當知根, 이지근已知根, 구지근具知根의 3종 무루근을 말한다. 이들 각각에 대해서는 『阿毘達磨俱舍論 1』(권오민 역), p.111 이하 참조.

서 교화하겠는가? 그러므로 나는 '삼계 밖에 하나의 중생계라는 본질(衆生界藏)이 독립적으로 존재한다면, 이것은 비불교도의 『대유경大有經』[321] 중에서 설한 것이지 칠불께서 말씀하신 것은 아니다.'라고 설하며, 또 나는 '일체 중생이 삼계의 번뇌와 업, 과보를 다 끊었을 때 붓다라고 부른다.'라고 항시 말한다."[322]라고 하였다.

由是義故。一切衆生在自性三界藏內。唯佛如來獨出三界。如經言。一切衆生煩惱不出三界藏。三[1)]一切衆生果報二十二根不出三界。諸佛應化法身亦不出三界。三界外無衆生藏[2)]佛何所化。是故我說。三界外別有一衆生界藏者。是[3)]外道大有經中說非七佛所說。我常語一切衆生斷三界煩惱業果報盡者名爲佛故。

1) ㊍ '三'은 잘못 삽입된 것으로 보인다. 2) ㊍ '藏'은 『仁王經』 원문에는 없다. 3) ㊍ '是'는 『仁王經』 원문에는 없다.

제4장 문답 4 : 아라한과 대승의 계위의 구별

㉮ 성문과 연각의 무학과를 얻은 자(아라한)는 대승과 비교해서 어떤 지위에 배당되는가?

321 『대유경大有經』: 원측의 『仁王經疏』(T33, 391a7ff.)에 따르면 승론학파의 경전이다. 원측은 승론학파의 여섯 가지 범주(句)를 실實·덕德·업業·대유大有·동이同異·화합和合으로 나열하는데, 이들 여섯 구에서 제4구가 대유大有이다. 그렇다면 여기서 대유는 공통성으로서의 'sāmānya'를 가리킬 것이다. 즉 개별적 존재자들이 가진 공통된 특성을 하나의 독립적 실재로 간주하는 해석을 가리킨다.

322 이 문장은 『仁王經』(T8, 826c28-827a5)의 인용이다.

問。聲聞緣覺無學果者。望於大乘配當何位。

답 바른 행을 하는 이승에는 높은 자도 있고 낮은 자도 있기 때문에, 그 배당되는 지위에도 차이가 있다. (그 차이란) 무엇인가? 만일 이미 해탈신을 얻은 자와 관련해서는 (그들은) 제불과 해탈의 자리에 동등하게 앉아 있다. 『능가경』에서 "성문과 연각들은 번뇌장을 끊어 해탈이란 점에서 제불여래와 일미이지만, 소지장을 끊은 것은 아니다."[323]라고 한 것과 같다. 만일 (이승의) 해탈의 품류를 논한다면 곧 십지 (보살)의 최후의 일념 중에서 인공人空을 깨달은 것과 같다. 이 의미에 의거하여 『열반경』에서 네 개의 의지(S pratisaraṇa)[324]를 설명하면서 "아라한은 제10지에 주한다."[325]라고 말한 것이다. (따라서) 만일 (연각과 아라한이) 최후신을 받는 점과 관련해 논한다면 바로 제10지 보살의 지위와 같다. 이 의미에 의거하여 『인왕경』에서 "원행지의 보살은 삼계의 습인업과[326]를 조복하고 소멸시켜 최후신에 주하면서 제10지(에 대응하는) 아라한의 지위에 머문다."[327]라고 하였다. 만일 외적인 교화와 신통력 등의 행위를 논한다면 (그들은) 십해 보살의 아래에 위치해 있는 것이다. 『(인왕)경』에서 "습종성 중에 10종 심이 있어, 이미 이승의 모든 선과 (상응하는 심소)를 초월해 있

323 이 문장은 『楞伽經』(T16, 513a19−20 = LAS 241,8—10)의 인용이다.

324 네 개의 의지(四依): 붓다가 설한 수행자가 의거해야 할 네 가지 의지로서, 사람보다는 법에, 문자보다는 의미에, 미요의경보다는 요의경에, 식識보다는 지智에 의거해야 한다는 불설佛說 해석상의 기준이다.

325 이 문장은 『大般涅槃經』(T12, 397a22−24)의 축약, 인용이다.

326 습인업과習因業果 : 길장은 『仁王般若經所』(T33, 352c14ff.)에서 습인업과를 전6지에서 인因을 멸하고 제7지에서 과果를 멸한 것이라고 해석할 수도 있고, 6지에서 정사正使(S anuśaya)를, 제7지에서 그 습기를 끊었다고 해석해도 좋다고 말한다. 원측은 『仁王經疏』(T33, 420c25−26)에서 습인업과를 업과의 미세한 습기로 해석한다.

327 이 문장은 『仁王經』(T8, 832a15−19)의 축약, 인용이다. "復次。玄達菩薩。十阿僧祇劫中。修無生忍。法樂忍者。名爲縛忍。順一切道生而一心。忍中滅三界習因業果。住後身中無量功德皆成就。無生智盡智五分法身皆滿足。住第十地阿羅漢梵天位。"

다."[328]라고 한 것과 같다. 만일 심작용의 넓고 좁음과 길고 짧음의 관점에서 말한다면 십신十信 보살도 그들 (연각과 아라한의) 위에 있으니, 『(대지도)론』에서 "아라한인 비구는 저 사미가 보살심을 일으킨 것을 알고서 밀어서 앞에 있게 했다."[329]라고 말한 것과 같다.

答。二乘正行有高有下。故其配位亦有進退。何者。若就已得解脫身邊。與諸佛同坐解脫床。如楞伽經言。聲聞緣覺諸佛如來。煩惱障斷解脫一味。非智障斷故。若論解脫品。卽同十地最後念中人空解邊。依此義故。涅槃經中。說四依言。阿羅漢者住第十地。若論其受最後身義卽與七[1)]地菩薩位同。依此義故。仁王經言。遠達[2)]菩薩伏三界集[3)]因業滅住後身中住第七[4)]地阿羅漢位。若論外化神力等行還在十解菩薩已下。如經言。習種性中有十種心。已起[5)]二乘一切善地故。若就心行寬狹長短十信菩薩亦在其上。如論說。羅漢比丘知其沙彌發菩薩心推在前等故。

1) ㉠ '七'은 뒤의 설명으로 볼 때 '十'의 오기로 보인다. 2) ㉠ '遠達'은 『仁王經』 원문에는 '玄達'로 되어 있다. 3) ㉠ '集'은 『仁王經』 원문에 따라 '習'으로 교정하는 것이 타당할 것이다. 4) ㉠ '七'은 『仁王經』 원문에 따라 '十'으로 교정하는 것이 타당할 것이다. 5) ㉠ '起'는 『仁王經』 원문에 따라 '超'로 교정하는 것이 타당할 것이다.

이러한 의미 때문에 적정으로 향한 이승은 그 (근기의) 예리함과 우둔함에 따라 많은 겁을 지나야 위없는 보리심의 상태에 도달할 수 있다. 『(대반열반)경』에서 "수다원(예류과)에 이른 사람에게도 (열반의) 확정성이 없으니, 확정성이 없기 때문에 팔만 겁을 지났을 때 곧 위없는 보리를 얻을 수 있으며,……독각은 일만 겁을 지났을 때 위없는 보리심을 얻을 수 있다."[330]라고 한 것과 같다.

328 이 문장은 『仁王經』(T8, 826b25-30)의 축약, 인용이다. 여기서 10종 심은 신심信心에서 회향심迴向心까지의 10종 심이다.

329 이 문장은 『大智度論』(T25, 610a5-20)의 축약, 인용이다.

由是義故趣寂二乘。隨其利鈍逕多劫數方到阿耨菩提心位。如經言。須陀洹人亦復不定。以不定故逕八萬劫卽能得到阿耨菩提。乃至獨覺逕十千劫得到阿耨菩提之心。

이것은 어떤 의미를 밝힌 것인가? 만일 가장 둔근의 수다원의 인물이라면 칠생을 받은 후에야 비로소 열반에 들어가서 심과 심법을 소멸시킬 수 있다. 만일 멸진정에 들어간 자라면 팔만 겁을 지났을 때 곧 (위없는 보리)심을 일으킬 수 있다. (보리)심을 일으킬 때 붓다의 교화를 받으면, 곧 위없는 보리심을 일으킨다. 만일 그가 동일한 몸으로 두 번째 과인 (사다함, 즉 일래과)를 얻어 두 번의 생을 받고서 열반에 들어간다고 하면, 6만 겁을 지났을 때 곧 (보리)심을 일으킬 수 있다. 만일 그가 동일한 몸으로 아나함과(불래과)를 얻어 욕계에 되돌아가지 않고 열반에 들어간다고 하면, 그는 4만 겁을 지났을 때 (보리)심을 일으킬 수 있다. 만일 그가 동일한 몸으로 네 번째 과인 (아라한과)를 얻어서 곧 현재의 몸에서 열반에 들어간다고 하면, 그는 2만 겁을 지났을 때 곧 (보리)심을 일으킬 수 있다. 만일 그가 근기가 가장 예리한 독각이라면, 1만 겁을 지났을 때 곧 (보리)심을 일으킬 수 있다. 이것이 저 경에서 설한 의도이다. 이와 같이 다섯 사람은 발심할 때에야 십신十信 보살과 지위가 동등한 것이다. 그렇지만 (그들이) 보살행에 대해 치열하고 예리하게 수습하지 않는다면, 본래 대승 종성으로서 초발심한 범부 보살에도 미치지 못한다. 세상의 속담에서 "곧장 가려는 자는 먼저 식량을 모아야 한다."라고 말한 것과 같으니, 어찌 이것에 해당되는 것이 아니겠는가?

此明何義。如最能[1]根須陀洹人。受七生已方入涅槃。滅心心法。如入滅定

---

330 이 문장은『大般涅槃經』(T12, 494b1-9)의 축약, 인용이다.

逕八萬劫乃得生心。生心之時受佛教化。卽發阿耨菩提之心。若其一心[2)]得第二果。受二生已入於涅槃。逕六萬劫卽能發心。若其一身得那含果。不還欲界入涅槃者。逕四萬劫能得發心。若其一身得第四果。卽於現身入涅槃者。逕二萬劫卽能發心。若諸獨覺根性最利。逕一萬劫便得發心。此爲彼經所說意也。如是五人發心之時。方與十信菩薩位等。然於菩薩行中未能猛利修習。不及本來大乘種性初始發心凡夫菩薩。如世諺曰。趣直往者應先裹粮。盍謂此乎。

1) ㉮ '能'은 저본의 '鈍'의 오기이다. 2) ㉮ '心'은 저본의 '身'의 오기이다.

제5장 문답 5 : 증성도리에 의한 마나스의 증명

문 위에서 마나스가 일체의 법을 대상으로 한다고 설명했는데, 어떤 도리에 의해 증명할 수 있는가?

問。上說末那緣一切法。以何道理而得證成。

답 증성도리[331]에 (의해서)이다. (여기에는) 요약하면 두 종류가 있다. 먼저 비량(Ⓢ anumāṇa)을 세우고, 뒤에 성언을 인용하겠다. 비량에도 두 종

331 증성도리證成道理(Ⓢ upapatti-sādhana-yukti) : 관대도리觀待道理, 작용도리作用道理, 법이도리法爾道理와 함께 네 가지 도리의 하나로서, 『解深密經』 등을 위시한 유식 문헌에서 널리 사용되었다. 이는 현량現量이나 비량比量 또는 성언량聖言量과 같은 정당한 인식 방법에 의해 증명하는 도리를 가리킨다. 『瑜伽師地論』에 따르면 이 도리는 진실하기 때문에 「菩薩地」 〈眞實義品〉에서 설한 네 가지 진실(Ⓢ tattva) 중에서 도리진실에 포함된다.

류가 있다. 첫째는 바른 것의 확립이고, 둘째는 잘못된 것의 논파이다.

答。證成道理。略有二種。先立比量後引聖言。比量之中亦有二種。一能立正。二能破邪。

첫 번째, 바른 것의 확립이란 (종) 제7 마나스는 (제6) 의식이 생겨날 때에 반드시 같은 인식영역을 가진다. (인) 왜냐하면 (마나스는 의식의) 불공소의이기 때문이다. (유) 모든 불공소의는 능의가 생길 때에 반드시 동일한 인식영역을 가진다. 마치 안근 등처럼. 그것이 반드시 동일한 인식영역을 갖지 않을 때, 일체는 불공소의가 아님을 알 수 있다. 예를 들면 이전에 소멸한 것 등과 같다. 이 주장된 것(所立=宗)과 인因과 이품의 비유(異喩)의 세 가지 특징은 부정될 수 없기 때문에 성립된다.

初能立者。第七末那意識生時必與同境。不共所依故。凡諸所有不共所依。能依生時必與同境。猶如眼等。如其未必同一境者。見彼一切非不共所依。如前滅等。此所立因具[1]三種相。不可破壞。故得成立。

1) ㉾ '具'는 저본의 '異'의 오기이다.

두 번째, 잘못된 것의 논파는 (다음과 같다.) 어떤 사람이 (다음과 같이) 주장명제를 세운다. "(종) 마나스가 반드시 식과 동일한 인식영역을 갖는 것은 아니다. (인) 상응하지 않기 때문이다. (유) 모든 상응하지 않는 것은 반드시 능·소가 동일한 인식영역을 갖는 것이 아님을 알 수 있다. 마치 안근 등처럼."

또 어떤 사람은 (다음과 같은) 주장명제를 세운다. "(종) 안근 등이 반드시 식과 동일한 인식영역을 갖는 것은 아니다. (인) 상응하지 않기 때문이다. (유) 모든 상응하지 않는 것에서 능·소는 반드시 동일한 인식영역을 갖는 것이 아님을 알 수 있다. 마치 마나스처럼."

이것은 결정상위決定相違의 과실[332]이기 때문에 이 두 가지 주장명제는 모두 성립되지 않는다. 그 이유는, 만일 마나스에게 소의(마나스)와 능의(의식)가 상응하지 않기 때문에 (의와) 동일한 인식영역을 갖고 있지 않음을 인정한다면, 바로 이러한 이유 때문에 안근 등에 대해서도 동일한 인식영역을 갖지 않는다는 점을 인정하지 않을 수 없다. 만일 이 이유 때문이라면, 두 경우에 동일한 인식영역을 갖지 않는다는 점을 모두 인정해야 할 것이다. 왜냐하면 (두 이유가) 모두 확정되었기 때문이다.

言能破者。如有立言。末那不必與識同緣。非相應故。諸非相應。見彼未必能所同緣。猶如眼等。或有立言。眼等根不必與識同境。非相應故。諸非相應。見彼能所不必同境。猶如末那。是謂決定相違過失故。此二宗皆不得成。所以然者。若於末那。所依能依非相應故。許不同境。卽由此因。於眼根等不得不許不同境義。如由此因。二處俱許不同緣義。俱決定故。

또한 만일 안 등이 인식대상을 갖지 않는다는 점이 동법同法의 비유가 된다면, 곧 마나스도 인식대상을 갖지 않는 법이 될 것이다. 만일 마나스가 인식대상을 갖지 않는 법이 아니라 다만 능의와 동일한 인식영역을 갖지 않는 것이라면, 바로 동류가 없게 되어 인因은 성립되지 않는다. 이러

---

332 결정상위決定相違의 과실 : 불교논리학에서 상위결정부정과相違決定不定過(Ⓢ viruddhāvyabhicārin)에 해당되는 것으로 인명의 33종의 과실의 하나이다. 이는 입론자와 반론자가 각기 대립된 주장명제(宗)를 세우지만, 그들의 논법이 모두 인因의 세 조건을 갖추고 있어 형식적으로 결함은 없을 경우, 입론자의 주장명제를 확정할 수 없고 따라서 두 주장이 모두 불확실하기에, 입론자와 반론자의 논증식에서 이유(因)는 '결정상위'의 과실이 된다는 것이다. 원효는 이런 결정상위의 논변을 현장의 유식비량을 비판하기 위해 동아시아 불교에서 처음으로 사용했다고 알려져 있는데, 이 논변이 그의 '화쟁' 사상과 연결되는 점을 쉽게 발견할 수 있을 것이다. 이에 대해서는 김성철(2003), 이태승(2012) 참조.

한 긍정과 부정에 의해 (제7) 마나스와 (제6) 의식이 동일한 인식영역을 가진다는 의미가 성립한다. (마나스는) 이미 의식과 동일한 인식영역을 갖기 때문에, 일체법을 인식대상으로 한다는 것은 주장명제를 세우지 않더라도 스스로 성립한다.

又若眼等無緣之義。爲同法喩。卽成末那是無緣法。若彼末那非無緣法。但與能依不同境者。卽無同類。因不得成。由是能立及與能破。末那與意識共境義立。旣意識同境界故。緣一切法不立自成。

성언량이란 『(능가)경』에서 "경계의 바람에 의해 산란되어 칠식의 물결이 생겨난다."[333]라고 했으며, 『기신론』의 논주는 이 의도를 서술하여, "인식영역이라는 대상이 있기 때문에 다시 6종 상을 일으킨다. 무엇이 6종인가? 첫째는 지상智相이다."[334]라는 등으로 널리 설명한 것과 같다. 여기서 지상이란 바로 이것이 마나스 속에서, 모든 때에 혜심소와 상응하기 때문에 지상이라고 한다. 이와 관련해 자세한 것은 『(기신)론별기』에서 이미 설명했다.[335] 이러한 성언에 의거한다면, 마나스도 역시 6종 인식영역에 의하여 일어난 것이지 직접적으로 알라야식을 대상으로 하는 것은 아니라고 알아야 한다.

聖言量者。如經言。境界風所動七識波浪轉。起信論主述此意。以有境界緣故復生六種相。何等爲六。一者智相乃至廣說。此中智相卽是末那中於一

333 『楞伽經』(T16, 484b11–12), "藏識海常住。境界風所動。種種諸識浪。騰躍而轉生。"; LAS 46,5–6 : ālayaughas tathā nityaṃ viṣayapavaneritaḥ/ citrais taraṅgavijñānair nṛtyamānaḥ pravartate//100//. 이 게송은 원효의 인용과는 조금 다르지만, '갖가지 모든 식(種種諸識)' 속에 '칠식七識'이 포함되므로 맥락상 같은 내용으로 이해할 수 있다.

334 이 문장은 『大乘起信論』(T32, 577a12–13)의 인용이다.

335 여기서 지시하는 개소는 『大乘起信論別記』(T44, 234a)를 가리킨다.

切時惠數相應。故名智相。於中委悉具如彼論記中已說。依此聖言。當知末那亦爲六塵境界所起。非直緣其阿賴耶識也。

제6장 문답 6 : 무명주지와 관련된 문제

문 위에서 통상의 무명주지도 또한 이승에 의해서도 부분적으로 끊어진다고 설했다. 이와 같은 무명주지에 거친 것과 미세한 것만이 있고, 가벼운 것과 무거운 것은 없는지 알지 못하겠다. 만일 (무명주지에) 거친 것과 미세한 것이 있기 때문에 끊음과 끊지 못함이 있다면, (무명주지는) 전체적으로 팔식과 상응할 것이다. 만일 이것이 (팔식과) 한결같이 상응하지 않기 때문에 추세와 경중의 차이가 없다고 한다면, 어떻게 이승에게 끊음과 끊지 못함이 있겠는가? 만일 저 (무명주지가) 아견 등의 혹이 이치에 미혹해 있는 것처럼 똑같이 미혹해 있기 때문에 비록 이 (무명주지가) 거친 것은 아니지만 똑같이 끊어진다고 한다면, 이는 마나스와 상응하는 무명도 견혹과 똑같이 무아의 이치에 미혹하기 때문에 견도에서 역시 함께 끊어져야만 하는 것이 될 것이다. 만일 이것이 미세하기 때문에 끊을 수 없는 것이라면, 저 가장 미세한 (무명주지)를 어떻게 똑같이 끊을 수 있겠는가?

問。上說通相無明住地。亦爲二乘隨分所斷。未知如是無明住地。爲有麤細。爲無輕重。若有麤細故有斷不斷者。卽應通分[1]與八識相應。若是一向不相應故。無麤細輕重異者。云何二乘有斷不斷。若使同迷我見等惑所迷理故。雖非是麤而同斷者。是則末那相應無明。同與見惑迷無我理故。於見道亦應共斷。若此細故不能斷者。彼最極細何得同斷。

1) ㉧ 저본에는 '分'에 삭제 표시가 있는데, 이를 따르는 것이 타당할 듯하다.

답 무명주지는 그 상이 은미하여 그 추·세와 경·중을 확정해서 설할 수 없고, 따라서 (추·세, 경·중 등의) 모든 방식으로 설명될 수 있을 것이다. 어떻게 그러한가? 만일 공능의 힘의 강함의 관점에서는 (무명주지는) 모든 혹을 두루 일으킬 것이며, 그 경우 오직 거친 것이지 미세한 것은 아니라고 설해야만 할 것이다. 만일 행상이 구분되지 않는 관점에서는 (무명주지는) 심과 상응하지 않을 것이며, 그 경우 오직 미세하지 거친 것은 아니라고 설해야만 할 것이다. 저 (무명주지에 의해) 장애되는 것과 관련하여 (이 무명주지가) 하품도 장애하고 상품도 장애한다면, 그것에 무거운 것과 가벼운 것이 있다고 말할 수 있을 것이다. (무명주지의) 자상에 미세하게 덧붙인 것이 없다고 한다면, 그것은 가벼운 것도 아니고 무거운 것도 아니라고 말할 수 있을 뿐이다. 그것이 상품에서는 무겁지 않고 그것이 하품에서는 가볍지 않다면, 단지 중품에만 있다고도 말할 수 없을 것이다. 다만 가볍지 않기 때문에 낮은 지혜로 끊을 수 있으며, 무겁지 않기 때문에 뛰어난 지혜로도 끊을 수 있으며, 가볍거나 무거운 것이 아니기 때문에 중간 지혜로도 소멸시킬 수 있을 것이다.

答。無明住地其相微密。麤細輕重不可定說。故一切種皆可得說。何者。若就功力增强。遍生諸惑。卽應得說唯麤非細。若就行相未分。非心相應。卽應得說唯細非麤。望其所障。障下障上。卽可得說有重有輕。直當自相一无增微。卽唯可說非輕非重。其上無重。其下無輕。亦不可說唯在中品。但由非輕故下智能除。由非重故上智亦斷。非輕重故中智得滅耳。

비유하자면 법계法界가 오도五道로 윤회하는 것과 같이, 오도의 (측면에서) 이것을 거친 것이라고 말할 수 있지만, 사구四句를 영구히 초월해 있다는 점에서 미묘한 것이다. 그것은 통하는 점에서 보면 하품에도 통하고 상품에도 통하기 때문에, 얕은 것도 있고 깊은 것도 있다고 말할 수 있다. (그러나) 그 자상에 결코 단계가 없다는 점에 의거한다면, (그것은) 얕은 것도 아니고 깊은 것도 아니라고 설할 수 있을 뿐이다. 그것은 하품에서도 얕지 않으며, 상품에서도 깊지 않으며, 또한 그 중간에 (얕고 깊은 것이) 있다고도 말할 수 없다. 다만 깊은 것이 아니기 때문에 낮은 지혜로 증득할 수 있고, 얕은 것이 아니기 때문에 뛰어난 지혜로 체득할 수 있으며, 깊은 것도 아니고 얕은 것도 아니기 때문에 중간 지혜로도 섭렵할 수 있다.

喩如法界流轉五道。五道可說是麤。永絶四句可說是妙。望其所通。通下通上。卽可得說有淺有深。當其自相。一無階降。卽唯所說非淺非深。其下無淺。其上無深。亦不可說在其中間。但由非深故下智得證。由非淺故上智能會。非深非淺故中智亦[1]涉。

1) ㉾ 저본에는 '亦' 뒤에 '一'이 있지만 『韓國佛敎全書』 편자가 방기에 따라 삭제한 것으로 보인다.

무명의 경·중도 마찬가지라고 알아야 할 것이다. 말라무명末那無明이란 이 (마나스)와 상응하는 혹으로서 그 행상은 정해져 있으며, 경·중에 일정한 한계가 있다. 따라서 그것의 대치도 오직 하나의 품에 있을 뿐으로, 행상을 갖고 있다고 해서 무명주지와 비교해서는 안 된다. 따라서 이와 같은 무명 자체의 상(無明體相)은 오직 붓다의 대원경지에 의해서만 그 처음과 끝을 비출 수 있다. 최후의 신체만을 남겨 둔 보살의 구경도의 지혜에 의해서도 오직 그 끝을 비출 뿐, 그 시작을 보지는 못한다. 그 끝을 비춘다는 것은, 이 무명에 의해 산출된 삼유三有에 대해 그것들의 비존재성을 통달하면서도 존재하지 않는 것도 아니라고 관조하기 때문이다. 시작을 보지 못한다는 것은, 이 무명 때문에 미혹된 독공獨空에 대해 오직 신해할 뿐, 증득해서 볼 수는 없기 때문이다. 가령 (무명에 의해) 생겨난 삼계의 유有·무無에 통달하고 또한 (삼계를) 산출한 무명의 공空·유有를 관조하더라도 (무명 때문에) 미혹된 일법계의 상을 보지 못하기 때문에 또한 (일법계의 상을) 미혹시키는 행상에 통달하지 못하는 것이다. 그러므로 이와 같은 무명의 행상은 매우 깊고 미세하여 오직 붓다에 의해서만 파악될 수 있다.

當知無明輕重亦爾。末那無明是相應惑。行相有定。輕重有限。故其對治唯在一品。不可將有行相以例無明住地。是故如是無明體相。唯佛圓智照其始終。後身菩薩究竟道智。唯照其終未見其始。照其終者。於此無明所起三有。達其非有亦照非無故。未見始者。於此無明所迷獨空。唯有信解未能證見故。如遠[1]所起三界有無。亦照能起無明空有。未見所迷一法界相故。亦未達能迷行相。是故如是無明行相甚深微密。唯佛所窮。

1) ㉻ '遠'은 저본의 '達'의 오기이다.

제7장 5종의 논란 : 이무아二無我와 관련된 논란과 그 회통

논란

(i) 만일 이집二執 때문에 미혹된 (아공·법공의) 이공의 이치(理)는 성자의 지혜가 관조하는 것이기에 실제로 비존재하는 것은 아니라면, 마찬가지로 이혹二惑 때문에 집착된 인·법이라는 사태(事)도 성자의 지혜가 관

조하는 것이 아니기에 허망한 것으로 실재하는 것이 아니게 될 것이다. 만일 (이를) 다 인정한다면 곧 세속지는 없게 되어 인과를 부정하는 것으로서, 이는 커다란 삿된 견해일 것이다.

難曰。若使二執所迷二空之理。是實不無。聖智所照者。亦可二惑所執人法之事。是妄非有。非聖所照。若齊許者。卽無俗智撥無因果。是大邪[1]見。

1) ⓔ '邪'는 저본에는 '耶'이지만 『韓國佛敎全書』 편자가 오초 교감본에 따라 교정한 것으로 보인다.

(ii) 만일 비록 집착된 실재하는 법은 없더라도 여량지에 의해 관조되는 가법假法은 존재한다고 말한다면, 이는 곧 집착된 실재하는 자아는 없더라도 여량지에 의해 관조되는 가아假我는 존재한다는 것이다. 만일 모두를 인정한다면 성자의 지혜가 관조하는 것은 (온·처·계) 삼법을 벗어나지 않으니, 온·처·계 내에서 자아(我)는 어떤 요소 속에 있다는 것인가?

若言雖無所執實法。而有假法。量智所照者。是卽雖無所執實我。而有假我。量智所照。若齊許者。聖智[1]所照不出三法。蘊界處內我在何法。

1) ⓔ '智'는 저본에는 없지만 『韓國佛敎全書』 편자가 방기에 따라 보충한 것으로 보인다.

(iii) 만일 가법은 실제로 존재하지만 가아는 실제로 존재하지 않는다고 말한다면, 이는 아공은 실제로 존재하지만 법공은 실제로 존재하지 않는다는 것이 될 것이다. 만일 (아공·법공의) 이공이 모두 존재한다면 곧 인·법은 똑같이 비존재하게 될 것이다.

若言實有假法。實無假我者。是卽實有我空而無法空。若二空齊有。卽人法等無。

(iv) 만일 집착된 대로 법은 실제로 존재하지 않기 때문에 법공은 존재하지만, 법집으로 인한 명언훈습에 의해 생겨난 법은 실제로 존재하지 않지만 존재하고, 존재하지만 실재하지 않는 것이기에 법공을 부정하는 것이 아니라고 말한다면, 이는 인집으로 인한 명언훈습에 의해 생겨난 자아가 실재하지 않지만 존재하고, 존재하지만 실재하는 것은 아니기에 인공을 부정하는 것이 아니게 될 것이다. 원인은 평등하게 훈습되지만 결과는 평등하게 생기지 않는다면, 도리에 맞지 않기 때문이다.

若言如所執法。實無所有故有法空。而由法執名言薰習所生之法。不實而有。有而不實。不廢[1)]法空者。是卽人執名言薰習所生之我。不實而有。有而不實。不廢人空。因是等習。果非等生。不應道理故。

1) ⓔ '廢'는 저본에는 '癈'이지만 『韓國佛敎全書』 편자가 오초 교감본에 따라 교정한 것으로 보인다. 뒤에 나오는 글자도 마찬가지다.

(v) 만일 세속제의 인연도리에서 4종 연이 화합하여 법의 생겨남이 있다고 말한다면, 다른 경우에도 역시 세속제의 인연도리에서 오온이 화합하여 개아의 생겨남이 있게 될 것이다. 만일 오온이 비록 화합하더라도 개아의 생겨남이 없다고 한다면, 4종 연이 비록 화합하더라도 법의 생기는 없게 될 것이다. 골고루 훈습과 종자의 인연이 있는데, 결과가 생기하기도 하고 생기하지 않는다고도 한다면, 도리에 맞지 않기 때문이다.

若言於世俗諦因緣道理。四緣和合。有法生者。他亦於世俗諦因緣道理。五蘊和合。卽有人生。若五蘊雖和。無人生者。四緣雖和。亦無法生。齊有薰習種子因緣。果有生不生。不應道理故。

회통

여기서 제기된 모든 논란에는 모두 도리가 있다. 도리가 있기 때문에 모두 인정하지 않을 수 없는 것이다. 인정되지 않을 수 없기 때문에 회통하지 못할 바가 없다. 이 의미는 무엇인가?

通曰。所設諸難皆有道理。有道理故悉無不許。無不許故無所不通。是義云何。

(i) 만일 "이것은 단일하고 상주하고 자아이다."라는 비불교도의 주장을 대치하려면, 오온은 존재하지만 단일한 자아는 없다고 인정해야 한다. 오온이란 법을 떠나서 신아神我[336]는 존재하지 않기 때문이다. 『(유마)경』에서 "자아도 없고 (업의) 작자도 없고 (업을) 받는 자도 없다는 것은 인연 때문에 제법이 생겨나기 때문이다."[337]라고 설하고, 또한 "세 번째 손처럼, 두 번째 머리처럼 오온 속에서 자아도 마찬가지다."[338]라고 설했다.

若對外道所執是一是常是我。卽許有五蘊而無一我。離蘊法外無神我故。如經言。無我無造無受者。以因緣故諸法生。又言。如第三牛。[1] 如第二頭。五陰中我亦復如是故。

1) ㉮ '牛'는 저본의 '手'의 오기이다.

(ii) 만일 이승이 인정하는 삼세와 오온의 법을 대치하려면, 단일한 자

336 신아神我 : 'puruṣa'의 번역어로서, 인도 상키야학파(數論)의 25종의 요소 중에서 순수한 정신적 요소에 해당된다. 여기서 'puruṣa'는 모든 외적 요소 없이도 독존獨存하는 정신적 원리로서, 해탈은 개아의 본질이 바로 'puruṣa'임을 깨닫는 데 있다.

337 이 문장은 『維摩經』(T14, 537c15-16)을 순서를 바꾸어 인용한 것이다.

338 이 비유는 『大智度論』(T25, 74b19-24), "二者實無。無故不見。譬如第二頭第三手。無因緣覆而不見。"에 나오며, 토끼의 뿔처럼 완전히 비존재하는 것을 가리킨다.

아는 존재하지만 오온은 존재하지 않는다고 인정해야 한다. 왜냐하면 진아眞我와 독립한 오온이란 법은 존재하지 않기 때문이다. 『(부증불감)경』에서 "이 법계가 오도五道에 유전하는 것을 바로 중생이라고 한다."[339]라고 설하고, 또한 (『열반경』에서) "일체의 중생에게 모두 불성이 있다."[340]라고 설한 것은 자아의 의미가 바로 여래장의 의미이기 때문이다.

若對二乘所執三世五蘊之法。卽許有一我而無五蘊。離眞我外無五法故。如經言。卽此法界流轉五道。說名衆生。又言。一切衆生皆有佛性。卽是我義者。卽是如來藏義故。

(iii) 만일 보살이 심원한 교설에 의거하여 말 그대로 의미를 취해 손감의 집착을 일으키는 것을 대치하려면, 바로 자아와 법이 모두 존재한다는 것을 인정해야 한다. 『(유가)론』에서 "이 가아는 무상으로 특징지어지며, 비항구적인 것[341]으로 특징지어지며, 안정되지 않은 것으로 특징지어지며, 변화하는 것으로 특징지어진다."[342]라고 상세히 설한 바와 같다.

若對菩薩依甚深教。如言取義起損減執。卽許我法皆悉是有。如論說云。又此假我。是無常相。是非有相。非安保相。是變壞相。乃至廣說故。

---

339 이 문장은 추정컨대 『不增不減經』(T16, 467b6-8)의 아래 구문과 유사하다. "舍利弗。卽此法身。過於恒沙。無邊煩惱所纏。從無始世來。隨順世間。波浪漂流往來生死。名爲衆生。"

340 이는 『大般涅槃經』(T12, 404c4-5)의 유명한 "一切衆生。皆有佛性。"의 인용이다.

341 『瑜伽師地論』에 따라 『二障義』의 '비유상非有相'을 '비항상非恒相(Ⓢ adhruva-lakṣaṇaḥ: YBh 136,12)'으로 바꾸어 번역했다.

342 이 문장은 『瑜伽師地論』(T30, 307b22-23 = YBh 136,11-137,1)의 인용이다. "又此假我。是無常相。是非恒相。非安保相。是變壞相。"

(iv) 만일 보살이 법상의 교설에 의거하여 말 그대로 의미를 취해 증익의 집착을 일으키는 것을 대치하려면, 바로 개아와 법이 모두 존재하지 않는다고 인정해야 한다. 『(반야)경』에서 "자아도 없고 중생 내지 인식하는 자와 보는 자도 없는데, 하물며 어떻게 색·수·상·행·식이 존재할 수 있다고 하겠는가?"[343]라고 말한 바와 같다.

若對菩薩依法相教。如言取義起增益執。卽許人法皆無所有。如經言。尙無我無衆生。乃至智者見者。何況當有色受[1)]想行識故。

1) ㉠ '受'는 저본에는 없지만 『韓國佛敎全書』 편자가 방기에 따라 보충한 것으로 보인다.

(v) 만일 인연의 도리에 의거한다면, 개아이든 법이든 그것들은 존재하는 것도 아니고 비존재하는 것도 아니다. 비존재하지 않기 때문에 개아와 법은 모두 존재하며, 여량지(量智)에 의해 관조된다고 설한다. 존재하는 것도 아니기 때문에 개아와 법의 이공은 여리지(理智)에 의해 증득된다고 설한다. 여리지에 의해 증득되는 것은 개아와 법을 손감하지 않으며, 여량지에 의하여 관조되는 것은 이공을 파괴하지 않는다. 『화엄경』에서 "일체법을 분별하지만 모든 법상을 취하지 않으며, 중생을 잘 분별하지만 중생상은 없다."[344]라고 하였으며, 또한 『중변분별론』에서 "자아가 실제로 존재한다고 하면 개아를 증익하는 것이고, 자아가 실제로 없다고 하면 개아를 손감하는 것이다. 법이 실제로 있다고 한다면 법을 증익하는 것이고, 법이 실제로 없다고 한다면 법을 손감하는 것이다."[345]라고 말한 것과 같다.

343 이 문장은 『大般若波羅蜜多經』(T6, 1027a24-28)의 축약, 인용이다.

344 『華嚴經』(T9, 455a16-c1), "分別一切法。不取諸法相。…善分別衆生。而無衆生想。"

345 CBETA 검색에 따르면, 이 구절과 정확히 일치하는 개소는 『中邊分別論』에 나오지 않으므로 원효의 인용은 다음 구절을 취의 인용한 것이라고 보인다. 『中邊分別論』(T31, 462c7-11), "有我者。增益邊毁謗。無我者。損減邊毁謗。有假名人故。爲離此二

이러한 성언에 의거하여 인·법의 유와 무가 모두 평등하다는 것이 궁극적인 의미이고, 상호적인 유·무의 언급은 유용함에 따른 설명이라고 알아야만 한다.[346]

如其當因緣道理。若人若法非有非無。非無故說人法皆有量智所照。非有故說人法二空理智所證。理智所證者不損人法也。量智所照者不壞二空也。如花嚴經言。分別一切法。不取諸法相。善分別衆生。而無衆生相。中邊論云。謂實有我增益人邊。實無有我損減人邊。謂實有法增益法邊。實無有法損減法邊。依此聖言。當知人法有無齊等是究竟義。乎[1)]說有無是隨宜說。

1) ㊇ '乎'는 저본의 '互'의 오기이다.

여기서 말한 자아는 어떤 법에 포섭되는가? 만일 법계의 관점에서 논

邊。故佛說中道。有我無我二。彼中間非二。所觸無分別。故心實有。是增益法邊。不實有。損減法邊。"

346 이렇게 인·법의 유·무를 둘러싸고 벌어진 불교 교학에서 생겨난 문제를 일종의 '응병여약應病與藥'으로 회통하는 방식은 전형적인 원효식의 해결일 것이다. 그런데 회통으로서 제시된 다섯 가지 답변은 분명 단계적인 것처럼 보이며, 어떤 점에서 불교 교학에 대한 원효의 교판적인 이해의 일단을 보여 주는 것이라고 말할 수도 있다. (i)에서 단일한 자아에 대한 집착의 대치가 이를 구성 요소로 해체하고 환원시키는 오온적 사유라고 하는 것은 이해가 되지만, 흥미로운 것은 이런 오온적 실재관의 대치로서 제시되고 있는 것이 바로 여래장 사상처럼 보인다는 점이다. 만일 이런 해석이 타당하다면, 이것은 지금 우리가 일반적으로 이해하는 것처럼 원효가 『起信論』의 사고를 여래장적인 사상으로 파악한 것이 아니라 이를 종합한 제3의 길로 파악하고 있음을 보여 주는 것이 아닌가 하는 생각이 든다. 물론 여기서 『起信論』의 용어가 마지막 (v)에서 사용되고 있지 않기 때문에 이를 확인할 방법은 부족하다고 인정하더라도, 대승적 사유의 특징인 '비일이비이非一而非異'적인 이해가 제시되고 있는 것은 틀림없을 것이다. 주목할 만한 또 다른 설명은 (iii)에서 사용된 '심원한 교설'이란 용어이다. 이 용어로써 분명 『般若經』의 사유가 지시되고 있다고 보이며, 이는 초기 유식논서에서의 소위 '공성에 대한 잘못된 파악(惡取空)'의 내용과 궤를 같이하는 것이다. 반면 법상의 교설은 당시 현장 계열의 이해 방식을 함축적으로 나타낸 것이라고 보이지만, 이런 해석이 과연 호법·현장 계열에서 주장된 실재성 인식과 상합할지는 의문이다.

한다면, 중생의 자아와 불성의 자아는 온·계·처와 동일한 것도 아니고 온·계·처를 떠난 것도 아니지만, 또한 (십팔계 중의) 법계와 (십이처 중의) 법처에 포섭되어 있다고 말할 수 있다. 이 의미는『십이문론』에서 설한 바와 같다. 만일 아견의 훈습에 의해 생겨난 가아假我를 논한다면, 그것은 11종의 표상(識, Ⓢ vijñapti)[347] 중에서 자타차별식自他差別識에 포섭되며, 온·계·처와 동일한 것도 아니고 온·계·처를 떠난 것도 아니지만, 논서에서 설명하듯이 (오온 중의) 행온과 (십팔계 중의) 법계와 (십이처 중의) 법처에 포함되는 것이다. 이와 같이 가아가 제법과 다르다거나 다르지 않다고 말할 수 없다면, 행온 중에 어떤 법에 포함되는가? 그것은 불상응법에 포함되며, 24종의 (불상응법) 중에서 중동분[348]에 포함된다. 이 (중동분)은 또한 중생의 종류라고도 불린다. 그러나 중생과 제법에는 설명한 대로 개아와 법이 존재하는 것은 아니지만, 그것이 (모든 면에서) 비존재하는 것도 아니기 때문에 이와 같이 설했을 따름이다.

그렇지만 이장二障의 도리는 오직 붓다만이 궁극적으로 알 수 있는 것

---

347 11종의 표상(識, Ⓢ vijñapti) : MSg II.2+10 등에서 "알라야식을 종자로 하고, 허망분별 속에 포함되는 여러 표상"이라고 정의되고 있다. 이들 표상은 모두 11종으로서, ① 신식身識은 안근 등의 오근을 가리킨다. ② 신자식身者識은 염오의를 말한다. ③ 수자식受者識은 의근을 가리킨다. 즉 이들 3종은 제8식과 제7식, 제6식을 말한다. ④ 응수식應受識은 색 등의 6종의 대상이다. ⑤ 정수식正受識은 안식 등 능연能緣의 육식이다. ⑥ 세식世識은 생사가 상속되어 끊어지지 않는 식이다. ⑦ 수식數識은 1에서부터 무한대까지 수로 계산할 수 없는 식이다. ⑧ 처식處識은 기세간에 대한 표상이다. ⑨ 언설식言說識은 견문각지에 의한 일체의 언설에 대한 표상이다. ⑩ 자타차별식自他差別識은 (타인과 구별되어 자신이) 파악되고 경험되는 것에 대한 표상이다. ⑪ 선악양도생사식善惡兩道生死識은 행위의 결과가 이숙되어, 선악의 상태를 경험하는 것에 대한 무수한 표상이다.

348 중동분衆同分(Ⓢ nikāya-sabhāga) : 유식학의 24종의 심불상응법의 하나로서, '부류와 부분을 같이하는 것'을 의미한다.『集論』(AS 11,5-7)은 이를 다음과 같이 정의한다. nikāyasabhāgaḥ katamaḥ/ teṣāṃ teṣāṃ sattvānāṃ tasmiṃs tasmin sattvanikāye ātmabhāvasadṛśatāyāṃ nikāyasabhāga iti prajñaptiḥ/ (중동분이란 무엇인가? 각각의 중생들이 각각의 중생들의 부류 속에서 자체존재와 유사한 상태일 때 중동분이라 가설한다.)

으로, (우리들은) 다만 믿음에 의거하여 조금 짐작해 보는 것이다.

此所說我何法攝者。若論法界衆生佛性之我。非卽蘊界處。不離蘊界處。而亦得說法界法處所攝。此義具如十二門論說。若論我見薰習所生假我。十一識中自他差別識攝。非卽蘊界處。不離蘊界處。而亦得入行蘊法界法處所攝。如論說言。如是假我。不可說言與彼諸法異不異性故。行蘊之內何法攝者。入於不相應法所攝。二十四中衆同分攝。此亦名爲衆生種類。然此衆生及與[1]諸法。非如所說有人有法。而非是無故。作是說耳。然二障道理唯佛所窮。但依仰信聊須斟酌也。

1) ㊇ '與'는 저본에는 없지만 『韓國佛敎全書』 편자가 방기에 따라 보충한 것으로 보인다.

『이장의』 책을 마친다.

二障義卷終。

자존말류 응리원실종
영실英實【戒四歲三五[349]】

慈尊末流應理圓實宗。英實。【戒四歲三五】

349 戒四歲三五 : 의미가 명확하지 않다.

약호 및 참고 문헌

AKBh	Abhidharmakośabhāṣa of Vasubandhu. Ed. P. Pradhan. 1975. (=『阿毘達磨俱舍論』)
AS	Abhidharmasamuccaya of Asaṅga. Ed. P. Pradhan. 1950. (=『大乘阿毘達磨集論』)
ASBh	Abhidharmasamuccaya-Bhāṣyam. Ed. N. Tatia. 1976. (=『大乘阿毘達磨雜集論』)
BoBh	Bodhisattvabhūmi. Ed. Nalinaksha Dutt. Patna. 1978. (=「菩薩地」)
CBETA	Chinese Buddhist Electronic Text Association
D	sDe dge Edition of the Tibetan Tanjur
LAS	Laṅkāvatārasūtra. Ed. Bunyiu Nanjio. 1923.
MAVBh	Madhyānta-vibhāga-Bhāṣya. Ed. G. Nagao. 1964. (=『中邊分別論』)
MSA	Mahāyāna-sūtrālaṃkāra. Ed. S. Lévi. 1983. (원판 Paris, 1907). (=『大乘莊嚴經論』)
MSg	『攝大乘論』上 (長尾雅人, 東京, 1982).
MSgBh	Theg pa chen po bsdus pa'i 'grel pa (Mahāyāna-Saṃgraha-Bhāṣya). sDe dge판『正藏大藏經』(東北目錄 No. 4050).
PSV	Pañcaskandhavibhāṣā. Vasubandhu. Ed. J. Kramer. 2013.
RGV	Ratnagotravibhāga. Ed. E. H. Johnston. 1950. (=『寶性論』)
SNS	Saṃdhinirmocana-sūtra. Ed. E. Lamotte. (=『解深密經』)
T	『大正新修大藏經』

TrBh Triṃśikā-bhāṣya. Ed. Hartmut Buescher. Wien, 2007.
VinSg Viniścaya-saṃgrahaṇī (『瑜伽師地論』「攝決擇分」)
YBh Yogācārabhūmi of Ācārya Asaṅga. Ed. Bhattacharya. 1957.

『구사론』 『阿毘達磨俱舍論』(T29, 玄奘 역)
『능가경』 『楞伽經』(T16, 求那跋陀羅 역)
『열반경』 『大般涅槃經』(T12, 曇無懺 역)
『대지도론』 『大智度論』(T25, 鳩摩羅什 역)
『보살영락본업경』 『菩薩瓔珞本業經』(T24, 竺佛念 역)
『보성론』 『究竟一乘寶性論』(T31, 勒那摩提 역)
『섭대승론』 『攝大乘論釋』(T31, 玄奘 역)
『유가론』 『瑜伽師地論』(T30, 玄奘 역)
『인왕경』 『佛說仁王般若波羅蜜經』(T8, 鳩摩羅什 역)
『중변분별론』 『中邊分別論』(T31, 眞諦 역)
『잡집론』 『大乘阿毘達磨雜集論』(T31, 玄奘 역)
『집론』 『大乘阿毘達磨集論』(T31. 玄奘 역)
『해심밀경』 『解深密經』(T16, 玄奘 역)
『현양성교론』 『顯揚聖敎論』(T31, 玄奘 역)
『승만경』 『勝鬘獅子吼一乘大方便方廣經』(T12, 求那跋陀 역)

2차 자료

권오민(2002), 『아비달마구사론』, 서울: 동국역경원.
김상현(1993), 「輯逸勝鬘經疏: 勝鬘經疏祥玄記 所引 元曉疏의 編輯」, 『불교학보』 30.

김성철(2003), 『원효의 판비량론 기초연구』, 서울: 지식산업사.
김홍미(2016), 「『승만경』 일승장에 대한 원효의 해설」, 『한국불교학』 80.
석길암(2001), 「元曉 『二障義』의 思想史的 考察」, 『한국불교학』 28.
슈미트하우젠(2006), 「성문지에서의 선정수행과 해탈경험」(안성두역), 『불교학리뷰』 1. (원본: Schmithausen 1982).
안성두(2002), 「유가행파에 있어 견도설 (I)」, 『인도철학』 12-1.
______(2002a), 「유가사지론」의 연기설」, 『불교학연구』 5.
______(2003), 「『유가사지론』에 있어 128종 수면(anuśaya)설의 성립과 그 특징」, 『인도철학』 12.
______(2004), 「유가행파의 견도설 (II)」, 『보조사상』 22.
______(2007), 「인도불교 초기유식문헌에서의 언어와 실재와의 관계」, 『인도철학』 23.
______(2011), 『보성론』(역서), 서울: 소명출판사.
______(2015), 『보살지』(역서), 서울: 세명출판사.
은정희(2004), 『이장의』, 서울: 소명출판사.
이태승(2012), 「현장의 유식비량 논란에 대한 중관학적 고찰」, 『인도철학』 35.
이평래(1995), 『新羅佛教 如來藏思想硏究』, 서울: 민족사.
최연식(2016), 「元曉 『二障義』 隱密門의 사상적 특징 —『大乘義章』 煩惱說과의 비교를 중심으로 —」, 『동악미술사학』 19.
후라우발너(2007), 「아비다르마연구 III: 現觀論(Abhisamayavāda)」, 『불교학리뷰』 2. (원본: E. Frauwallner, "Abhidharma-Studien III. Der Abhisamayavādaḥ", *Wiener Zeitschrift für die Kunde Süd-und Ostasiens* 1971).
高橋晃一(2005), 「菩薩地」〈眞實義品から攝決擇分中菩薩地への思想展開〉, 東京.
高崎直道(1999), 『大乘起信論 楞伽經』, 東京.

松田和信(1982),「分別緣起初勝法門經 (ĀVVS): 經量部世親の緣起說」, *Buddhist Seminar* 36: 40-70.

________(1983),「Abhidharmasamuccayaにおける十二支緣起の解釋」,『大谷大學眞宗綜合硏究所紀要』1: 29-50.

櫻部健(1955),「九十八隨眠說の成立について」,『大谷學報』35.3.

宇都宮啓吾(2014),「智積院藏『二障義』について」,『智山學報』63.

橫超慧日・松村法文(1979),『二障義 1, 2』, 京都.

Kramer, Jowita(2005), *Kategorien der Wirklichkeit im frühen Yogācāra*, Wiesbaden.

Kritzer, Robert(1993), "Vasubandhu on saṃskārapratyayaṃ vijñānaṃ", *Journal of the International Association of Buddhist Studies* 16.1.

__________(1999), *Rebirth and Causation in the Yogācāra Abhidharma*, Wiener Studien zur Tibetologie und Buddhismuskunde Heft 44, Wien.

Muller, Charles(2004), "The Yogācāra Two Hindrances and Their Reinterpretations in East Asia", *Journal of the International Association of Buddhist Studies* 27-1.

Schmithausen, Lambert(1982), "Versenkungspraxis und erlösende Erfahrung in der Śrāvakabhūmi", *Epiphanie des Heils* (Ed. G. Oberhammer) Wien.

________________(1987), *Ālayavijñāna: On the Origin and Early Development of a Central Concept of a Yogācāra Philosophy*, Part I, II. Tokyo: The International Institute for Buddhist Studies.

찾아보기

ㄱ

가법假法 / 237
개별적인 습기(別習氣) / 70
견見 / 37
견도見道 / 159
결생상속結生相續 / 97
결정상위決定相違 / 231
고고성苦苦性 / 87
공통적인 습기(通習氣) / 70
근본업불상응염根本業不相應染 / 80
금강유정金剛喩定 / 165
기번뇌起煩惱 / 133
『기신론별기起信論別記』/ 80

ㄴ

난식亂識 / 53
『능가경楞伽經』/ 204
능견심불상응염能見心不相應染 / 80

ㄷ

단斷 / 181, 183
『대법론對法論』/ 59
대원경지大圓鏡智 / 50
『대유경大有經』/ 225

ㄹ

루추중漏麤重 / 74

ㅁ

만慢 / 37
말라무명末那無明 / 235
망상분별妄想分別 / 131
명언분별名言分別 / 57
무간도無間道 / 146
무괴無愧 / 46
무루無漏 / 56
무루업無漏業 / 102
무명無明 / 36, 37
무명주지無明住地 / 81
무부무기심無覆無記心 / 50
『무상론無相論』/ 199
무생법인無生法忍 / 208
무참無慚 / 46
『미륵소문론彌勒所問論』/ 206
미지정未至定 / 198

ㅂ

박縛 / 185
방편도方便道 / 59, 146
법공관法空觀 / 50

법집法執 / 30, 31
복伏 / 181, 182
『본업경本業經』/ 136, 204
부단상응염不斷相應染 / 80
『부증불감경不增不減經』/ 240
분단생사分段生死 / 31
『분별경分別經』/ 198
분별지상응염分別智相應染 / 80
불성佛性 / 115
불환과不還果 / 217
비량比量 / 229
비상비비상처非想非非想處 / 199
비안립제非安立諦 / 115

ㅅ

사伺 / 45
「사소성지思所成地」/ 158
사제四諦의 현관現觀 / 198
살가야견薩迦耶見 / 37
삼공三空 / 190
상박相縛 / 61
생득生得 / 134
생득주지生得住地 / 135
생득혹生得惑 / 136
생업生業 / 84
성언량聖言量 / 232
수면睡眠 / 45
순결택분順決擇分 / 164
습기習氣 / 70
승진도勝進道 / 146
심尋 / 45
『십이문론十二門論』/ 243
십팔계十八界 / 39

ㅇ

아견我見 / 41
아라한阿羅漢 / 73
아라한과阿羅漢果 / 198
아만我慢 / 36
안립제安立諦 / 153
알라야식 / 37
여량지如量智 / 237
여소유성如所有性 / 30
연성緣性에 대한 분별分別 / 67
염오의染汚意 / 158
예류과豫流果 / 198
오작惡作 / 45
우치愚癡 / 87
유루종자有漏種子 / 50
유루추중有漏麤重 / 74
『유마경維摩經』/ 239
유부무기有覆無記 / 50
유애수有愛數 / 201
유애수주지有愛數住地 / 135
의疑 / 37
의생신意生身 / 103
의언분별意言分別 / 56
인업引業 / 84
『인왕경仁王經』/ 202
인집人執 / 31
일심一心 / 151

ㅈ

자량도資糧道 / 146
자성분별 / 128
자체존재(自體) / 43
자타차별식自他差別識 / 243
작득주지作得住地 / 135
작득혹作得惑 / 136
정려靜慮 / 66
정성리생正性離生 / 154
정장正障 / 70
제일의제第一義諦 / 168
주지번뇌住地煩惱 / 134
『중변분별론中邊分別論』/ 52, 241
증성도리證成道理 / 229
『지단경指端經』/ 198
진瞋 / 37
진소유성盡所有性 / 30
진여眞如 / 115
집상응염執相應染 / 80

ㅊ

차별분별 / 128
총집분별 / 127
출세지出世智 / 59

ㅌ

탐애貪愛 / 37

ㅍ

평등성平等性 / 32
평등성지平等性智 / 155

ㅎ

『해심밀경解深密經』/ 52
해탈도解脫道 / 146
행고성行苦性 / 87
현관現觀 / 30
현량지現量智 / 56
현색불상응염現色不相應染 / 80
현식現識 / 107
『화엄경華嚴經』/ 204
후득지後得智 / 59
훈습薰習 / 50

2종 번뇌煩惱 / 110
3종 번뇌煩惱 / 110
7종 진여眞如 / 168
8종 망상妄想 / 110
18종의 공성空性 / 168
98사使 / 110
104종의 번뇌煩惱 / 118
104혹惑 / 110
128종 번뇌煩惱 / 110

한글본 **한국불교전서**

신·라·출·간·본

신라 1 인왕경소
원측 | 백진순 옮김 | 신국판 | 800쪽 | 35,000원

신라 2 범망경술기
승장 | 한명숙 옮김 | 신국판 | 620쪽 | 28,000원

신라 3 대승기신론내의약탐기
태현 | 박인석 옮김 | 신국판 | 248쪽 | 15,000원

신라 4 해심밀경소 제1 서품
원측 | 백진순 옮김 | 신국판 | 448쪽 | 24,000원

신라 5 해심밀경소 제2 승의제상품
원측 | 백진순 옮김 | 신국판 | 508쪽 | 26,000원

신라 6 해심밀경소 제3 심의식상품 제4 일체법상품
원측 | 백진순 옮김 | 신국판 | 332쪽 | 20,000원

신라 12 무량수경연의술문찬
경흥 | 한명숙 옮김 | 신국판 | 800쪽 | 35,000원

신라 13 범망경보살계본사기 상권
원효 | 한명숙 옮김 | 신국판 | 272쪽 | 17,000원

신라 14 화엄일승성불묘의
견등 | 김천학 옮김 | 신국판 | 264쪽 | 15,000원

신라 15 범망경고적기
태현 | 한명숙 옮김 | 신국판 | 612쪽 | 28,000원

신라 16 금강삼매경론
원효 | 김호귀 옮김 | 신국판 | 666쪽 | 32,000원

신라 17 대승기신론소기회본
원효 | 은정희 옮김 | 신국판 | 536쪽 | 27,000원

신라 18 미륵상생경종요 외
원효 | 성재헌 외 옮김 | 신국판 | 420쪽 | 22,000원

신라 19 대혜도경종요 외
원효 | 성재헌 외 옮김 | 신국판 | 256쪽 | 15,000원

신라 20 열반종요
원효 | 이평래 옮김 | 신국판 | 272쪽 | 16,000원

신라 25 집일 금광명경소
원효 | 한명숙 옮김 | 신국판 | 636쪽 | 31,000원

고·려·출·간·본

고려 1 일승법계도원통기
균여 | 최연식 옮김 | 신국판 | 216쪽 | 12,000원

고려 2 원감국사집
충지 | 이상현 옮김 | 신국판 | 480쪽 | 25,000원

고려 3 자비도량참법집해
조구 | 성재헌 옮김 | 신국판 | 696쪽 | 30,000원

고려 4 천태사교의
제관 | 최기표 옮김 | 4X6판 | 168쪽 | 10,000원

고려 5 대각국사집
의천 | 이상현 옮김 | 신국판 | 752쪽 | 32,000원

고려 6 법계도기총수록
저자 미상 | 해주 옮김 | 신국판 | 628쪽 | 30,000원

고려 7 보제존자삼종가
고봉 법장 | 하혜정 옮김 | 4X6판 | 216쪽 | 12,000원

고려 8 석가여래행적송·천태말학운묵화상경책
운묵 무기 | 김성옥·박인석 옮김 | 신국판 | 424쪽 | 24,000원

고려 9 법화영험전
요원 | 오지연 옮김 | 신국판 | 264쪽 | 17,000원

고려 10 남명천화상송증도가사실
□련 | 성재헌 옮김 | 신국판 | 418쪽 | 23,000원

조 · 선 · 출 · 간 · 본

조선 1 작법귀감
백파 긍선 | 김두재 옮김 | 신국판 | 336쪽 | 18,000원

조선 2 정토보서
백암 성총 | 김종진 옮김 | 4X6판 | 224쪽 | 12,000원

조선 3 백암정토찬
백암 성총 | 김종진 옮김 | 4X6판 | 156쪽 | 9,000원

조선 4 일본표해록
풍계 현정 | 김상현 옮김 | 4X6판 | 180쪽 | 10,000원

조선 5 기암집
기암 법견 | 이상현 옮김 | 신국판 | 320쪽 | 18,000원

조선 6 운봉선사심성론
운봉 대지 | 이종수 옮김 | 4X6판 | 200쪽 | 12,000원

조선 7 추파집 · 추파수간
추파 홍유 | 하혜정 옮김 | 신국판 | 340쪽 | 20,000원

조선 8 침굉집
침굉 현변 | 이상현 옮김 | 신국판 | 300쪽 | 17,000원

조선 9 염불보권문
명연 | 정우영·김종진 옮김 | 신국판 | 224쪽 | 13,000원

조선 10 천지명양수륙재의범음산보집
해동사문 지환 | 김두재 옮김 | 신국판 | 636쪽 | 28,000원

조선 11 삼봉집
화악 지탁 | 김재희 옮김 | 신국판 | 260쪽 | 15,000원

조선 12 선문수경
백파 긍선 | 신규탁 옮김 | 신국판 | 180쪽 | 12,000원

조선 13 선문사변만어
초의 의순 | 김영욱 옮김 | 4X6판 | 192쪽 | 11,000원

조선 14 부휴당대사집
부휴 선수 | 이상현 옮김 | 신국판 | 376쪽 | 22,000원

조선 15 무경집
무경 자수 | 김재희 옮김 | 신국판 | 516쪽 | 26,000원

조선 16 무경실중어록
무경 자수 | 성재헌 옮김 | 신국판 | 340쪽 | 20,000원

조선 17 불조진심선격초
무경 자수 | 성재헌 옮김 | 신국판 | 168쪽 | 11,000원

조선 18 선학입문
김대현 | 성재헌 옮김 | 신국판 | 240쪽 | 14,000원

조선 19 사명당대사집
사명 유정 | 이상현 옮김 | 신국판 | 508쪽 | 26,000원

조선 20 송운대사분충서난록
신유한 엮음 | 이상현 옮김 | 신국판 | 324쪽 | 20,000원

조선 21 의룡집
의룡 체훈 | 김석군 옮김 | 신국판 | 296쪽 | 17,000원

조선 22 응운공여대사유망록
응운 공여 | 이대형 옮김 | 신국판 | 350쪽 | 20,000원

조선 23 사경지험기
백암 성총 | 성재헌 옮김 | 신국판 | 248쪽 | 15,000원

조선 24 무용당유고
무용 수연 | 이상현 옮김 | 신국판 | 292쪽 | 17,000원

조선 25 설담집
설담 자우 | 윤찬호 옮김 | 신국판 | 200쪽 | 13,000원

조선 26 동사열전
범해 각안 | 김두재 옮김 | 신국판 | 652쪽 | 30,000원

조선 27 청허당집
청허 휴정 | 이상현 옮김 | 신국판 | 964쪽 | 47,000원

조선 28 대각등계집
백곡 처능 | 임재완 옮김 | 신국판 | 408쪽 | 23,000원

조선 29 반야바라밀다심경략소연주기회편
석실 명안 엮음 | 강찬국 옮김 | 신국판 | 296쪽 | 17,000원

조선 30 허정집
허정 법종 | 성재헌 옮김 | 신국판 | 488쪽 | 25,000원

조선 31 호은집
호은 유기 | 김종진 옮김 | 신국판 | 264쪽 | 16,000원

조선 32 월성집

월성 비은 | 이대형 옮김 | 4X6판 | 172쪽 | 11,000원

조선 33 아암유집

아암 혜장 | 김두재 옮김 | 신국판 | 208쪽 | 13,000원

조선 34 경허집

경허 성우 | 이상하 옮김 | 신국판 | 572쪽 | 28,000원

조선 35 송계대선사문집 · 상월대사시집

송계 나식·상월 새봉 | 김종진·박재금 옮김 | 신국판 | 440쪽 | 24,000원

조선 36 선문오종강요 · 환성시집

환성 지안 | 성재헌 옮김 | 신국판 | 296쪽 | 17,000원

조선 37 역산집

영허 선영 | 공근식 옮김 | 신국판 | 368쪽 | 22,000원

조선 38 함허당득통화상어록

득통 기화 | 박해당 옮김 | 신국판 | 300쪽 | 18,000원

조선 39 가산고

월하 계오 | 성재헌 옮김 | 신국판 | 446쪽 | 24,000원

조선 40 선원제전집도서과평

설암 추붕 | 이정희 옮김 | 신국판 | 338쪽 | 20,000원

조선 41 함홍당집

함홍 치능 | 성재헌 옮김 | 신국판 | 348쪽 | 21,000원

조선 42 백암집

백암 성총 | 유호선 옮김 | 신국판 | 544쪽 | 27,000원

조선 43 동계집

동계 경일 | 김승호 옮김 | 신국판 | 380쪽 | 22,000원

조선 44 용암당유고 · 괄허집

용암 체조·괄허 취여 | 김종진 옮김 | 신국판 | 404쪽 | 23,000원

조선 45 운곡집 · 허백집

운곡 충휘·허백 명조 | 김재희·김두재 옮김 | 신국판 | 514쪽 | 26,000원

조선 46 용담집 · 극암집

용담 조관·극암 사성 | 성재헌·이대형 옮김 | 신국판 | 520쪽 | 26,000원

조선 47 경암집

경암 응윤 | 김재희 옮김 | 신국판 | 300쪽 | 18,000원

조선 48 석문상의초 외

벽암 각성 외 | 김두재 옮김 | 신국판 | 338쪽 | 20,000원

조선 49 월파집 · 해붕집

월파 태율·해붕 전령 | 이상현·김두재 옮김 | 신국판 | 562쪽 | 28,000원

※ 한글본 한국불교전서는 계속 출간됩니다.

원효元曉
(617~686)

원효는 신라 진평왕 39년(617)에 경상북도 압량군押梁郡에서 태어났고 속성은 설薛씨이다. 대략 15세 전후에 출가한 것으로 전해진다. 특정 스승에게 의탁하지 않고 낭지朗智 · 혜공惠空 · 보덕普德 등의 여러 스승에게서 두루 배웠다. 학문적 성향 또한 그러하여, 특정 경론이나 사상에 경도되지 않고 다양한 사상과 경론을 두루 학습하고 연구했다. 34세에 의상義湘과 함께, 현장玄奘에게 유식학을 배우기 위해 당나라로 떠났지만, 상황이 여의치 않아 중간에 되돌아왔다. 45세에 재시도를 감행했으나, 도중에 "마음이 모든 것의 근본이며 마음 밖에 어떤 법도 있지 않다."는 깨달음을 얻고 되돌아왔다. 이후 저술 활동에 전념하여 80여 부 200여 권의 저술이 있었던 것으로 전해지며, 현재 이 가운데 22부가 전해진다. 원효는 오롯이 출가자로서의 삶에 갇혀 있지 않고, 세간을 두루 돌아다니면서 대중과 하나가 되어 불교를 전파하면서, 그들을 교화하는 데 힘을 기울였다. 그의 삶과 사상은 진속일여眞俗一如 · 염정무이染淨無二 · 화쟁和諍 등으로 집약할 수 있다. 신문왕 6년(686) 혈사穴寺에서 입적하였다. 고려 숙종이 화쟁국사和諍國師라는 시호諡號를 내렸다.

옮긴이 안성두

한국외국어대학교 독일어교육과를 졸업하고, 한국정신문화연구원 한국학대학원에서 한국불교철학을 전공하여 석사학위를 받았다. 그 후 독일 함부르크 대학교 인도학연구소에서 슈미트하우젠(Schmithausen) 교수를 지도교수로 하여 석사와 박사학위를 받았다. 귀국 후 금강대학교를 거쳐 현재 서울대학교 철학과 교수로 재직 중이다. 전공은 인도불교 유식학이며, 이와 관련한 다수의 논문이 있다. 역서로 『보성론』, 『보살지』 등이 있다.

증의

은정희(전 서울교육대학교 윤리교육과 교수)